中央民族大学本科教学研究

MINZU UNIVERSITY OF CHINA UNDERGRADUATE TEACHING RESEARCH

第十九辑

加强教学建设 提高人才培养质量

主编 鄂义太 黄泰岩

中央民族大学出版社
China Minzu University Press

图书在版编目（CIP）数据

加强教学建设　提高人才培养质量——中央民族大学本科教学研究．第十九辑/鄂义太，黄泰岩主编．—北京：中央民族大学出版社，2015．11

ISBN 978－7－5660－1106－0

Ⅰ．①加…　Ⅱ．①鄂…　②黄…　Ⅲ．①中央民族大学—教学研究—文集　Ⅳ．①G759．2－53

中国版本图书馆 CIP 数据核字（2015）第 276304 号

加强教学建设　提高人才培养质量

——中央民族大学本科教学研究/第十九辑

主　　编　鄂义太　黄泰岩
责任编辑　满福玺
封面设计　徐姗姗
出 版 者　中央民族大学出版社
　　　　　北京市海淀区中关村南大街 27 号　邮编：100081
　　　　　电话：68472815（发行部）　传真：68932751（发行部）
　　　　　　　68932218（总编室）　　　　68932447（办公室）
发 行 者　全国各地新华书店
印 刷 厂　北京宏伟双华印刷有限公司
开　　本　787×1092（毫米）　1/16　印张：17
字　　数　296 千字
版　　次　2015 年 12 月第 1 版　2015 年 12 月第 1 次印刷
书　　号　ISBN 978－7－5660－1106－0
定　　价　51．00 元

目　　录

教学改革与研究

试论民族院校民族团结进步教育活动的课堂传导机制
　　——以中央民族大学思想政治理论课为例/
　　王云芳　祝娟娟　黎橙橙/3
光立方在教学实践中的创新应用/邹慧兰　蔡烨芸　李　鹏/10
以“学生需求为主体”的计算机文化基础课的教学实践分析及改进
　　建议/潘　京/16
大学英语网络学习模式探讨/常　媚/21
主体利益分析法在经济学教学中的应用研究/刘云喜/27
预科新疆班英语教学探索与思考/乔　翔/35
“研究设计与论文写作”课程研讨型案例式教学模式探索/秦广强/44
维吾尔族汉语中高级阶段的语音和汉字教学/田　静/51
琴声雅韵舞婆娑
　　——钢琴伴奏在舞蹈课堂教学中的几点思考与实践/张　静/58
探索“学习共同体”，突破器乐专业一对一传统教学模式的定式
　　——以中国乐器琵琶演奏教学为例/廖　莎/65
慕课教学模式的争论与探索/韩秀霜　孟凡东/72
教育学专业心理学导论课程开设：实践与反思/高　兵/79
优化教学策略与教学方法的探索与思考
　　——以民法课程的教学设计为例/朱芸阳　段　威/87
网络 + 课堂 + 实践
　　——中央民族大学“形势与政策”课创新教学模式思考/温英杰/97
电子板书技术在信息与计算科学专业（西藏班）教学中的
　　应用/王　兢　何　伟/103

如何提高统计学课程教学效果
——基于经济学院本科生的问卷调查/王 飞 刘 红/108
综合性大学艺术类专业学生特殊心理特点及教育应对研究
——以中央民族大学舞蹈学院为例/陈 钧/117
将学术讲座建设为提升大学生学术素养的“第二课堂”
——以“财政纵横谈”系列讲座为基础的分析/王玉玲/124

教育教学理念

思想政治理论课须贯彻落实好十八届三中全会《决定》精神/宫玉涛/133
新闻业务课程教学理念转变刍议
——以中央民族大学新闻学专业为例/汤文靖/140
课堂教学与音乐排练并重，教室训练与舞台实践并行
——中央民族大学音乐学院百人合唱团建设与思考/陈昌宁/149

学情调查与研究

民族高校中学生的专业选择
——以社会学与社会工作专业为例/吴 莹/157
民族院校校园群体性事件有效预防与处置
研究/陈 昊 田应虎 阿达来提/166
课程学习行为对民族院校大学生学业成绩的影响探析
——基于中央民族大学学生学习
与发展追踪调查的实证研究/王 凯 钟志勇 索 迪/173
中央民族大学本科生在校满意度状况探究/吴春红 苏 德 刘 瑶/180
中央民族大学本科生课外拓展性学习行为与教育收获的相关性
研究/曾 欣 刘鹏琦 胡 鑫/188

专业与课程建设

浅谈如何提高视频课质量/朱 荣 张国兵/199
“创意思维训练”，从专选到通识/沈 虹/204
试论新时期民族法律人才培养目标的定位/涂 卫/212
加强课程建设是提高教学质量的重要途径/王满特嘎/220

教育教学管理

做好实践管好钱：关于大学生创新创业训练计划经费管理问题
探析/翟　慧　杨园章/229
加强和改进高校奖助学金发放管理的几点思考
——以中央民族大学为例/何　薇/237
论“营改增”对横向科研经费管理的影响/陈　洁/242
关于对高校教务管理队伍建设的探讨/刘　瑶/247
浅谈科研秘书在高校科研管理工作中的作用及队伍
建设/马新生　宋　伟　刘向春　张金利/252
中央民族大学本科生转专业现状与思考/李　阳/257

教学改革与研究

试论民族院校民族团结进步教育活动的课堂传导机制

——以中央民族大学思想政治理论课为例①

王云芳 祝娟娟 黎橙橙

新世纪、新阶段，复杂的国际国内形势以及各种社会思潮对当代少数民族大学生产生了新的冲击和影响。中央民族大学在民族团结进步教育工作中也面临着一系列的挑战和问题，如何适应新形势应对这些挑战和问题，是民族团结进步教育工作需要重视和研究的问题。基于此，要建立、健全民族团结进步教育长效工作机制，要把民族团结进步教育工作落到实处，就必须做到以思想政治理论课为主渠道，探寻民族团结进步教育活动的课堂传导机制，通过思想政治理论课课堂教学与第二课堂的互动结合方式，实施民族院校民族团结进步教育创新活动。

一、民族院校民族团结进步教育活动课堂传导机制现状分析

（一）民族团结进步教育的课堂理论教育体系现状

当前，民族团结进步教育活动的课堂理论教育体系主要是以民族理论与民族政策课程及其他思想政治理论课程为依托。其基本教育途径是通过课堂学习，组织每一位上课的各民族学子学习马克思主义民族理论的基本观点、系统地理解和掌握中国共产党的民族政策的主要内容，系统地了解和认识中国少数民族的基本情况，深入地理解和掌握中国共产党解决中国民族问题的纲领原则和政策措施，使学生进一步树立马克思主义民族观、宗教观和祖国观。其中民族理论与民族政策课程作为直接与民族团结进步

① 本文是2015年度首都大学生思想政治教育支持项目“大学生对民族团结进步教育活动的关注度及心理取向研究”（BJSZ2015ZC113）的阶段性成果。

教育活动相关的课程，在民族团结进步教育活动的课堂理论教育体系中做出了一定的贡献。如在以中央民族大学为例的调查中，当我们问及“当前中央民族大学普遍开设的民族理论与民族政策课程是否是您从教学环节获取民族团结理论和知识的最重要的途径”时，有96%的学生回答“是”，有50.8%的学生表示有很大收获。由此可见，民族理论与民族政策课程是当前中央民族大学学生全面地理解和掌握马克思主义民族理论的基本观点、系统地理解和掌握中国共产党的民族政策的主要平台，它有助于学生系统地了解和认识我国民族团结原则和政策措施，有助于提高学生的民族理论素质和民族政策水平。

（二）民族团结进步教育的课堂实践教育途径现状

当前，中央民族大学的思想政治理论课广泛开展了各民族学子与社区联手，开展志愿服务活动，举行敬老爱幼、民族礼仪介绍、公益宣传等各种形式的活动，向周围社区宣传各民族风俗习惯、文化传统等。这些活动促进了各民族学子积极与外界进行接触，取得了很大的成功。在调研访谈中，很多学生都对这些校外活动记忆犹新，认为这些亲身参与、亲身体验的民族团结进步教育活动才真正给予他们现实的教育意义。当我们问及“假如我校把民族团结教育活动与社会实践相结合（例如，到社区开展志愿服务、社会调查、入户访谈等，组织学生参观民族博物馆、民族文物古迹、少数民族先进人物事迹展等），请问您会不会积极参加，您如何看待这种方式”时，有95.1%的学生表示这是个好方式，有52.6%的学生表示会积极参加。

除此之外，中央民族大学每年都组织各民族学子在暑假、寒假期间到民族地区开展调研活动，这些校外活动虽然没有冠以“民族团结”的名称，也没有与思想政治理论课发生直接联系。但由于参与活动的主体是学校修习思想政治理论课的各民族学子，这些校外调研、社会实践及校际交流活动往往受到思想政治理论课教师的直接指导，事实上也在一定程度上属于课堂民族团结实际活动的延展。学生们普遍反映他们从各种校外调研、考察活动中所获颇丰，也促进了学生思想政治理论课堂上对民族团结理论体系的理解和掌握。例如，这些各民族青年学子深入周边及各少数民族地区，如魏公村民族文化一条街、牛街等地及广西、云南、西藏、新疆、内蒙古等地，通过与当地政府、群众的接触、采访和交流，获得第一手资料，更加清晰地了解到各族人民的实际情况。回到学校后，他们通过完成调研报告，向我校师生展示各民族的真实情况，这使得我校各族师生对各民族情况有了更深入的了解。在调研中，很多学生都纷纷反映要求在实施民族团结进步教育活动时，多多走出校门，参与到社会大家庭中，多进行社会实践活动，而不是坐在教室里单向度地接受民族团结教育，他们认为应该多开展校外的各民族互动活动，在民族交往中实现民族团结。

二、民族院校民族团结进步教育活动课堂传导机制的问题分析

在课堂民族团结进步教育活动开展得有声有色的同时，也暴露出来一些问题。这些问题的暴露和进一步修正，为进一步完善民族院校民族团结进步教育工作，创新民族院校民族团结进步教育工作不无益处。

（一）课堂教学中民族团结进步教育活动与学习活动的对立冲突

在民族院校的教育教学工作中，民族团结进步教育具有十分重要的地位。然而作为高校学生而言，学生的天职是学习，当学习与民族团结教育活动相冲突时，学生往往对学校和课堂上开展的大量民族团结进步教育活动带有审美疲劳，认为它占用了自己大量的学习时间和业余时间。如调查中提出“假如我校把民族团结教育活动与社会实践相结合，请问您会不会积极参加，您如何看待这种方式”时，95%以上的学生认为是好方式，但却不会去参加，因为没有时间（42.5%）。

因此，当“学习”与“民族团结教育活动”发生冲突时，孰轻孰重的问题就摆在了学校和学生面前。在调查中，当我们问：“在中央民族大学，您认为有必要开展民族团结进步教育和表彰活动吗?”大部分学生认为“非常有必要，是学校头等大事”（44.6%），但也有不少学生认为“虽然有必要，但我更关注奖学金评定”（39.9%），甚至还有不少学生认为“没有必要”（15.5%）。从数据上看，认为有必要的学生达到了84.5%，这说明绝大多数学生都认识到民族团结进步教育活动的重要性，而当将评奖学金与民族团结进步教育活动相提并论时，这一比例就减少到了44.6%。

（二）课堂民族团结进步教育活动的量化评价难题

在课堂开展民族团结进步教育活动，也面临着量化评价的难题。如课堂所开展的民族团结活动，当涉及类似民族团结先进表彰活动时，就发现当前民族团结先进表彰活动似乎更像优秀学生表彰。在调查中，当问及学生“您认为民族团结进步先进个人最重要的因素是什么”时，有67.14%

的学生认为“确实有民族团结的感人事迹”才能当选民族团结进步先进个人，而与此同时也需要达到“品学兼优”（13.88%）、“群众基础好”（13.67%）的要求，只有5.3%的学生认为“与一般评选差不多”。由此可见，学生大多数都认为民族团结先进集体和个人是需要一定的民族团结事迹的，这一评选与其他评选不同。这一点也反映在《中央民族大学评选学生民族团结进步先进集体和先进个人实施办法》文件中，文件中在第三条评选条件中要求“先进集体应有重点、有针对性地开展丰富多彩的民族团结进步主题教育活动”。而事实上，院系在评定民族团结先进集体和个人时，一般很难找到集体或个人民族团结的先进事迹，往往以大量的与民族团结有关的活动充斥其中，如具体实施民族团结结对共建活动时，院系班级就去联系维吾尔语、哈萨克语或其他少数民族学生较多的院系举办晚会唱歌跳舞，活动创意不足，千篇一律，而在进行民族团结先进集体评选时，就填上民族团结结对共建活动所举办的晚会活动等。因此，民族团结表彰活动怎样设定量化指标？团结不团结谁说了算？是老师，还是宿舍同学，还是家长？出现不团结现象后怎样处理？这些问题是当前十分重要而棘手的问题。事实上，民族团结表彰也很难有可衡量的评价体系，情感化指标、道德化指标都是难以衡量的指标体系，而民族团结表彰又不能完全以成绩化指标为依据。

（三）民族团结进步教育活动与教师课堂教学活动缺乏互动

对于民族院校而言，民族团结进步教育工作并不仅仅涉及党委工作、学生工作，而且还涉及民族理论与民族政策等思想政治理论课程。然而，当前课堂民族团结进步教育活动却没有得到应有的重视，民族团结进步教育活动与教师课堂教学活动缺乏互动。

一方面，当前在民族院校的实际活动中，“民族团结进步教育活动”在学生心目中的地位往往是退居二线的，而学校在实际执行中也往往顺其自然。在调查访谈中，我们就发现有老师认为这种现象不符合民族团结的重要地位。他认为现在开展的民族团结进步教育活动不常规，如新生参观民族博物馆，接受民族团结教育，从学校强制安排到各院系自愿参观，这就减少了学生接受民族团结教育的机会。而且，在平时的工作中，去民族小学支教、参观民族文化宫等活动，也不是常规性、自觉性的习惯。在问卷调查中，曾专门将我校两项重要的奖项——“中央民族大学民族团结进步先进个人”和“中央民族大学十佳大学生”进行了比较，当问及“您更了解‘中央民族大学民族团结进步先进个人’还是‘中央民族大学十佳大学生'”时，更了解“中央民族大学十佳大学生”这一奖项的学生达到51.61%，而更了解“中央民族大学民族团结进步先进个人”这一奖项的学生只有39.52%。在访谈中，也有被访谈学生表示，当前无论是校方、主办方还是参评人，都对“十佳大学生”的重视程度更高，而且十佳大学生的奖励和宣传力度更大，奖金金额更高。这从评选程序上也有所体现，民族团结先进集体和个人只要求申报材料，并无成果展示和公开现场打分评定的环节。另一方面，调查中还发现从未参加过民族团结教育活动的不仅仅是学生，还有教师。试想如果思想政治理论课教师都没有参与过民族团结进步教育，如何能在课堂上用鲜活的例子教育学生、感染学生，增强他们的民族团结观念。因此，如何结合民族院校教师的特点，开展民族团结进步教育活动，是当前课堂民族团结进步教育活动所面临的至关重要的问题。

基于上述民族团结进步教育活动中学生和教师的实际情况，可见，课堂上所开展的民族团结进步教育活动十分局限，除少量涉及民族团结的理论知识讲述和部分课程的民族团结实践和表彰活动外，很少再涉及民族团结进步教育活动，整体上缺乏民族团结进步教育活动与教师课堂教学活动的互动。

三、民族院校民族团结进步教育活动课堂传导机制的途径分析

民族团结教育要取得实效，必须要有相应的教学内容作保证。通过民族理论和党的民族政策课程教育，可以使“民族团结进步教育进课堂”，在教学过程中使学生牢固树立马克思主义民族观。

（一）当前民族团结进步教育课程教学内容和教学方法亟待改进和提高

在学校进行民族团结进步教育，课堂教学是主阵地和主渠道。尤其是民族理论与民族政策课程，这是我校思想政治理论课程教学体系中的重要环节，是马克思主义民族观和党的民族政策教育的主渠道，承担着对大学生进行马克思主义民族观、宗教观教育和宣传党的民族政策的教育任务，在帮助大学生树立马克思主义民族观和传播党的民族政策方面起到了重要作用。然而，当前国内外民族问题形势和我国民族地区发展过程中出现的许多新的、亟待研究的新情况，对学生的思想形成了新的冲击，民族院校学生的状况也呈现新的特点。为适应新形势发展，我校“民族理论与民族

政策”课程教学内容也应该不断适应新形势发展而改进。在调查中，当问及“当前我校普遍开设的‘民族理论与民族政策’课程是否是您从教学环节获取民族团结理论和知识的最重要的途径，是否收获很大”时，有50.8%的学生认为“是，有很大收获”，有45.2%的学生认为“是，但收获不大”，还有学生认为获得民族团结知识的重要途径是“民族博物馆参观”“通过自身对知识的学习和少数民族文化的关注”“看电影”等，还有学生认为民族理论课程“理论空泛，为了应付考试”。由此可见，民族理论与民族政策作为宣扬民族团结理论和知识的主阵地亟待改进，需要将民族理论与民族政策课程与我校民族团结进步教育活动结合起来，而不是将其完全分裂开来。

另一方面，我校开设的思想道德修养和法律基础、毛泽东思想和中国特色社会主义理论体系概论、形势与政策课程中涉及民族团结教育相关的内容资料较少，这在一定程度上会影响该类课程在民族团结教育方面的实效性。在调查中，当我们问及“如果要在思想政治理论课中更多涉及民族团结知识，您更赞成哪种形式”时，大多数学生认为应该在形势与政策课中，增加当前国内以及国际上关于民族问题的时政新闻（64.4%），也有些学生认为应该在思想道德修养课程中增加少数民族爱国史、民族地区自然环境和资源、中国少数民族传统道德精华等内容（39%），还有学生认为应该在毛泽东思想、邓小平理论和“三个代表”重要思想课中，增加毛泽东、邓小平、江泽民关于民族地区进步和发展的理论，关于少数民族干部培养的理论（24%），还有学生认为应该仅在民理课程学习民族团结知识，没必要增加（16.3%）。由此可见，进一步加强民族理论与民族政策课程改革，针对课程性质以及教学目的和任务，建立起科学的具有中国特色的“思想政治理论”课程教学体系和科学的教学方法，并将之与“参观民族博物馆”“开展民族团结社会实践活动”结合起来，对于提高课程教学质量，培养具有马克思主义民族观、宗教观和国家观政治素养合格的人才具有重要的意义。

（二）发挥课堂教学在民族团结进步教育中的主渠道作用

当前我校“民族理论与民族政策”课程是宣扬民族团结的主阵地，在访谈中，很多学生表示他们主要是通过“民族理论与民族政策”公共基础课程，了解各少数民族的风俗习惯、国家推行的民族政策和民族团结方面的理论。因此，为进一步发挥课堂教学在民族团结进步教育中的主渠道作用，在“民族理论与民族政策”课程教学中，我们要把党和国家在民族理论方面的新发展及如何将“三个代表”重要思想及科学发展观融入民族理论与民族政策课程教学中，以此促进学生马克思主义民族观、宗教观、国家观的树立和培养。具体包括以下措施：

针对当前学生学习特点及思想状况，结合民族理论与民族课程教学特点及教学目标要求，在尊重民族工作与教育工作双重规律的基础上，采用多渠道、多途径，构建一套科学、合理的课程教学方法和教学内容体系，以进一步加强民族理论与民族政策公共课教学实际效果。针对“民族理论与民族政策”课程理论性很强、学生理解难度较大的教学难点，要理论联系实际，根据教材及教学内容的需要，改变传统说服性教育和灌输式的方法，以生动、形象、直观、鲜活的教育方式，增强学生对课堂学习内容的理解与把握，提高学生分析问题的能力。针对“民族理论与民族政策”课程一些重点理论与某些具体现实之间存在不一致而使学生感到困惑的地方，在教学中采用鲜活实例的理论分析，以增加说服力。针对当前一些社会思潮，通过播放相关影片和讨论的形式使学生加深理解，如结合“3·14”事件，为学生播放《西藏打砸抢烧纪实》，让学生明确了解事实真相，端正学生正确的民族观和国家观。针对现实生活中相当部分的人对民族同化问题认识模糊，甚至有人赞同强迫同化的现象，设计“如何正确认识民族同化”的讨论题目，使学生对民族同化有一个全面正确理解。针对新时期民族大学生的特色教学，根据课程特征与学生特点因材施教，在坚持强化研究型教育原则的基础上，在教学中综合使用理论归纳法、多媒体展示法、实例比较法等方法，开展理论课程通俗化、实践化的探索，将平实易懂的民族团结、民族互助与民族和谐的实例与看似枯燥的理论联系起来。针对社会主义民族关系发展中的负面性影响因素，将我国社会主义时期民族关系与我国封建社会时期的民族关系相比较，将当代我国的民族关系与民族问题和国际热点国家与地区的民族关系相比较，通过纵向与横向的现实对比，开阔学生视野，启迪学生思路，进一步增强课程教学生动性与实效性。

在其他思想政治理论课程中，如“形势与政策”“毛泽东思想与中国特色社会主义理论体系概论”“思想道德修养”等课程中，也应该增加当前国内以及国际上关于民族问题的时政新闻，多关注国内外民族热点敏感问题。通过教学关注，通过学生和老师之间的交流，把民族团结知识内容渗透到课堂教学之中，这对于端正学生的民族观和国家观具有非常重要的作用。

（作者单位：马克思主义学院）

光立方在教学实践中的创新应用①

邹慧兰　蔡烨芸　李　鹏

一、光立方创意构想的现实背景

通过多年的学习经验我们可以知道，学生在学习时，往往需要产生学习兴趣才能更好、更专注地投入到学习中去，才能更高效地取得成绩。特别是在普通的课堂教学中，学生的学习兴趣显得尤为重要。因为课堂时间有限，教师需要在一个有限的时间里尽可能让更多的学生能够理解教学要求，从而达到教学目的，所以在短时间内让学生能够集中注意力，才能收获最好的学习效果。在科学技术发展飞速的今天，投影仪、教学 PPT 等现代化电子产品已经陆陆续续地投入到教学使用中去，这一切都是为了能够吸引学生注意力，让教师能更方便地在课堂上进行各种教学演示。但是，现在大多数学生已经适应现有的教学工具，对这类电子产品少见多怪，并不能真正引起学生的学习兴趣。再者，现在的大多数教学工具，更多的仍然局限于对一个平面图形的演示，而无法还原一个立体图形。例如，在数学立体几何的教学中，现有的教学形式大多只能通过将几何的平面视图放在 PPT 中展示，并不能给学生一个直观的感受。如果不是老师去寻找模型或者自己亲手制作实物模型，在现有的教学设备中，通常都难以给学生展示一个立体的实物。

根据自身多年的教学经验及对现在教学现状的调查分析，我们觉得如果能实现带给学生一个眼前一新感觉的器件，既能在教学中起到模拟立体图形，又能突破传统 PPT 等教学工具，那么将会给现在的课堂教学带来质的飞跃。由此，我们推荐将全新“教学神器——光立方”引入教学课堂中。

---

① 本文是 2013 年中央民族大学教改项目“通信原理实验教学改革”的阶段性成果。

二、简述光立方设计理念

光立方是一种能够应用在教学中的3D立体模拟器，它将LED灯和3D技术合理结合，利用灯光变换原理进行3D图形演示的设计，不仅可以像二极管点阵一样显示平面的静态或动态画面，还可以显示立体的静态或动态画面，满足在教学过程中需要用到的多种图形变换显示。在教学过程中，教师可以通过上位机软件对光立方的图形变换进行控制，达到想要的效果，轻松进行教学演示。

三、光立方在教学中的创新应用

作为新一代教学工具，光立方的出现必然有着它吸引人眼球的一面，酷炫的灯光变换效果，随心所欲的图形控制模式，不仅能够抓住学生的眼球，更能为教师在课堂上进行各种图形演示提供便利，笔者从以下四点具体分析光立方在教学中的创新应用。

（一）全新教学工具，能够引起学生兴趣

传统的教学工具，例如投影仪、教学PPT等，在它们刚出现时也可能吸引一部分学生，而现在，当许多学生已经对这类教学工具熟视无睹后，看着老师播放PPT来上课已经不能再激起学生的学习兴趣；再者，许多教师只是局限于诵读PPT上的内容，缺少与学生之间的课堂互动。对于学生来说，此种情况下的学习效率非常低。相比于传统的教学工具，光立方的出现将可能打破这一格局。

a. 形式新颖

光立方是通过多彩的灯光变换来进行图形展示的，所以当教师在课堂上演示，光立方表现出的绚丽色彩和神奇的图形变换时，学生的好奇心将自然而然地被这一新颖的教学工具所吸引。

b. 提高课堂互动率

当教师利用光立方进行教学演示时，并不能像PPT一样把需要表达给学生的话语都在PPT中显示出来，这就避免了教师在上课时一味地朗读PPT上的内容，而需要与学生进行一系列的课堂互动来解释自己所演示的内容。当学生的兴趣被激起时，学生就会更加专注地投入课堂学习中，此时再加上教师与学生的课堂互动，学习效率就会大幅度提高。

（二）采用 LED 和 3D 投影相结合的技术，能够展现立体图形

光立方是由 8×8×8 个 LED 构建的三维 LED 点阵模块及其控制系统组成，采用逐层扫描的工作方式，利用人们视觉暂留效应，实现动静态文字和图像显示，并且具有 3D 的立体效果。在教学过程中，通常会碰到许多立体图形需要演示，而传统的教学工具通常只能向学生展示该立体图形的平面模型。例如三视图，只能依靠学生自己的空间想象思维来理解。对于一些空间思维比较差的学生，尤其是刚接触立体模型的低年级学生来说，光靠空间想象来理解还是有一定难度的。将光立方引入课堂教学之后，这一系列问题都将迎刃而解。教师可以根据具体需求在上位机上对光立方发光 LED 进行设置，然后点亮光立方，向学生清楚地演示一个发光立体图形。教师不用再借助传统的立体模型，也不用再费劲地上网搜寻类似的立体结构；学生不用再痛苦地纠结于无法想象三视图成形之后的样子，可以跟上教师上课节奏，提高自己的课堂效率。

（三）在数学、化学、物理、工程制图等多个理工科类课程中的应用

立体图形，使用范围最广泛的还是在理工科类的课程中。在理工科类课程的学习中，不少同学因为空间想象思维不够，在很大程度上影响了自己的学习信心。如果能将光立方应用到课堂教学中去，那么无论多么复杂难懂的空间图形，都能由光立方直观地展示给学生看，当学生在前期建立了足够的学习兴趣与学习信心之后，再加上多次的直观图形展示积累，学生就有了较好的空间想象能力，面对后面更加复杂的疑难问题，即使脱离光立方的演示，学生也能较快地在脑海中寻找到相应的立体模型来进行问题的解答。

a. 在数学上的应用

如长方体和正方体体积的教学，在体积计算方法教学中，利用一个实物进行课堂演示非常麻烦，而且效果不好。如果利用光立方将实物抽象成立体模型，对长方体进行分割再聚合，能清楚地演示出体积公式的推导过程，帮助学生更好地理解掌握公式。在数学上还有许多几何学习，如线、面、角、空间的距离与夹角等，如果能够利用光立方把抽象的数学知识与具体生动的动态画面联系起来，不用教师多讲，学生也能准确快速地掌握知识点。

b. 在化学上的应用

在化学中，任一晶体都能找到一套与三维周期性对应的基向量及与之相应的晶胞，所以，可以将晶体结构看成是由内含相同的具平行六面体形状的晶胞，按前、后、左、右、上、下方向彼此相邻“并置”而组成的一个集合。面对这样规则的晶体结构，我们依旧可以用光立方来对其进行立体展示，利用 LED 不同的色彩，代表不同的化学元素，向学生展示一个“多姿美丽”的化学模型。

c. 在物理上的应用

在物理学科有关速度、加速度的计算中，物体在一段路程上的运动过程中可能存在多种运动模式，光凭想象力可能有些学生会觉得抽象而难以理解，此时，教师可以利用光立方对物体的运动过程进行一系列的演示，加深学生对运动过程中各种现象的理解，方便学生建立解题思路。

d. 在工程制图上的应用

工程制图最重要的一个知识就是对立体图形绘制三视图，以及对三视图进行成像还原。对于初次接触该学科或者是空间想象思维比较弱的同学来说，按照平时的方法学习这门学科将会非常困难。在教学中，教师为了能让大部分学生更好地理解图形的各种变换，通常会选择自己制作一个立体图形，或者采用橡皮泥演示，但无论哪种方法在实际的课堂中使用都非常不方便。然而利用光立方，教师便可以摆脱原本复杂的模型制作，非常轻松地在课堂上演示各种立体图形，甚至可以演示出一个立体图形填补、切割的动态效果，加强学生的理解力，而且非常直观方便。

除了本文在前面提到的几门学科之外，还有空间解析几何、材料物理学、函数图像解析等多门学科上也可以灵活运用光立方。将光立方应用到教学中，应用范围广，实用性强。

（四）在文字教学中的应用

光立方的实质是进行各种图形演示，所以它并不仅仅局限于几何图形，也可以显示相应的英文字母、语文汉字。但因为器材大小的限制，光立方对于文字的显示只能局限于简单的字母和汉字，所以教师可以选择在学生的启蒙教育中使用光立方，这样不仅能让学生学到知识，也能在学生一开始接触学习的时候就对文字产生兴趣。在后期的教学过程中，教师可以根据自身需要，间歇性地使用光立方进行文字教学，以此来吸引学生的课堂注意力，提高学生的学习兴趣。

四、将光立方应用在教学中的可行性分析

（一）技术可行性

根据调查显示，现已有许多电子发烧友制作了光立方，光立方的基本制作在网上已经广为流传，对于一个普通光立方的制作，在技术上实现的难度并不大。对于笔者提出的能够应用在教学上的光立方模型，在基本光立方功能的实现上，还需要加上一个可以对光立方灯光点亮进行自主控制的上位机软件，使教师在课堂教学中能够根据具体需要来控制光立方LED的点亮。只要通过学习、研发，这样的上位机软件是完全可以实现的。

（二）经济可行性

光立方主控采用STC12系列单片机STC12C5A60S2作为核心芯片，选用NPN达林顿连接晶体管ULN2803作为共阴层驱动，8进制3态反转透明锁存器74HC573为主要芯片作为共阳束驱动，显示模块由512个LED灯组成。所选用的各类器材在市场上均非常容易购买，并且价格低廉，性能稳定，一般一个光立方的制作成本不超过600元，具有经济可行性。

（三）操作可行性

能够在教学实践中应用的光立方会附带一个上位机软件，当教师需要使用光立方进行教学演示时，只需打开光立方电源，然后像连接USB接口一样把光立方的上位机接口连接到电脑上，即可启动光立方的上位机演示模式。打开在电脑上相应的上位机软件，教师即可看到与光立方各点相对应的平面点阵图，然后用鼠标点击希望点亮的圆点，全部选择完毕之后点击“确定”，光立方就会按照操作者的意图点亮对应的图形。这些有关光立方的操作基本一看就会，十分简单易学，无论处于何种年龄层的教师都能够轻松学会。教师在使用光立方进行教学演示过程中，也只需简单操作鼠标就可以实现图形的变化。

（四）社会可行性

随着现代电子技术的快速发展，传统的PPT等教学工具已经无法满足教师的课堂需求。随着3D技术的发展，在教学中运用3D立体来取代二维

平面的教学工具将成为发展的必然趋势。光立方的运用，能够吸引学生在课堂上的注意力，提高学习效率；能够使教师的教学演示更加直观，从而获得更好的教学效果。家长放心，孩子开心，老师舒心，这是一种能够获得三赢甚至多赢的具有极高社会价值的教学工具。

五、光立方在教学应用中的发展前景

现有的光立方一般都是 8×8×8 的规格，并且实现的基本是线段之间的关系，并不能展现圆弧，在应用的课程上还有一定的局限性。在光立方技术能够成熟应用到教学实践中之后，在光立方的规格大小、点阵的密集程度、成像的方法、上位机程序的简易程度等方面，都能进行很大的改进，从而扩展光立方的使用范围，突破图形显示的局限，使光立方能够与教学实际完美结合，成为能够有益学生、有益教师的真正的“3D 教学神器”。

六、总　结

教学质量，是学生、教师、课堂三者共同作用的结果。所以，一个优质课堂，一位有能力的教师，一个能专注听讲的学生，是获得高质量教学成果必不可少的因素。当然，结合本文分析来看，光立方是这三者能够有效结合的高效润滑剂。突破传统教学工具的局限性，光立方能够以其独特新颖的教学演示效果吸引学生眼球，激发学生的学习兴趣，从而使学生的注意力能够在课堂上达到高度集中。教师通过光立方，能够在教学过程中更直观地向学生进行课堂展示，与学生更好地进行课堂互动，达到应有的教学目标。当学生学习效率提高之后，学习成绩也能有效提高，家长会更加放心。对于学生、教师而言，压力也会相应减小，达到真正实现三方盈利的效果。虽然对光立方在教学实践中的普遍运用，现在仍处于起步阶段，但是光立方在教学方面的应用还有很大的发展空间。形式新颖，突破传统，实际操作简便，使用价值高，这就是新一代“3D 教学神器——光立方”。

（作者单位：信息工程学院）

以“学生需求为主体”的计算机文化基础课的教学实践分析及改进建议

潘 京

根据“以学生需求为主体”的教学理念，作为从事计算机文化基础课教学多年的一线教师，我对目前及今后计算机文化基础课程的教学，有些分析及建议。

一、计算机应用基础课程体系“1 + X”中“1”部分教学目标的实现

目前，计算机应用课程教学体系“1 + X”系列中的“1”，通过教学至少应该达到以下基本目标。

在操作系统（Windows）平台上，应用办公软件（Office）中的电子表格（Excel）对一定批量的数据进行统计分析，用（Word）制订出所要求的工作策划案，若需要再制作出相关的宣传片（PPT），一定要有能力上网（Internet），去查找有用的相关信息。

这应该是计算机应用基础教学发展到今天，对于我校学生，包括少数民族学生，进行计算机综合应用能力培养的最低要求了。

按照这一目标组织教学，我认为开设本课程还是很有实际意义的，是非常有价值的。

经过有明确目标的努力，还是应该能实现的。但从目前情况来看，这个教学目标的实现，还是有许多可以改进以至提升空间的。

有了明确的教学目标，在整个学期的教学及指导学生的学习过程中，就应该更加注重强调这个教学目标的实现。

二、培养“计算机综合应用能力”N个作业的布置及结果分析

为了实现“培养学生计算机综合应用能力”这一最基本的目标，我在本学期的第一次课上，就布置了五个大作业。学生可以任选之一，完成体现“计算机综合应用能力训练”的题目，从而得到20%的成绩。

五个大作业情况具体如下。

作业1：制定公司若干名员工一周之内外出旅游的策划案（2012年IC3综合测试）。

作业2：根据新生入大学时计算机应用能力的摸底测试成绩分析，并可上网查询有关内容，制定出计算机基础教学的课程体系（2013年IC3综合测试）。

作业3：根据问卷调查结果，分析目前人群的阅读习惯，提出好的阅读建议（2014年IC3综合测试），另外，再在网上查找15本各类好书并列出图书清单。

作业4：根据一个准备参加当年高考的高三学生的第一次模拟考试成绩，设计出一套方案，含以下两个安排：其一，成绩好（某门课程排名前几名的同学）且愿意帮助其他成绩稍差（该门课程排名后几名）的同学补课；其二，有补习愿望的同学还可以出去上补习班进行补课。该作业主要希望学生用Rank函数进行各个课程成绩的排行，再根据个人意愿安排补课。本作业还要求学生在网上查找后制作一个高考改革新方案的PPT介绍。

上述作业1到作业4的题目的实际应用，重点都要体现在电子表格Excel中的数据分析上，都需要上网查找有用的相关信息。

作业5：自选题目，包括：一个自选题材的Word文档；一个自选题材的Excel电子表格；一个自选题材的Ppt幻灯片；一个自选题目的网页制作。这四个作业间有无联系，选择这个作业的学生可以自行决定。

同学选题的情况分布如下图所示，分析如下。

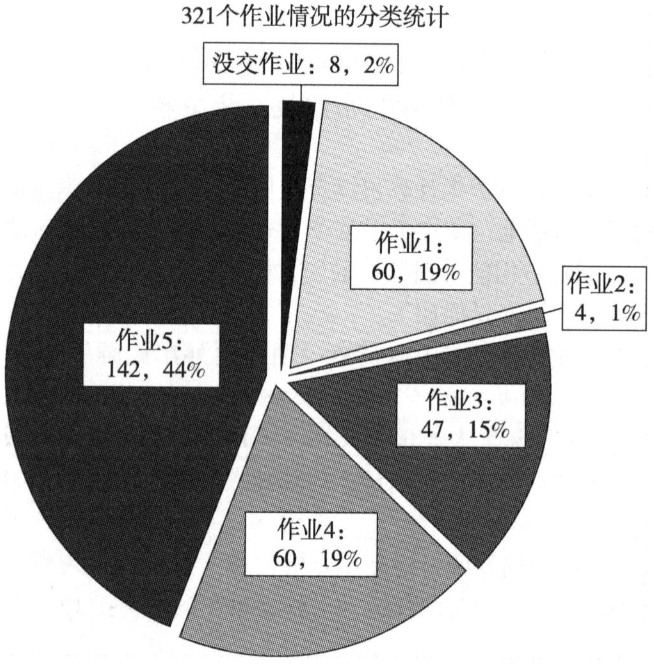

作业数量分布统计图

选择作业 5 的人最多，达 44%，这道题培养综合应用能力的作用最低，最不具挑战性，所以这个题目建议删除。

选择作业 1 和作业 4 的人次之，都达到 19%，选择作业 3 的人达到 15%。能够通过自己学习、参考相关资料，去解决一个综合型的实际问题，这就是一个进步，应当加以鼓励。

选择作业 2 的人只有 1%，其中原因，若有需要则可以做进一步的分析研究。

对同学们的大作业全部看完之后，我将注意力重点放在考察所做的电子表格数据分析上，因为这是综合应用能力测试的基础，但结果不是很理想。

存在的问题主要有以下几点。

（1）将电子表格纯粹作为表格记账单，结果看不到公式、函数的运算效果，就好像手中拿个计算器，边算边填入表格似的，没有看到电子表格功能应用。

（2）运算公式中绝对引用和相对引用，有的没有用，有的用得不好，从很多作业看，好像还存在很多问题。

（3）相当多的学生基本不会应用电子表格作为数据清单的分析功能，特别是数据透视表的强大功能应用非常少。

总之，大作业中暴露出的问题不少，主要是电子表格最基本的数据分析功能掌握得很不够，更高级别的数据分析应用存在着较大的学习需求。

所以，根据“以学生需求为主体”的理念及上述分析，以下提出搞好本教学的几点建议。

三、改进建议

（一）建议在所规定的课时之内加强电子表格的学时安排

根据上面的分析，我认为，当前即使在课时不变的情况下，也应该调整，加大对电子表格的学习课时安排。

我们都清楚，也应该告诉学生这样一个事实，或者这样一个结论：工作中我们所做的全部计划、方案，一定都是建立在数据分析基础之上的，有了数据统计和分析，得出具有规律性的统计数据，才能依据这些数据分析得出的结论制订方案、计划以至相关的政策。这就如同我们国家在制订任何一个政策时，一定要有统计数据得出相应分析来做支撑。因此，掌握好数据分析工具 Excel 是计算机综合应用的关键所在。

再回到这门课程教学本身，我在电子表格关于数据分析部分，介绍了如下的内容。

（1）基本的聚合运算函数：SUM、AVERAGE、MAX、MIN、COUNT。

（2）条件函数及运算函数：IF、SUMIF、COUNTIF。

（3）数据排序的运算函数：RANK。

（4）在数据透视表的应用中，介绍了分类汇总的求和、求平均、求最大、最小、计数、求标准差、将字段的数值分组进行统计等多种功能的运用。

（5）另外，分类汇总运算函数 SUBTOTAL 的 11 种用法、在大表的数据中查找定位小表中的相关数据 VLOOKUP 函数也非常有用，但由于课时有限，所以没有进行更加详细的介绍。

上述这些函数都是常用的、功能很强的函数，我认为是应该介绍的。尽管教师主要是引导学生入门，但从学时安排上看，介绍电子表格最基本的内容和学习的方法，应该加强学习电子表格 Excel 的教学时间安排。

再从上交大作业的情况分析，学生运用的效果还不够理想。所以我个人认为，还需加强课堂教学中数据分析的应用和掌握，对学生加以引导。

讲述上述 Excel 电子表格，原来安排的时间好像有些不够，尤其是少数民族班一周的电子表格学习时间太少了，希望今后能有所调整。

（二）建议增加“综合应用能力培养”作业题目的选择数量

根据对上述结果的分析，我觉得应该取消“自选题目五”的选择题目，再多搜集并加入一些综合应用类型的题目。比如，近期放于网络教学平台上的“计算机文化基础课”的综合应用题——“根据销售数据进行分析”就很实用且很好。

所以，应该再多搜集一些综合应用的练习题目，让同学们多一些综合应用训练题目的选择，多一些不同题目的练习机会，多一些处理综合应用问题能力的训练。

（三）建议将 Office 软件高级应用设为“1 + X”中“X”部分内容之一

根据上述情况分析，我建议安排 Office 办公软件的高级应用教学，作为第二学期计算机应用课 X 项内容之一，面向全校应届学生（而非只对少数民族学生），提供给他们选学，其中的电子表格 Excel 又作为重点介绍内容。

电子表格 Excel 是一个功能非常强大的应用软件，尤其对于管理专业、金融专业的学生更是非常强大的一个工具软件，所以可以考虑将其所具有的高级操作作为“计算机基础课程体系”中的主要部分安排，让有需求的学生选修。这样既符合“1 + X”设置的教学体系和培养学生能力的教学理念，也是对学生（特别是对金融类和管理类的学生）有用的技能工具培训。

在“1 + X”课程的教学体系中的“X”教学阶段，对金融类、管理类以及需要进行数据统计的学科和对数据统计感兴趣的其他学生开一门课，即Office办公软件（其中重点是电子表格 Excel）的高级应用。

今后，计算机文化基础课要继续体现“以学生需求为主体”的教学，我认为办公自动化软件高级应用的开设，是非常必要和需要加强及精讲的教学内容。

（作者单位：信息工程学院）

大学英语网络学习模式探讨

常　媚

2004年，教育部高等教育司颁布的《大学英语课程教学要求》中指出：大学英语课程设计中应大量使用先进信息技术，推进基于计算机和网络的英语教学，为学生提供良好的语言学习环境与条件。使英语教学不受时间和地点的限制，朝着个性化学习、自主式学习方向发展。建议学生在计算机上学习所获学分的比例应占英语学习总学分的30%～50%。[①] 自此，大学英语教学迎来了新一轮的改革。各大出版社纷纷开发网络学习平台，各大高校也着手配备相应的网络教学环境，开展网络教学。

一、网络教学模式存在的理论基础

建构主义理论认为，知识是通过学生主动建构意义来获得的，而不是通过教师向学生传播信息来获得的。建构的成败与效果取决于学习者是否有主动建构的心向和行为。在网络教学环境中，学生可以自主选择学习内容和进度，有利于他们积极主动地进行知识建构。人本主义理论认为，大学英语教学应该以学习者为中心，强调学习者内在潜能的发挥，要重视学习者的个别差异、兴趣、情感在学习中的价值，尊重学习者的个性和需求。在网络教学环境中，学生可以根据自己的水平，自己掌握学习进度，还可以自由选择感兴趣的学习内容。学习心理学认为，只有同一时间尽可能多地刺激学习者的各个感官神经，才能使学习者对所接受的信息留下深刻的印象，从而对学习内容保持较好的记忆。网络教学可以提供丰富的信息容量，给学生提供鲜活、真实的语言学习材料和环境。社会心理学认为，人们向往安全而不受限制的交往，网络可以在一定程度上满足这种需

① 大学英语教学基本要求项目组编：《大学英语课程教学要求（试行）》，清华大学出版社2004年版，第18、第24页。

求，应因势利导。①

二、网络教学模式存在的问题

综上所述，网络教学模式具有能突破时间、空间、人力资源的限制，优化教育资源，引导学生个性化学习和自主学习的种种优势。各大高校也因此耗费大量人力物力引进网络教学资源。以本校为例，本校早在2006年就已经使用网络教学平台，除了配置网络教室之外，还先后购买了“体验网络教学平台”“新视野网络教学平台”“写作网络教学平台”。规定学生的网络学习成绩占到总评成绩的百分之十。希望通过这种计算机和课堂教学相结合的教学模式实现个性化教学和促进学生的自主性学习，使学生能借助计算机的帮助，较快地提高英语综合应用能力，以达到最佳学习效果。

然而，回顾我校网络教学模式的历史以及研究现状，却能发现网络教学的局限性及低效性。历年来，在使用网络教学平台的过程中，因为各种主客观的原因，本人了解到本校一线老师和学生似乎达成了一定的共识，那就是“网络教学可有可无”。从我校大学英语教学平台网管老师提供的数据和对学生进行的调查来看，我校网络教学平台利用率非常低，很多学生是为了取得网络学习所占学分才会登录学习，而且通常是在临近期末成绩评定时才突击登录教学平台完成学习任务。数据显示，学生平均在线时间相当少，3月为3.83小时，4月为3.14小时，5月为3.9小时，6月为7.98小时（学期末），9月为1.73小时，10月为2.29小时，11月为4.94小时，12月（学期末）为9.31小时。② 这种网络教学模式的有效性确实应该质疑。

我校的情况绝非个例。例如，根据四川师范大学黄河等人的研究，该校听力课由学生在网上自行完成，另外设有网络自主学习课。调查结果显示，随着学期的增加，学生自主性不断下降。到了大二下学期，每次都上听力课的同学只占全年级的52.6%；且学生在网络自习课上的学习明显不够自觉，有高达36.4%的学生在做学习以外的事情，有相当一部分学生在

① 马洁敏：《大学英语新教学模式探讨》，载《外语语言与教学研究》（一），上海科学技术出版社2009年版，第396—398页。

② 王向华、马明胜：《浅析外语网络自主学习中的学生行为》，载《中央民族大学本科教学研究》（第十二辑），中央民族大学出版社2012年版，第10页。

网络课上聊天，浏览其他网页，听音乐，甚至打游戏。① 云南民族大学的毕俊峰曾调研云南省部分高校，发现网络教学模式下，学生自主自控能力不足，对网络学习资源感到无所适从，不能有效利用。② 北京航空航天大学刑春丽的调查指出，该校有 40% 左右的学生认为网络课学不到知识，还有 50% 的学生认为自己的自主学习能力有待提高。③ 南京邮电大学的康艳、魏毅的研究也指出，在该校关于自主学习的调查中，只有 17.8% 的同学选择“如果没有教师的要求和监督，仍然会积极去自主学习”，而大多数人选择“几乎不会”（23.1%）或“会，但频率肯定会低些”（55.5%）。④

三、网络教学模式低效的原因

实施网络教学模式的初衷是借助计算机的帮助，突破时间空间的限制，实现个性化教学与自主性学习，较快提高学生英语综合应用能力，达到最佳学习效果。为此，各大高校削减面授课时间，投入大量人力物力兴建网络学习设施，但是事实表明，在实际使用中存在着高投入、低产出的问题。正如温州大学张艳超等人的研究指出，目前高校网络课程多为教学评估、评奖而建，师生实际利用率不高。⑤ 那么网络教学模式低效的原因是什么呢?

网络教学平台上的教学内容不能满足学生的需求。以我校使用的“新视野网络教学平台”为例，网络教学平台练习基本与课文一致，缺乏丰富的教学内容，很难激起学生的兴趣。学生做完练习之后，教学平台只给出正确与否的反馈，学生不明白错在哪里，也不知道应该如何改进。而“写作网络教学平台”在使用中也证明存在很多问题，学生有时甚至无法提交作文，以至无法推广。

学生学习策略缺失，自控能力不足，习惯了课堂教学，不习惯网络

---

① 黄河、陈俐、李敏：《大学英语网络教学模式中学生学习自主性调查研究》，载《时代文学》2012 年第 9 期，第 199—200 页。

② 毕俊峰：《基于网络教学平台的大学英语教学与测试面临的问题及对策》，载《语文学刊·外语教育教学》2013 年第 7 期，第 107 页。

③ 刑春丽：《建立体系化的大学英语网络教学模式》，载《外国语言文学研究》2008 年第 2 期，第 71—72 页。

④ 康艳、魏毅：《创新教学模式，转变教师角色》，载《通化师范学院学报》2007 年第 7 期，第 62 页。

⑤ 张艳超、杨彬、朱晓申：《信息化有效整合大学英语网络教学资源的研究》，载《中国电力教育》2012 年第 31 期，第 146 页。

教学形式，从而无所适从。文秋芳、任庆梅的研究曾指出，情感因素是影响大学英语教学效果的四个关键问题之一。① 网络自学过程中，学生面对的是冰冷的机器，即使能做到“人机互动”，也无法做到面授课上与老师、同学互动的情感上的沟通。以本校经验而言，现有的网络教学平台根本无法做到真正有效的“人机互动”。另外，通过与学生课下的沟通，学生反映网络教学的评估方式有欠公正。如“新视野网络教学平台”的练习为客观题，有的学生会上网搜答案，或者互相抄袭，而不是认真自学。根据教学平台评分结果来看，这种情况也不是个例，有不少学生，在线时间极短，却能完成所有作业，而且居然能得满分。

大学英语课程的学生来自于各个专业，专业课程任务繁重。大学英语课程，作为一门基础课程，只是学生学习的众多课程中的一门。除了少部分学生热爱英语能主动学习英语外，大多数学生仍受工具性动机驱动。他们主要是希望修满学分，通过四级，得到高分以评奖或保研等。另外，我校为民族高校，很多学生来自边远地区，英语水平比较差，甚至有相当一部分的学生以前没学过英语，有很强的畏难情绪，也不觉得英语会对他们的未来会构成任何的影响。这部分学生抱着非常消极的态度学习英语，被迫学习。语言学家 Andrew D. Cohen 曾指出：“语言学习的成功取决于学习者本人，取决于学习者自身的因素及其充分利用学习机会的各种能力。”② 如果学习者对英语这门学科根本没有兴趣，只是因为各种客观约束被迫学习的话，低效是必然的。课堂教学中，教师尚可以努力通过情感的调动、鲜明的教学目标、紧凑的教学设计、丰富的活动来调动学生的兴趣；而在网络自主学习中，缺乏教师的引导和强烈的动机，学生的懈怠也是不可避免的。

四、如何改进网络教学

首先，我们应该改进现有的网络教学平台，多方积累、整合网络自主学习资源。突出实用性、趣味性和知识性。使学生能够找到他们需要的学习内容，使他们能够有学习的愿望。并且要有及时反馈，让学生能够知道

---

① 文秋芳、任庆梅：《大学外语教师互动发展新模式下一线教师的专业成长》，载《中国外语研究》2011 年第 1 期，第 22 页。

② 戴炜栋主编：《中国外语教学回顾、探索与展望》，上海外语出版社 2006 年版，第 570—571 页。

错误在哪里，怎么才能改正。我校网络平台现有的评估方式并不公正，需要教师用“线上线下相结合”的方式加以考察。

另外，要加强学生学习策略和自主学习能力的培养。使学生知道怎样才能更有效地学习。自主学习能力的培养不可能一蹴而就，需要教师的引导。网络自主学习虽然给学生提供了“个性化学习”和“自主学习”的条件，但同时也产生了懈怠的可能性。少数内在驱动的学生可以做到主动学习，而大多数学生还需要教师进行相应的督促。

最后，我们应该认识到大学英语在高等教育结构中所处的地位。大学英语主要是一门工具性的学科。要求学生花费大量时间学习是不现实的。怎么样才能做的“短时高效”，是大学英语教师应该研究的问题。大学英语网络课程设计的内容尤其应该兼顾以下两个方面：一方面，可以突出英语这门人文学科，介绍英语国家历史文化，提高学生的英语应用能力和跨文化交际能力；另一方面，应该找到与其他专业课程的契合点，提高学生的专业英语水平。比如，培养他们阅读专业学科文献，听懂专业讲座的能力。总之，网络教学必须能够真正满足学生的需求，才能行之有效。

参考文献

[1] 毕俊峰：《基于网络教学平台的大学英语教学与测试面临的问题及对策》，载《语文学刊·外语教育教学》2013 年第 7 期，第 107 页。

[2] 大学英语教学基本要求项目组编：《大学英语课程教学要求（试行）》，清华大学出版社 2004 年版，第 18、第 24 页。

[3] 戴炜栋主编：《中国外语教学回顾、探索与展望》，上海外语出版社 2006 年版，第 570—571 页。

[4] 黄河、陈俐、李敏：《大学英语网络教学模式中学生学习自主性调查研究》，载《时代文学》2012 年第 9 期，第 199—200 页。

[5] 康艳、魏毅：《创新教学模式，转变教师角色》，载《通化师范学院学报》2007 年第 7 期，第 62 页。

[6] 马洁敏：《大学英语新教学模式探讨》，载《外语语言与教学研究（一）》，上海科学技术出版社 2009 年版，第 396—398 页。

[7] 王向华、马明胜：《浅析外语网络自主学习中的学生行为》，载《中央民族大学本科教学研究》第十二辑，中央民族大学出版社 2012 年版，第 10 页。

[8] 文秋芳、任庆梅：《大学外语教师互动发展新模式下一线教师的专业成长》，载《中国外语研究》2011 年第 1 期，第 22 页。

[9] 刑春丽：《建立体系化的大学英语网络教学模式》，载《外国语言文学研究》2008

年第 2 期，第 71—72 页。
[10] 张艳超、杨彬、朱晓申：《信息化有效整合大学英语网络教学资源的研究》，载《中国电力教育》2012 年第 31 期，第 146 页。

（作者单位：外国语学院）

主体利益分析法在经济学教学中的应用研究

刘云喜

一、主体利益分析法的内涵

明确主体利益分析法的内涵，首先要明确利益的含义。人类社会发展同自然界一样具有内在的规律性，但人类社会发展的规律是通过人有意识的活动而实现的。马克思指出："人们奋斗所争取的一切，都同他们的利益有关。"所谓利益，是指"在外界主观意识不断影响下产生的，它与外界保持着密切联系，它最清楚不过地反映了人的社会地位，特别是经济地位，他们的社会出身、教育状况、生活经历、社会关系、职业或非职业状况等"①，所以利益是由人们的需要引起的，利益是以社会形式出现的人的需求，是人们社会关系、经济关系在社会生活中的具体体现。人们的利益是和需要相联系的，个人生存、享受和发展的需要都是个人的社会需要，而不是孤立的、抽象的个人需要。利益是与一定生产力水平相应的，由生产关系直接决定的，人们物质、精神需要的直接表现。② 利益不仅体现了人与自然的关系，更主要还在于体现了人与人的社会关系，它在本质上是一个社会关系的范畴。因此，人的社会关系首先就表现为利益关系，整个社会生活归根到底是一幅不同主体间多种多样的利益相互对立又相互统一、错综复杂的图景。利益是人进行社会活动的根本动力。既然利益是推动人进行社会活动的终极原因，它又是客观地存在着的，要认识社会现象就必须分析社会中各种利益及其相互关系。

主体利益分析法是指根据某一阶级、阶层、群体的利益对经济现象、

① ［捷］奥塔·希克：《第三条道路——马克思列宁主义理论与现代工业社会》，人民出版社 1982 年版。

② 孙浩声：《要重视利益分析法》，载《福建师范大学学报》1986 年第 4 期，第 24 页。

学说或经济矛盾进行分析，以其探寻现象、学说之本质或矛盾之解决的方法。要进行利益分析，首先要分清楚是谁的利益，或代表谁的利益，确定利益的主体，然后继之以对利益做定性分析和定量分析，既要弄清利益的性质，又要弄清利益的大小、轻重，以达到对社会现象的正确把握和对人们行为的正确指导。①

二、主体利益分析法在经济学教学中应用的必要性

1. 在教学、研究中贯彻主体利益分析法是经济学学科的内在本质要求

经济学是特定阶级、阶层、利益群体对经济矛盾的理论规定，也可以说是揭示与论证经济矛盾的科学。经济是人类社会生活的基础，其矛盾是现实存在的，是有意识在交往中结成一定社会关系的人，以劳动改造自然和改造人类自身过程表现的矛盾状态。对经济矛盾的认识，是人意识的重要内容，也是人生的必要环节。人都是在其经济意识的导引下从事经济活动的，但经济意识并不是先验的，而是人们在经济生活中对经济矛盾的认识。个体的经济意识并不是经济学。几千年来人们虽然有经济意识，并以此导引经济活动，但没能形成经济学。经济学是对经济矛盾的系统理论规定，它的形成，要有专门的理论研究者长期系统地探讨。这就造成一种印象，似乎经济学只是少数研究者的意识，研究者个体像自然科学家那样面对具体对象，进行实验、观察，进而归纳出结论。经济学的研究与其他社会科学的研究一样，都不可能像物理学、化学、生物学那样去研究问题，其对象是活生生的有意识的人，是人的活动及其中的关系和矛盾。经济矛盾不是一个可以在实验室任意处置的具体物质，而是连研究者本人也包括在内的社会关系，它是人的本质与活动、意识及权利、利益等的综合体。经济现象是具体的，也是错综复杂、不断变化的。任何一个个体的研究者都不能以他本人的感性认知社会的经济矛盾，哪怕是很小范围的经济矛盾，他也不能以感性来把握其内在的联系，而应以理性的思考来比较、分类、归纳、分析、综合，以形成概念，即以抽象思维来概括感性所感觉到的现象，得出总体的、概括性的认识，由此揭示和论证经济矛盾。一个经济学的研究者对经济矛盾的研究，实则一个社会群体的代表的研究，是代

① 张玉堂：《近年来利益问题研究综述》，载《哲学动态》1998 年第 4 期，第 8 页。

表一个社会群体表达其经济利益和意识，并由此来规定经济矛盾的。以前所有的经济学家，都自觉不自觉地认为自己是单独的研究主体，经济过程是客体，他们是在“客观”地研究问题。即代表“客观”经济来表述其规律。经济矛盾并不能“客观”，更不能自己表述自己。从事经济学研究的个人，之所以要研究经济矛盾，不在于它能够“主观”，而在于他是生活于经济矛盾的有其利益和要求的人，他只能代表与他利益一致的社会群体来研究问题。这种研究，首要的就是以理论概括本群体的共同利益和要求，并由此来规定经济矛盾，包括对经济关系和活动的评判以及对经济矛盾演化趋势的预测。这一过程，本身就是包含研究者在内的阶级、阶层、群体维护自身权利和利益的意识集中概括过程，如果离开主体的利益分析，那经济学教学和研究将背离经济学的本质。

2. 主体利益分析法是人们研究社会问题的根本方法

利益是人进行社会活动的根本动力，对人的社会活动及其在社会活动中形成的社会关系进行分析，必须对主体利益进行分析，正是从这种意义上讲，主体利益分析法是人观察社会现象，研究社会问题的根本方法。进行经济学教学和研究也不能摒弃这一根本方法。主体利益分析法是阶级分析法的发展，其不仅能够分析阶级间的利益关系，也能够分析阶级内部不同阶层间的经济关系。其对阶级社会经济矛盾、经济理论和经济学说进行分析具有适用性，对消灭剥削阶级的社会主义社会经济矛盾、经济理论和经济学说分析研究也具适用性。阶级分析法已经无法针对两大基本阶级的内部结构进行深入分析，更不能解释我国社会成员在改革开放中形成的经济差距。在改革开放之前，我国社会处于统制经济体制的控制下，社会分层并不复杂，运用阶级分析法能够说明当时中国的社会结构。改革开放之后，我国社会不仅形成了一些新的阶层，如个体户、私营企业主从农民阶级、工人阶级中分离出来，而且在农民阶级内部、工人阶级内部也出现了明显的分层。在农民阶级内部，已经形成了农业劳动者、农民工、乡镇企业工人、农村管理者、乡镇企业管理者、私营企业主、个体劳动者和个体工商户等不同的阶层。在工人阶级内部，也不能像过去那样简单地划分成干部和一般工人，而是出现了国家与社会的管理者、企业管理者、产业工人、专业技术人员、私营企业主等不同的分层。由于社会主义市场经济的发展和个人分配制度改革的深化，社会成员的收入差距逐渐拉大，经济分层也越来越明显。阶级分析法对此往往鞭长莫及。而主体利益分析方法不仅可以吸纳阶级分析方法的优点，而且可以有效避免阶级分析方法的不足，是对阶级分析的发展。这是其在经济学教学和学习中得以贯彻的必要性之一。

3. 将主体利益分析法应用于经济学教学有助于学习者对经济理论学说的把握和理解

主体利益贯穿于自古至今的经济理论学说始终，经济理论学说形成、提出的根本原因在于从利益主体的角度对经济矛盾提出解决方法或解决方案，并对这一解决方法和合理性进行论证，所以不同社会主体的利益始终体现于各种各样的经济理论学说中。这一点从经济思想史的变迁中得以充分体现。

主体利益贯穿于古代经济思想中。较为系统明确的经济思想，是在进入农业文明的奴隶社会和宗法社会出现的。奴隶社会和宗法社会第一阶段封建领主制的经济思想，是以奴隶主和封建主如何管理其领地和占有劳动者，维持其家庭和家族统治地位为核心的，而先进于宗法社会第二阶段集权官僚制的秦汉以后的中国，则是以维护官僚地主阶级的统治为核心，其集中体现就是国家财政。虽然中国古代的经济思想已相当丰富，由于历史局限性，并未形成系统的概念体系，尚不能形成经济学，但其形成是基于主体利益的，对这些思想本质的学习研究也无法脱离主体利益分析方法。

对重商主义、重农主义本质进行学习、把握也无法脱离主体利益分析法。重商主义政策是国王和商人联合的产物，主张发展商业，以增加财富。这时，处于统治地位的仍是封建领主阶级。从国王角度说，为了打破国内割据并向外扩张，必须增强国力，而在农业并不发达的西欧，增强国力的唯一途径，就是发展商业和手工业；从商人角度说，只有响应并利用国王增强国力的意愿，才能有效地发展自己的势力。这样重商主义就以增加国力的旗号在西欧各国得以推广。重商主义还基本上是以经济思想和观念的形式出现的。这种思想观念也是植根于主体利益的，探讨其现象背后的本质，仍然离不开主体利益分析法。重商主义如此，重农主义也不例外。在法国推行重商主义时，由于过分忽视，甚至压抑了农业的发展，从而造成农业生产的衰败，并由此阻碍了商业和手工业的发展。因此，在法国就出现了重农主义这个经济思潮，其从属于法国正在兴起的启蒙运动。重农主义不仅主张经济上重视农业，更重要的是反对封建专制——这在经济上表现为以重商主义名义出现的政治对经济的统制。重商主义的实行，无疑促进了商业资本的发展，但商业的局限迫使其资本为了增殖，不能不拓展新的领域，这只能是产业，在机器大工业尚未出现时，农业成为资本拓展新领域的必然选择。因此，重农主义可以看成是资本由商业向产业——主要是农业转化的思想代表，它的自然规律、自然秩序、自由竞争等观念，都是资本主义经济学的要素。从这种意义上讲，重农主义的提出和推行也是主体利益的集中体现，离开主体利益分析方法，将无法真正理解重农主义的本质。

离开主体利益分析法，将无法理解斯密的体系的“二重性”，无法把握资本主义经济学和社会主义经济学理论本质。斯密体系，从价值概念开始，就有自相矛盾的双重规定，如对价值的以劳动定义和从三种收入定义，这双重规定体现于其体系的各个主体概念之中。这并非简单的形式逻辑意义上的违背不矛盾律，而是当时资产阶级两重性的体现：它既要反对封建统治，又不愿与之决裂，而是要求一种妥协；它既要深入认识经济矛盾，又怕这种认识危害到正在形成中的资本统治。也只有从主体利益分析中才能真正明白斯密学说“二重性”的根源和本质，脱离了主体利益分析方法，对斯密“二重性”的认识只能进入“二律背反”的自相矛盾。由斯密体系中的二重性，演化形成了资本主义经济学和社会主义经济学两大对立派别。先是英国的马尔萨斯牧师，这位代表领主势力的经济学家，利用斯密体系中对封建领主的妥协性，来为领主的地租进行论证，并反对产业资本的发展。稍后，法国的萨伊代表大资本家的利益，对斯密体系进行了修正，尽量使之适合居统治地位的资本主义经济的发展。而确立了的资本统治，所要求经济学的，不仅是论证其统治的绝对合理性和永久性，还要进一步探讨资本增值的体制、结构和机制。这就成为萨伊之后，资本主义经济学的主要任务。从西尼尔、巴师夏，再到庞巴维克、马歇尔，半个多世纪的时间内，资本主义经济学为建立和发展自由竞争的经济体制和经济结构，发挥其机制，做出了相当大的努力。与此同时，资本主义经济也步入垄断。垄断是自由竞争的对立面，如何处理这个矛盾，也就成为资本主义经济学的新课题。在20世纪初，现实经济矛盾的尖锐化，并未能导致守旧的经济学家们的观念转变，他们仍以自由竞争原则来对待日益严重的资本垄断问题，因而不能提出适宜的解决矛盾的办法。这个矛盾的激化，导致第一次世界大战，战后的萧条和大危机迫使资本主义经济学实行观念的变革，“凯恩斯革命”随即开始，“凯恩斯主义”应运而生。资本主义经济学思想的演变是与其主体利益不可分的，其相应的研究方法也由起初的抽象法转变为现象描述法，其目的在于资本主义制度的永久性和合理性这一最大利益。斯密之后经济学的另一派是社会主义经济学，社会主义经济学形成并与资本主义经济学相抗衡的关键，是马克思以其辩证思维对资本主义经济矛盾的系统批判。马克思以劳动者利益和意识为基点，其代表作《资本论》从雇佣劳动者阶级利益出发，揭示了资本主义经济矛盾。社会主义经济学以批判资本主义经济矛盾为始点，以指导社会主义运动及其制度化，并对社会主义制度下的经济体制、结构、运行机制及其经济发展进行理论探讨。认识各种经济学说和思想的内在本质，前提在于该种学说、思想是出于维护哪一阶级、阶层、群体的利益，因此在经济学研究和教学中，主体利益分析法成为不可或缺的方法。

三、主体利益分析法在经济学教学和学习中的应用与实践

1. 明确和提升任教者和学习者的主体意识

在经济学教学和学习中运用主体分析法，首先要明确和提升任教者和学习者的主体意识。主体即所要进行利益和意识集中概括的阶级、阶层、群体。只有明确“我的主体性”“我是谁”，也就相应明确了对方的主体性，不同的主体利益不尽相同，利益不同也必然导致不同主体对同一经济现象或经济学说的认识不同，不同主体对同一经济矛盾的认识和解决不同。具备了主体意识，也就相应明确了主体的主义，即明确了主体的意识和利益，根据主体利益对经济矛盾、经济现象和经济学说本质予以认识才成为可能。提升经济学教学中任教者和学习者的主体意识，并不是单单强化其个体意识。主体意识包含个体意识，但不等同于个体意识。主体是个体与总体的内在统一。个体是总体的基本单元，个体是总体形成的前提和基础，但总体并非个体的简单加总，而是个体利益的内在升华；总体包涵个体，同时又制约个体。只强调总体，不顾个体，总体也将皮之不存毛将焉附；个体也不能脱离总体，因为经济学研究的是社会的人与人之间的经济关系，是政治、经济、文化内在统一的社会整体，脱离社会这一总体的个体人也将不能称之为人。在经济学教学中，所要培养、灌输的主体意识，必须是个体意识和总体意识的内在统一。

2. 提升系统抽象能力，夯实主体利益分析法运用的基础

经济学的学习，不同于化学、生物学、物理学等自然科学，其主要工具是人的大脑，是运用抽象思维的能力对占有的现象材料进行反复探讨和论证。所谓抽象思维的能力，是人类思维能力的总和，它的运用，就是从现象揭示本质，又从本质说明现象的思维过程。在经济学教学和学习中运用主体利益分析法，就必须提升任教者和学习者的抽象能力，如果单纯就现象论现象，运用现象描述法分析并说明经济现象、学习经济理论，那就无法真正看到现象背后所隐藏的经济矛盾本质，看不到经济现象和经济学说所承载的不同主体的利益关系，主体利益分析法也就无所适从，无所适

用。而抽象思维能力，恰恰是从现象揭示本质，再由本质阐释现象的能力，这种能力的提升必然为主体利益分析法的运用提供前提，奠定基础。在经济学教学和学习中运用主体利益分析法，就必须提升教学主体的系统抽象能力。具体来讲，提升学习者的系统抽象能力，首先要做到从实际出发，也就是从实际存在的经济矛盾出发学习探讨经济现象、经济学说和经济理论。其次要详细占有材料。详细占有材料是从现象揭示本质，从本质规定说明现象的前提。经济学教学和学习的目的在于使学习者具备从众多的、错综复杂的现象中揭示其本质，并从本质规定说明现象的能力。经济过程的本质恰恰就存在于这似乎杂乱无章的各种经济现象之中。只有在现有现象材料的基础上，运用科学的思维方法，才能揭示经济运动的本质。最后，详细占有材料的基础上，对现象材料进行比较、分类、归纳、分析、综合、演绎，进而形成对经济学概念的规定和科学认识。在概念的运动中，完成对经济现象、经济学学说理论和经济矛盾本质的认知。

3. 综合运用案例教学、研讨式教学和体验式教学，在经济学教学各个环节践行主体利益分析法

案例教学就是利用典型事例进行教学，使学生能通过对特殊的、典型的事例进行分析，进一步理解和掌握理论教学中的概念和原理，并在此基础上培养学生独立分析和解决问题的教学方法。① 参与式教学，顾名思义，是指在教学过程中，作为教学主体的学生参与于整个教学环节的教学方式。体验式教学是指让学生通过体验进行学习的教学，在这一过程中，学生以自身需求为出发点，积极投入与体验环境的互动，在亲身经历的过程中，通过肢体活动和大脑思维，在个体反思和集体交流中建构知识的意义。在体验式教学的过程中，学生的附带知觉、直觉思维和创造性思维得到尊重和展示。通过体验式教学，学生的认识获得主客合一的效果。这三种教学方法是独立的，又是相通的，在经济学教学中应用主体分析法，应当综合运用上述三种方法。通过具体实践，让学生参与其中，通过自己切身体验，增强对主体利益分析法在经济学学习中的认知和理解。通过现实案例或者实验案例，以某一现实或模拟经济现象、经济学说、经济矛盾为基点，让学习者扮演不同利益主体，并根据自己所扮演主体利益，对经济现象产生原因进行说明，对经济学说科学与否做出判断，对经济矛盾解决方案做出选择。并通过扮演角色转换，研讨上述说明、判断和选择做出的

① 张元鹏、刘文忻：《我国理论经济学教学中的案例教学问题研究》，载《北京大学教育评论》，2005 年第 S1 期，第 24 页。

目的、依据。

参 考 文 献

［1］祝灵君：《试论政治学研究中的利益分析方法》，载《北京行政学院学报》2003 年第 3 期，第 13—16 页。
［2］郭榛树：《当代中国社会阶级阶层结构的分析方法》，载《中共中央党校学报》2003 年第 1 期，第 36—38 页。
［3］刘永佶：《政治经济学方法论纲要》，河北人民出版社 2000 年版。
［4］刘永佶：《劳动主义》，中国经济出版社 2011 年版。

（作者单位：经济学院）

预科新疆班英语教学探索与思考[①]

乔　翔

民族预科教育是对当年参加普通高等学校招生全国统一考试、适当降分、择优录取的少数民族学生实施高等学校本、专（高职）科预备性教育的一种办学形式，是中学到大学的衔接、过渡阶段，起着承上启下的作用。从1951年创办预科教育以来，我校预科通过几代人的不懈努力，为高等教育和民族地区培养和输送了大量的合格人才。[②]

新疆班“民考民”学生（以下简称“新疆班学生”）是预科教育的一个层次，主要针对用民族语授课的新疆籍高中毕业生，其中以维吾尔族和哈萨克族学生为主。新疆班的学制为两年，主干课程为汉语、英语、数学。其中，英语是绝大多数学生过去从未接触和学习过的课程。预科英语要实现“使学生在两年时间里，基本达到普通学生经初、高中六年学习的英语理解水平，能够与大学英语教学衔接”的目标，可以说是“时间紧，任务重”。因此，在预科阶段，注重培养学生学习英语的兴趣，形成良好的学习习惯，掌握恰当的学习方法显得尤为重要，从而为本科英语学习打下坚实的基础。

笔者从事预科英语教学10余年，根据新疆班学生的实际，做过一些大胆的改革与尝试。其中，不乏成功的做法和经验，也存在一定的问题和困难。本文试图通过梳理过去的教学工作，总结成功的教学经验，剖析目前教学中存在的问题，并提出相应的对策和建议，以便进一步提高预科英语教学水平。

---

① 本文是中央民族大学2015年度校级优秀课程“预科两年制‘民考民’新疆班英语”的阶段性成果之一。

② 宋太成、阿拉江主编：《预科教育五十年》，民族出版社2003年版。

一、新疆班英语教学的成功经验

从2004年预科教育学院成立英语教研室以来，我们不断加强对新疆班英语课程的改革，在教学中取得了一定的成效。主要有以下几点经验。

（一）坚持“分层次教学”的理念，因材施教，提高不同层级学生的英语语言能力

“分层次教学”思想源于孔子提出的“因材施教”。“分层次教学”是在班级授课制下，根据学生实际分别施教的一种手段，是尊重学生个性、促进包括后进生在内的所有学生发展的有效措施。[①] 新疆班学生在升入预科后，由于个性、家庭、环境的影响，每个学生的学习态度差异较大，尤其在英语学习上表现得更为突出，必须采取差别化教学策略。我校预科从2004年开始全面实行“分层次”教学。胡英（2013）指出，预科阶段的“分层次教学”是“对不同层次的学生，依据不同的分层目标，采用相应的学习起点、学习梯度与速度、学习方式，给学生不同的分层讲解、分层练习，以期达到每个学生都有进步的动态过程”。[②] 这一做法，在预科英语教学中取得了明显成效。

（二）尝试英语、汉语、民族语之间的比较教学，触类旁通，提高学生学习英语的能力

外语学习是从母语到目标语的逐渐过渡，而预科英语教学的特殊性在于教师用民族学生的兼用语——汉语来讲授英语这门外语。新疆班学生要经过民族语—汉语—英语这样一个思维转换过程，语言差异带来大量词汇、语法以及文化等方面的理解偏误，给学生的英语学习增加了很多困扰。针对这种情况，我们在长期的教学过程中不断摸索，发现采用学生的第二语言（汉语）传授第三语言（英语）的教学模式，可以通过英语、汉语教学的各自特点，发挥其各自优势，相互促进。从2008年起，依托校级合格课程的建设，英语教研室和汉语教研室共同探讨、相互配合，通过精

---

① 乔翔：《民族预科英语教学现状及改革的对策》，载《民族论丛》第一辑，中央民族大学出版社2006年版，第236页。

② 胡英：《对预科“高级汉语”课程课堂教学与实践活动的思考》，载《中央民族大学本科教学研究》第十五辑，中央民族大学出版社2013年版，第190页。

心备课和课堂启发来发掘英语、汉语、民族语在词汇、句法和语义等方面的异同，帮助学生理解不同语言及文化之间的共性和个性。通过三语的比较，举一反三，触类旁通，加快、加深学生对英语基本知识点的理解，降低学习中的偏误率。我们注重理论与实践相结合，课题“新疆‘民考民’预科英语教学模式的研究——从与汉语教学相互促进关系的角度”，获得2008年中央民族大学青年科研基金项目的批准。该课题已经如期结题并达到预期目标，相关研究人员分别发表论文数篇。我们的目标是：以研究英语教学与汉语教学配合促进为切入点，通过对预科生英语学业成就归因的分析及英、汉语教学模式的比较，总结出一套科学可行、具有推广价值的英语教学模式。

（三）开展丰富多彩的第二课堂活动，让学生在实践中提高英语水平

针对语言教学实践性强的特点，新疆班英语教学必须在注重课堂教学的同时，大力开展丰富多彩的第二课堂活动，广泛培养学生学习英语的兴趣，让他们在实践中提高英语水平。我们采取课内与课外相结合，学习内容与校园文化相结合，教学内容与竞赛、考试制度相辅相成的全方位、多层次的教学管理体系，尽可能把课堂教学延伸到课外，给学生提供接触英语的机会。通过举办英语角、英语诗歌朗诵、英语歌唱比赛及英语话剧表演等活动，锻炼学生的语言表达和交流能力，使其享受学习英语的乐趣。实践证明，新疆班学生对第二课堂教学的接受能力很强，参与活动的积极性很高。在各种活动和比赛中，新疆班学生的表现和成绩引人瞩目。

二、新疆班英语教学中存在的问题

我们新疆班英语教学虽然取得了明显成效，但是也存在一些问题和困难，有待进一步改进和提高。

（一）新疆班学生的汉语水平，直接影响英语学习效果

新疆班学生的汉语程度直接影响英语的教学效果。学生虽然大多能够较为熟练地使用汉语，可是，仅限于听力和口语的运用，不能完全说明其汉语的实际水平。他们还需要在预科阶段进一步提高阅读和写作能力。很多学生反映，老师备课认真、风格独到、信息量大、课件精美，付出的精力和心血可谓良多。可是，他们越来越感到学习吃力，兴趣索然。原因就在于老师用英语和汉语讲授英语字词和语法，他们听得一知半解。老师讲

得越多，他们听不懂的就越多。课堂上老师累，学生也累。

从另一个角度来看，英语课堂上使用非母语的汉语作为媒介语，对于以民族语言为母语的学生而言，出现母语—汉语—英语或者汉语—英语之间的思维转换，会带来大量词汇、句型、语法方面的理解偏误。因为汉语和英语都不是他们熟悉的语种，容易混淆汉语与英语的语言习惯及语法等方面的区别和差异。显然，对民族学生而言，学好汉语是基础。如何正确把握和理解汉语和英语的关系，是他们英语学习中的普遍性问题。

（二）缺乏针对新疆班学生特点的教材

教材是教学活动的载体。近 10 年来，预科新疆班不断更换英语教材，使用过的教材有：外语教学与研究出版社出版的胡文仲主编的《大众英语》、李桂兰主编的《零起点大学英语基础教程》、亚历山大、何其莘编著的《新概念英语》等。这些教材虽然有其各自的优点，但是存在的问题也很多。比如，出版年代久远，内容陈旧过时，编排体例单调；而且，用针对汉族学生的教材去教授新疆班学生的英语，往往事倍功半。因此，针对新疆少数民族的文化背景、民族心理和语言特点，编写类似乡土教材的预科英语教材，将民族认同与国家认同的基础知识融入预科英语教材之中，是教育界的一项艰巨任务。

（三）缺乏针对新疆班学生的教学方法

外语习得理论的研究一般认为，12～15 岁是外语学习的最佳年龄段。这个年龄段的青少年在掌握词汇、语义、语法结构和语言交际等方面，比起儿童和成人表现更为出色。但是，新疆班学生已经是 18 岁以上的成年人，具有较强的理解能力和自学能力；同时，由于生长的地理条件、社会环境、宗教风俗习惯等因素，存在个体差异和文化差异，其理解能力也不同于汉族学生。例如，笔者在课堂上传授知识点或进行跨文化比较时，常常需要相关背景知识的介绍，往往是从自己熟悉的中西方文化切入，或者援引当今中国社会的一些热点问题。但是，新疆班学生对中国的古典文学、现代作品非常陌生，甚至一无所知，对主流文化中的一些现象不太注意，甚至毫不关心，所以效果不尽如人意。反过来，由于教师不懂得少数民族语言，不了解少数民族宗教、文化和习俗，教学中缺乏恰当的针对民族学生学习英语的方法，营造不出一种学生熟悉的语境，同样影响学生的接受能力。

（四）缺乏对新疆班学生三语习得的理论研究

曹艳春、徐世昌（2014）指出，三语习得指的是除了学习者的母语（L1）和已经掌握的第二语言（L2）之外，目前正在学习的一种或多种语言。三语习得曾一度归属于二语习得领域。一些学者认为“二语”可泛指第一语言（母语）之外的任何非本族语言。然而，越来越多的学者开始意识到，虽然三语习得和二语习得之间存在着密切联系，但是诸多方面却存在着本质的区别，需要将它作为一个独立的领域进行研究。[①] 虽然三语习得研究在国内外起步都比较晚，但是近年来已成为一大研究热点。特别是国外在该领域的研究已经取得了丰硕成果，而国内的三语习得研究文献从2004年以后才开始出现，且篇数极少，仅有43篇。[②] 对预科教育阶段的新疆班学生而言，母语是第一语言，汉语是第二语言，英语是第三语言。尽管我们已经注意在教学中引入民族语、汉语、英语三语之间的比较，但是还只停留在个别字词、句型和语法方面的比较和偏误分析上，还缺乏理论研究上的成果。这将成为今后预科新疆班英语教学中有待挖掘和研究的重要课题。

三、对现存问题的思考及对策

对上述教学中存在的问题，笔者在教学实践中也不断反思，在此不揣粗陋，试谈几点对策。

（一）增删或改编现有教材，补充教材内容

目前，新疆班学生学习外语缺乏有针对性的教材。在教材没有得到改善之前，教师要善于运用教材，从新的视角驾驭教材，做适当增删或改编。比如，根据英语课程教学大纲和自己的教学计划，合并或者组合课本上的关键句型和语法知识，留出一定的时间进行听力和口语训练，让学生在交际环境中学会运用语言表达。为了弥补由于教材内容上的单薄所导致的单调性，还可以将同类教材、同级学习材料（如适合低起点学习者的听说、阅读和语法等书籍）拿来作为教材的补充。同时，还要在教学中采取

---

① 曹艳春、徐世昌：《三语习得研究与少数民族双语者外语学习》，载《外语研究》2014年第5期，第59页。

② 陶伟、谢凝：《国内三语习得研究综述》，载《牡丹江教育学院学报》2012年第3期。

灵活的形式，不能因循守旧，一张口就让学生知道你要讲什么，从而降低他们的学习热情，认为课后自学也能补上这一课。

（二）加强学业监督和教学评估，改革考试方式

新疆班学生普遍缺乏压力。有的进入预科时就已经确定本科专业；有的虽然没有确定专业，但是结业考试的成绩对其选择专业影响不大。尤其是英语，更没有任何约束条件。学生只要学期成绩及格，就能顺利毕业进入本科院校。没有焦虑感的学习任务，使一部分学生倍感轻松。学习英语的动力完全依赖个人兴趣，很多学生甚至连每周布置的作业（包括口头和书面）都不能完成。笔者认为，行政管理者和教学工作者要共同探讨，加强对学生的学习管理，把教学评估的作用发挥出来，对学生起到制约作用。

（三）以听说教学为切入点，激活课堂教学，建立师生互动的模式

预科英语教学的最终目的是培养学生运用英语的能力。具体来说，首先，培养学生听、说、读、写等技能。对于学生而言，课堂是他们掌握英语知识的主要阵地，也是他们进行语言实践、提高听说能力的一个重要场所。因此，教师首先要把每一堂课都当成学生学习英语的最好时机，让他们多听、多说、多读、多写，培养提高其实际运用英语的能力。其次，英语课堂要克服僵化的、照本宣科式的教学模式，建立一个平等、宽松的教与学的平台，让学生和老师都能够动起来。教师要成为教学实践的引导者、组织者和评判者，而不仅仅是知识的灌输者。这不仅需要教师具备良好的语言能力，还需要教师对所授课程进行总体把握，精心备课。

在新疆班英语课堂上，我们尝试开展一些有益的语言实践活动。例如，每节课前都要安排一位学生做 5 分钟的英语演讲。学生自己决定演讲的内容，通过查阅资料，翻译文字，配备图片或音乐，制作精美的课件，在课堂上演说给大家。然后由同学们补充观点、交流看法。教师则做适当点评，并对课件中的英文部分做必要的修改。这是课堂语言实践活动的有益探索，我们将坚持不懈地开展下去，使这项活动变得更加灵动，更具有吸引力。

（四）语法课要精讲多练

英语语法是英语学习中的一个重点内容，也是令学生最感枯燥、最头疼的内容。我们认为，语法教学首先要将语言学习和现实生活紧密联系起

来，尽量避免简单、枯燥、乏味的说教，注重培养学生的学习兴趣，打消学生心理上的畏难情绪。新疆各少数民族学生能歌善舞，特别喜欢表演。我们在学习语法时，尽量选一些歌曲、小诗或故事，设定有趣的教学情景，让学生在愉快轻松的课堂活动和表演中学习相对枯燥的语法内容。另外，针对新疆班学生英语学习“起点低、基础差、时间紧、任务重”的特点，教师教授语法时，还要统筹安排，梳理大纲，抓住重点，及时总结，让学生对语法知识形成系统的认识。以英语的八种常用时态为例，每种时态依托课文出现，教学时挑选最常见的用法精讲多练，辅以课外相关的阅读和视听材料，增加学习的趣味性。同时，让学生学习在交际场合的用法，加深理解并学会运用。

（五）合理使用多媒体教学手段

提高课堂教学的效率，还需要多种教学法相结合，多管齐下地传授知识。除基本的语法翻译法、直接法、听说法等之外，还要采用试听法、交际法、认知法等。随着教育技术的提高和教学条件的改善，英语教师越来越多地开始使用多媒体设备开展试听法教学。但是这种方法也对教师提出了挑战。它要基于语法翻译法、直接法和听说法上而适度使用，否则，就可能流于形式、耽于娱乐，对学习起不到实际作用。

另外，电子文档和电子课件在英语课堂上的广泛使用，既有其直观、便捷、高效等优点，也存在一定的局限性。据学生反馈，虽然电子课件中有全面的词语解释和丰富的例句，但是例句用词较难，信息量很大，不易把握重点。虽然一个词讲了很多，却没留下深刻印象。所以，电子课件不必求全，也不必堆积很多文字，让学生产生厌倦情绪，而是要采用板书和课件相结合的形式，挑出重要词汇，做重点讲解，其他词汇只做简单的相关对比。例句也应尽量简单明了，或者请学生自己造句。教学实践证明，并不是高科技的就是好的，也不是全面的就是好的，而是要找到最能适应学生学习的方式。

（六）英语教学中要引入跨文化教育

新疆班学生进入大学后，首先面临的问题就是文化适应性。能否尽快适应，是学生能否顺利开始预科教育的基本保证。笔者认为，解决这个问题的主要办法就是明确跨文化教育理念，在履行预科教育为少数民族学生提供进入高等教育的补偿功能之外，还要重视并实现预科教育的文化适应功能，构建一种适合于民族学生文化和心理特点的教育环境。就英语教学而言，教师不光是英语知识的传播者，还应该积极承担起对学生跨文化教育的责任。以笔者所授《新概念英语（二）》第 9 课为例，在设计、安排本课教学过程时，特意引入了跨民族、跨文化比较——英国人、中国汉族、维吾尔族及哈萨克族是如何庆祝他们的新年的。我们的教学目标是通过对比不同民族的新年节日和庆祝方式，让学生掌握相关的词汇，提高其听力和口语表达能力，感知不同民族之间的文化差异，增加对本民族的了解和热爱。

（七）重视英语教学中的情感教育

我国著名的教育学家陶行知先生说过："真的教育是心心相印的活动，唯独从心里发出来的，才能打动心的深处。"新疆班学生来自遥远的边疆，天性淳朴单纯，热情开朗。但是他们远离父母和亲人到内地求学，由于环境的改变、文化的差异、生活习惯的不同、新的人际关系的建立等原因，难免产生了孤独、焦虑、紧张、迷茫、困惑的心理。很多学生对新环境下的学习生活感到不适应，还有的学生在与其他民族的老师和同学交往时总有一种戒备心理。教学不仅是教师传授知识的过程，也是师生共同协作，进行情感交流的过程。英语教师应该诚心地与学生交朋友，了解他们的思想，掌握他们的心态，关心他们的生活，从而得到学生的信任，建立起师生间畅通的沟通渠道，以便教学相长。

四、结束语

预科新疆班英语教学的突出特点，一是教育对象的民族性，二是作为大学英语预备级的教学层次的特殊性。新疆班英语教学既要遵循教育的内在规律，又要考虑教育目标、教育策略的特殊性。通过改革传统的教学观念、教学内容、教学方法，构建合理的、适应学生学习的教学方式，使预科阶段的英语教学真正帮助新疆班学生做好学习和心理上的准备，顺利完成由预科向本科的过渡。

参 考 文 献

[1] 宋太成、阿拉江主编：《预科教育五十年》，民族出版社 2003 年版。

[2] 乔翔：《民族预科英语教学现状及改革的对策》，载《民族论丛》第一辑，中央民族大学出版社 2006 年版，第 236 页。

[3] 胡英:《对预科“高级汉语”课程课堂教学与实践活动的思考》，载《中央民族大学本科教学研究》第十五辑，中央民族大学出版社 2013 年版，第 190 页。
[4] 曹艳春、徐世昌:《三语习得研究与少数民族双语者外语学习》，载《外语研究》2014 年第 5 期，第 59 页。
[5] 陶伟、谢凝:《国内三语习得研究综述》，载《牡丹江教育学院学报》2012 年第 3 期。

（作者单位：预科教育学院）

“研究设计与论文写作”课程研讨型案例式教学模式探索

秦广强

中央民族大学本科人才培养方案经过多年探索、调整和完善，各社科类学科的专业基础、理论知识、研究方法等核心课程体系已经日臻成熟，本科培养质量逐步提升。但是，在本科培养的最后一个环节——毕业设计与论文写作上，却存在教学指导缺失，学生不甚了解、草草应付等问题，加之近几年学生面临更为现实紧迫的就业、升学压力，对这一环节也放松了要求，从而导致毕业论文质量停滞不前甚至有下滑的趋势。

近年来，本人多次参与本科生学年论文指导、毕业论文指导及答辩、寒暑假社会实践报告指导与评议等工作。在教学实践过程中，深感当前社科类学生在研究设计、论文撰写中存在诸多问题，突出地表现为以下几个方面：（1）选题及问题意识缺乏，难以提出既有理论价值又具有一定创新意义的选题；（2）缺乏通盘研究设计意识，在研究问题与对问题的解答论证之间难以建立有效连接，即无法以合乎逻辑的方式组织坚实的实证资料来回应研究问题，从而导致研究虎头蛇尾，草草收场；（3）学术观点的书面表达能力以及研究论文的写作能力有待提升；（4）论文及调研报告写作缺乏基本的学术规范等。

因此，要把握好本科人才培养的最后环节，提升本科毕业设计选题的高水平与新颖性，研究设计的系统性与专业性，论文撰写的学术性与规范性，就应该提高认识，加强对本科高年级学生研究设计类、论文写作类课程的专业教学指导与训练。

近几年的教学实践表明，该课程的开设及相应学术训练，对于培养学生的问题意识，研究设计能力，掌握完整的社会学经验研究流程，培养学生的写作能力和书面表达能力，培养学生的学术规范意识等，均具有重要的价值，对于提升本科毕业论文水平乃至人才培养质量产生积极影响。

一、课程性质、定位与设计

在各社科类专业中，社会学、社会工作专业率先在2010年版本科培养方案中加入了"研究设计与论文写作"课程，作为专业必修课程在第六学期开设。2013年春季学期首次开课，至今已是第三年，授课对象涵盖社会学、社会工作两个专业本科生，至今已有200余人次。

通过前三年的专业学习与训练，社会学类高年级本科生已初步具备了一定的社会学理论基础，接受了研究方法和统计技术的训练，在社会实践和调查研究中形成了一定的研究经验和社会体验。在此基础上，"研究设计与论文写作"课程的开设，旨在培养学生寻找研究课题并独立完成一项研究课题的能力，它涉及从选题到论文撰写全过程。

1. 课程性质：经验实践导向的理论学习

本课程系统讲授经验研究设计和论文写作的原理，并展开专业学术训练，内容涉及研究方法论、研究过程、逻辑与论证、论文结构与规范等。它既非社会学理论课程，亦非有关研究方式方法、工具手段、操作步骤、统计技术的细节介绍。从课程性质来看，该课程既不能像理论课程讲授模式那样将抽象的理论主线、逻辑框架、理论模式做"条分缕析"式阐述①，也不能像研究方法课和统计课程那样手把手地带领学生进行逐项实践和操作。该课程介于上述"理论化"和"操作化"课程之间，既有研究设计和写作原理的理论讲授，也有实际的经验操作，它是二者某种程度的结合。确切地说，该课程开展经验实践导向的理论学习，在理论指导下展开一项基于设计的、规范的经验研究。

在社会研究中，研究设计关注的是研究探索的逻辑结构和顶层规划的问题。它有广义和狭义两层含义。广义的研究设计贯穿从选题到成果呈现的整个过程，是关于选题、理论框架、操作化、组织实施、经验分析、结果呈现等全过程的通盘考量和规划；狭义上的研究设计是指在确立研究选题和目标之后，在研究策略、论证逻辑、方式方法、操作步骤等方面的设定和计划。按照殷的说法，研究设计是用实证资料把需要研究的问题和最终结论连接起来的逻辑顺序，需要进行综合的考量和规划。② 目的在于

---

① 陆满平：《社会科学理论课程教学三法》，载《上海高教研究》1994年第2期。

② ［美］罗伯特·K. 殷著：《案例研究：设计与方法》，周海涛等译，重庆大学出版社2012年版，第29页。

“确保收集到的资料能尽可能清晰地回答问题或检验理论”。[①] 总之，无论从广义还是狭义角度来讲，本课程指涉的研究设计关乎原理问题和逻辑问题（logical），而非简单的工作计划或执行问题（logistical）。

2. 课程功能及定位

从功能上讲，该课程直接服务于学生的学年论文、毕业论文的设计与写作。具体功能与课程目标：

（1）培养学生的问题意识。学生能够独立选择具体、聚焦、符合事实与逻辑、具有创新性和理论价值的经验题目。

（2）培养学生的研究设计能力。将研究问题与问题回答之间的中间环节做实做细，把充足的实证资料以符合逻辑的方式组织起来以回应中心议题，兼顾研究目的、研究方式、分析单位、时间维度等要素，设计一条合理、可行的研究路线图。

（3）让学生掌握规范、完整的社会学经验研究流程及写作结构。典型的社会学研究过程由选题、文献梳理、研究方案设计、操作、经验调查、数据与信息收集整理、分析与总结、报告与论文撰写等八个部分组成，学界将其称之为“八股文”。培养学生规范、严谨的流程意识。

（4）培养学生的写作能力。指导学生如何谋篇布局，如何在写作中逐步推进，使得上下文环环相扣，全篇逻辑严密、浑然一体。

（5）培养学生的学术规范意识。让学生掌握并遵守必要的学术规范，避免和拒斥任何形式的学术不端行为。

3. 课程安排与设计

（1）课时设计。每周两个课时，其中每周的第 1 节课由教师分专题主讲研究设计与论文写作的原理知识，第 2 节课用于研讨型、案例式教学。其中，前半学期每周的第 2 节课用于佳文赏析和案例研讨，后半学期的每周第 2 节课用于学生展示研究设计与讨论。

（2）教师课堂知识讲授。根据课程目标，重点从选题、文献综述、研究设计、论文结构、写作规范等方面展开专题内容讲解。尤其是在研究设计部分，课程将重点介绍三种基本的研究设计路径（定量、定性和混合），从哲学基础、逻辑过程、理论模式、研究路径与策略、方式方法、资料性质、设计要素等多个方面对三种设计方式进行重点讲解和比较分析。

（3）高水平学术论文赏析研讨。从近年来《中国社会科学》《社会学

① ［澳］戴维·德沃斯著：《社会研究中的研究设计》，郝大海等译，中国人民大学出版社 2008 年版，第 15 页。

研究》《社会》《人口研究》等权威专业期刊上公开发表的经验研究论文中遴选出15篇，其中定量研究、定性研究和混合研究的文章各占三分之一。另外，还从往年本科优秀毕业论文中挑选出若干篇数。公开发表论文和优秀毕业论文的选择，兼顾研究主题、领域方面的代表性，如社会分层与流动议题、婚姻家庭议题、农村与城市议题、政治社会学、组织社会学与经济社会学等分支学科方向。对于这些高水平的学术论文，重点从选题、研究设计、研究思路与论证逻辑、文章结构框架等方面进行讲解和评析，并就某些问题展开讨论。

（4）学生研究设计报告评议。学生分组就不同的议题展开一项经验研究设计并分小组进行报告，老师与学生一起展开评议和讨论。从不同知识背景和研究维度进行优缺点分析，展开补充修整，以提出一个建立在广泛共识基础之上的完善方案。

二、研讨型案例式教学模式探索及效果

本课程从整体结构上强调研讨型、案例式教学设计的系统性，将多边研讨与案例教学贯穿课堂教学始终，而非仅仅在某一时点、某一环节进行"分散性""滞后性"研讨。案例式研讨型教学模式的系统性和连贯性体现在课程设计的多个方面（参见下图）：研究设计与论文写作理论阐述与典型案例讨论相结合，学生的问题和疑惑在教师讲解及案例讨论中得以释解；理论原理作为理想标准应用于对高水平论文的"解构""解析"中，

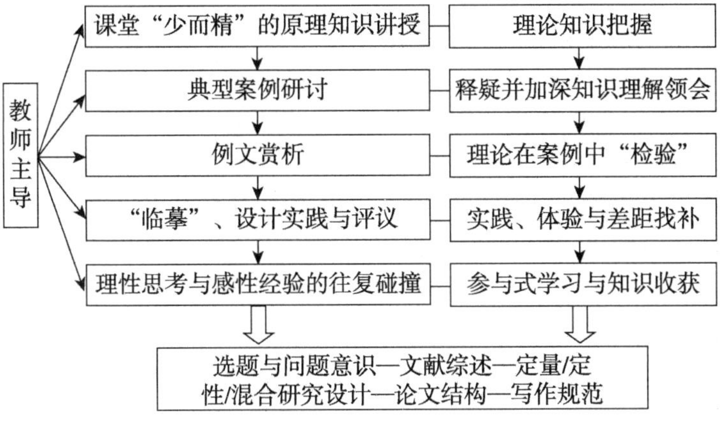

研讨型案例式教学模式流程图

理论原理与论文实践的参照对比让学生得到理论“验证”和知识“确认”；在理论讲解和佳文赏析的基础上，“临摹”实践能够让学生亲身参与到理论应用中，并体验和寻找出与理论标准之间的差距；最后，经历多次“刺激—反应”，在理性思考和感性经验的多次往复碰撞之后，学生在互动参与中收获真知。

三年来，我们从教学理念、教学方式、教学内容、案例库建设、教师角色转变等多个方面积极寻求教学探索和改革，逐步形成了教学效果良好的“研究设计与论文写作”课程研讨型案例式教学模式。

1. 教学理念：体验学习与行为主义

体验学习理论认为，学生的学习应该从体验开始，体验能开启人们具象化的认知感和鲜活的理解力，这样抽象的知识就变得具体了，学生容易掌握并能够形成反思，运用于实践。行为主义理论认为学习过程是不断尝试错误直至成功的过程。只有不断地尝试、接触各种刺激并做出反应，积累正确反应，改变错误反应，逐渐建立起各种刺激与反应间合理的联结，才能形成学习者自己的知识结构。该理论注重学习者可观察到的行为，采用科学的方法，依赖于实践经验，同时强调外部的条件影响以及强化作用。[①] 在“研究设计与论文写作”课程中，对于教师讲授的设计与写作原理知识，学生可以通过对专设议题和典型案例的多边讨论，对高质量学术论文的赏析，从而获得关于研究设计原理和论文写作的直观知识体验，并通过对这些作品设计写作思路的“临摹”，将理论付诸实践，最后对自身作品呈现出来并接受评议，这一“体验感受”与不断的“刺激反应”，能够加深学生对理论知识的理解和掌握。

2. 教学方式：营造互动式参与式学习情境

对研究范例、学生研究设计进行全班讨论分析，在课堂上形成“互动式”“参与式”学习情境，让大家从不同的经验背景、知识维度、分析视角出发对同一专题/领域、主题/问题展开提问、评价和建议，在分享和互动过程中相互作用、启发影响，在获得不同研究思路、分析逻辑和观点见解的基础上，经过争鸣、比较和选择，形成新的包容性、共识性的判断。通过“主题讨论—分化的思路与观点—比较选择—优化的方案与判断—评估反馈”这一过程，让不同知识和经验的学习者在参与、互动的过程中对课程内容有更深的认知理解，并获得思维能力、分析能力和表达能力的

① 张文霞：《试论行为主义学习理论与建构主义学习理论对外语教学的影响》，载《外语教学》2005 年第 5 期。

提升。

3. 教学内容：专题与问题导向的研讨

以"专题化"方式展开课程教学，同时在研究范文和案例的选取上做到研究领域和论题的相对集中。课程专题板块依照前文所列的课程目标设定，专题板块设置的初衷在于以"庖丁解牛"的方式对研究设计、论文写作的各环节和部分进行暂时拆分拆解，在一段时间内集中精力对不同结构和要素进行详细考察和剖析。这种局部放大、聚焦式观察，有助于学生对设计与写作原理的深入掌握。另外，在范文赏析和学生研究设计报告上，采取主题领域相对集中的问题导向型讨论，有助于学生对该学科主流研究领域的研究现状、进展、方式方法有较为全面的认知。问题和论域的选择不求面面俱到，但求对某些重点领域的深刻把握。

4. 互为主客体的师生角色关系：教师组织引导与学生主体地位

在体验学习和行为主义理论中，教师是引导者、组织者和"刺激—反应"的实施者，同时在研讨型课堂中，教师也成为研究本身的学习者，提出并解答问题、对问题实质的迅速把握、专业的评价和释疑、组织引导等工作的顺利展开，都需要老师不断学习，增强自身科研能力和教学能力。这与传统的以"教"为主的"教师灌输式"角色有明显差异。与之相对应，学生成为教学过程的主体和中心，学生主动地提出疑问，主动寻找研究选题并展开设计，主动发现理论原理和经验实践的契合背离之处，并由此对所学知识意义进行主动建构。在此过程中获得的知识体验将印象深刻，并能够举一反三，融会贯通。教师和学生角色的转换会带来教学过程和课堂氛围的转变，原来的"单向知识传输"教学方式被师生间"多边交流互动"取代，原来气氛严肃沉闷的"一言堂"也逐渐转变成"群言堂"。

5. 案例库建设与多样化教学

作为研讨型案例式课程，研究案例库的建设是重要一环。用于课堂研讨的案例和素材来自多个方面，既有纵向层次的区分度，也有横向专题和领域的差异性。从纵向来看，它包含了在权威专业期刊上发表的经验论文、课堂原理讲授中的典型案例、往年优秀本科毕业论文、学生研究设计，还有作为"反面教材"的往年质量较差的学年论文及本科毕业论文。研究案例水平有高有低，与学生现有知识水平的距离也是有远有近，学生可以既可以从中"仰视"标杆作品，也可以从低水平案例中吸取教训。另外，本课堂的教学方式除了强调课堂研讨、互动参与之外，还创设了延伸至课外的多样化教学组织形式，如在课堂外将研究设计付诸实施，展开文献阅读与梳理、课外小组讨论等。

6. 教学效果："由空泛到真切，由肤浅到深入"的知识体验与收获

对于研究设计与论文写作的原理、逻辑、模式等基本理论问题，学生在课堂研讨和参与中至少有三次"检验"和"体验"的机会。第一次是典型案例、专题的讨论，经由此环节，学生关于原理、操作的疑问得以初步解决；第二次是对标杆作品的阅读和赏析，检验前面所讲理论原则是否在优秀例文中得以贯彻和体现，在参照对比中对原理体验进一步加深；第三次是学生自我研究设计的展示与评议，在理论所学和对范文进行"临摹"的基础上，独立开展一项经验研究设计并接受师生评议，从而在问题发现和差距找补中获得知识体验的飞跃提升。经由几番"刺激—反应"和参与体验，学生原有的对于研究设计、论文写作的空泛、肤浅的认识将一步步变得真切和深入。

三、小　结

在社科类专业高年级本科学生中开设研究设计类、论文写作类课程具有现实必要性。作为"先行先试"的代表，本课程秉持体验学习与行为主义教学理念，开展专题、案例和问题导向的课堂研讨，营造互动式参与式学习情境，积极构建和完善案例库，转变教师角色并采取多样化教学组织形式，完善课程成绩考核体系，由此基本形成了效果良好的研讨型案例式教学模式。教学实践表明，该课程的开设及相应学术训练，对于提升本科毕业论文选题的高水平与新颖性，研究设计的系统性与专业性，论文撰写的学术性与规范性，均具有重要的价值，对于提高本科毕业论文水平乃至人才培养质量产生了积极的推动作用。

（作者单位：民族学与社会学学院）

维吾尔族汉语中高级阶段的语音和汉字教学①

田　静

对维吾尔族的汉语教学属于第二语言教学范畴。第二语言教学具有阶段性特点，汉语语音和汉字是初级阶段的教学重点，词汇和语法虽贯穿整个教学过程，但在各个阶段的难度等级、教学内容各不相同。本文主要讨论汉语水平处于中高级阶段的维吾尔族“民考民”大学生的语音和汉字教学问题。

一、问题的提出

维吾尔族大学生汉语水平达到中高级后，能够熟练地用汉语进行交际，能够写出长篇文章。相比初级阶段，他们的词汇和语法水平有了很大提高，偏误较少，但语音偏误和汉字偏误却没有显著改善。比如，有的学生把“（仓）促”cù 说成 sù，把“（选）择”zé 说成 zí，把“健肺”jiànfèi 说成“减肥”jiǎnféi，把“漂（亮）”写成“票”，把“（穿针引）线”写成“钱”，等等。这些语音、汉字方面的偏误都是初级阶段没有解决好而遗留下来的问题。

如果解决不好汉语语音、汉字问题，这些偏误将进一步“化石化”，伴随第二语言习得者一生。所以，在大学阶段对维吾尔族进行语音教学和汉字教学，解决那些顽固的语音和汉字偏误问题，不仅必要，而且紧迫。

① 本文是2014年中央民族大学“统筹支持一流大学和一流学科建设过渡性经费”项目“汉语中高级阶段维吾尔族学生偏误研究”的阶段性成果。

二、语音、汉字教学中的“教什么”“怎么教”“怎么学”

（一）从偏误分析中寻找语音和汉字教学难点，并以此为教学重点

汉语中高级阶段语音和汉字教学教什么？我们认为，中高级阶段的汉语教学不应是对初级阶段教学内容的简单重复，而是要通过对学生出现的偏误进行分析研究，从中寻找并确定习得难点，并以此为教学重点，有针对性地组织教学。所以，中高级阶段的汉语语音教学不是一一讲解每个字母的发音，汉字教学也不是简单地识字教学。

“能否科学地提取难点和针对难点进行教学，是关系到第二语言教学质量高低的重要一环。不明确教学的难点是什么，就不知道教什么，达到什么教学目的。”（戴庆厦、苗东霞，2008）通过大量的偏误分析研究并结合教学经验，我们总结出维吾尔族汉语中高级阶段存在的语音、汉字难点，并以此作为教学重点。

1. 语音难点

（1）在声调方面，四声以及轻声是难点

人们常说的“维腔维调”就是对这类偏误的概括，表现为在字词单念和句子中，声调读得不准确、不到位。此外，轻声也是一个难点。维吾尔族学生常常把轻声读得很重，出现“轻声不轻”的偏误。比如，把“（避）讳”（hui）读成第四声（huì）。

（2）在声母方面，舌尖后音、舌面音和舌尖前音是难点

主要体现为混淆声母 zh 和 j、ch 和 q、sh 和 x，用 s（或 sh）代替 c（或 ch）。比如，把“（叹为观）止”（zhǐ）读成“几”（jǐ），把“圈（子）”（quān）读成“穿”（chuān），把“（亲）疏”（shū）读成“虚”（xū），把“（就）餐”（cān）中读成“三”（sān）。

（3）在韵母方面，i 和 e 以及儿化音是难点

主要体现为混淆 i 和 e。比如，把“（风）景”（jǐng）读成“整”（zhěng），把“（颜）色”（sè）读成“四”（sì）。

儿化难点主要体现为把儿化音读成独立的音节 er，出现“儿化带‘儿’”偏误。比如，把“纳闷儿”读成三个音节 nàmèn ér，把“开窍儿”读成三个音节 kāi qiào ér。

声母、韵母、声调难点的难易程度不同，对汉语中高级阶段的维吾尔族学生来说，从难到易依次排列如下：声调 > 声母 > 韵母。

2. 汉字难点

汉字书写难点主要包括三类：

（1）同音字、近音字书写

书写同音字、近音字时容易混淆。比如，把“辛（苦）”写成“幸”，把“幸（福）”写成“辛”。学生们常常用结构简单、笔画少的字代替结构复杂、笔画多的字。比如，把“（重）新”写成“心”，把“停（止）”写成“亭”。

我们把形声字偏误也归入此类。形声字声旁相同，形旁各异，因此读音相同或相近，而意义不同，学生们常写错形旁。比如，把“嘲（笑）”写成“潮”，把“财（富）”写成“材”。

（2）形近字书写

字形相近的字也容易混淆。比如，把“刮（风）”写成“乱”，把“特（产）”写成“待”。

（3）笔顺

笔顺偏误是汉字书写中出现频率最高、最容易忽视而又最不容易纠正的偏误。学生交给老师的作业是书写完毕的结果，汉字是以静态形式呈现出来的，所以，如果不观察学生的书写过程，是发现不了笔顺偏误的。比如，“嚣”字中四个“口”的正确书写顺序依次是左上、右上、左下、右下，而学生们常常先写右下、左下，再写右上、左上，这样的书写既有从右到左的笔顺偏误，还有从下到上的笔顺偏误。

上述难点的难易程度不同，从难到易依次是：笔顺 > 同音字、近音字 > 形近字。

（二）按类讲解，提高教学效率

再来谈谈“怎么教”的问题。根据教学对象选定的教学方法无疑会大幅提高教学效率，事半功倍。维吾尔族大学生大多已学习汉语九年以上，掌握了汉语语音和汉字的基本知识，只是在某些音或者某些字上存在难点。因此，维吾尔族汉语中高级阶段的语音、汉字教学不是从零开始，不需要从头再来一遍，而是要在已有基础上针对难点问题进行强化训练。在教学方法上，我们应一类一类地讲，而不是一个音一个音或者一个字一个字地讲。

按类讲解的具体做法是：参照中高级阶段的语音、汉字难点，以某个音或某个字引出一类音、一类字进行讲解。以《大学汉语（四）》第一课第 7 页的词汇为例。

该页共有 10 个生词，分别是：

23. 望而生畏　24. 就此　25. 止步　26. 廉价
27. 无名小卒　28. 权威　29. 不可思议　30. 玩弄
31. 致力　32. 认可

1. 语音教学中的按类讲解

第一步，提取难点。

可以选择的语音难点内容有：与声母“c－s”有关的“（就）此”，与韵母“i－e”有关的“（就）此”“止（步）”“致（力）”，与声母“q－ch”有关的“权（威）”。

我们选择讲解声母难点“c－s”。

第二步，词汇举例。

我们把第一课 59 个生词中含有 c（或 ch）的词汇总在一起，共有 5 个。它们是：

21. 纯粹　46. 可乘之机　48. 忧心忡忡
53. 将才　54. 帅才

含有声母 s（或 sh）的词汇有 7 个。分别是：

2. 受益　5. 投身　18. 扫描　20. 描述
29. 不可思议　42. 涉及　55. 检索

第三步，讲解和练习。

教师应先指出“c－s”在发音方法上的区别：c（或 ch）是塞音，发音时先堵塞后放开，而 s（或 sh）是擦音，发音时不完全闭塞，而是留出一条缝隙让气流通过。然后，教师应进行示范发音，并且通过对比练习，使学生既要在音理上明白“c－s（ch－sh）”的区别，又要能准确地听辨和发音。

2. 汉字教学中的按类讲解

第一步，提取难点。

可以重点讲解第 31 个词中的“致（力）”。“致”是左右结构，右边的“攵”是反文旁。这是偏误率极高的一个偏旁，学生常常写成“夂”，即“务”字头。

第二步，词汇举例。

教师可以把含有反文旁、“务”字头的字罗列在一起进行比较。常用汉字中，含有反文旁的字约有 30 个。例如：

收、攻、改、败、放、效、政、致、教

含有“务”字头的字较少，约有 10 个。例如：

务、冬、各、备、夏、复、处

第三步，讲解和练习。

应分别从笔画数、笔画顺序、在间架结构中的常见位置等几个方面进行比较。见下表：

偏旁名称	反文旁	“务”字头
笔画数	4	3
笔画顺序	丿一丿㇏	丿㇇㇏
常见位置	（左右结构的）左边	（上下结构的）上边或下边

此外，还应从偏旁的含义上进行讲解。比如，“攵”有两种来源。一是“又”（如“敢”“收”），一是“攴”（如“牧”“教”）。在甲骨文里，“又”是一只手，“敢”字中的“攵”表示用手去拿猎物，表勇敢之意。“攴”则是手里拿着一根棍子，表示击打。“牧”字就是表示拿着棍子去打牛。在简化字中，“攴”大多写成“攵”，只有极个别汉字保留着“攴”的写法，如“敲”。

（三）引导学生参与到研究式教学中

最后谈谈“怎么学”的问题。好的学习方法对于学生掌握第二语言至关重要。在教学中，教师不仅要善于发现、总结偏误，具备分析偏误形成原因的能力，还应把握教学对象的特点，引导学生积极参与到教学中来。维吾尔族大学生母语水平很高，认知能力和文化水平和汉族同龄人相当，而且已具备一定的语言学知识。所以，以维吾尔族大学生为教学对象进行的汉语语音和汉字教学，不能像教小学生那样一味地强调跟读、模仿，而应该引导学生运用所学的语言学理论知识来发现、分析和解决自身存在的问题，鼓励他们以研究者的身份参与教学。学生真正做到既“知其然”，了解自身存在哪些偏误问题，又“知其所以然”，知道导致偏误的原因。这就是“研究式教学”的内涵所在。

以声调教学为例。有人认为，声调偏误是发音的问题，但我们常常看到这样的情景：教师领读词语、学生跟读时，学生读出的声调（包括轻声等变调）都很准确。这说明学生能够准确地发出汉语的各个声调，可一旦由学生单独朗读的时候，声调就不准了。可见，声调偏误不一定是发音的问题。我们研究发现，声调偏误同学生的语音知识（是否知晓该字的声调）、声调的听辨能力（或称感知能力）、声调的发音三个方面都有关系。

下面我们以《大学汉语（四）》第一课第 7 页的词汇为例，说明研究式教学中如何引导学生参与发现问题、分析问题并解决问题。具体步骤如下：

1. 设计三个问题，引导学生发现偏误

问题一：你知道下列汉字的声调吗？（要求学生标出声调）

23. 望而生畏　　24. 就此　　25. 止步　　26. 廉价

问题二：声调听辨能力测试（老师发音，学生标调）

27. 无名小卒　　28. 权威　　29. 不可思议

问题三：声调发音测试（由学生朗读，老师判断对错）

29. 不可思议　　30. 玩弄　　31. 致力　　32. 认可

问题一能测试学生的声调知识，即是否知道该汉字的声调；问题二能反映学生的声调听辨是否准确；问题三能反映学生的声调发音是否准确。

2. 统计调查结果，明确问题

统计答题结果后，教师应引导学生从结果中判断自身是否存在声调偏误。如果存在，要明确是哪一类问题，是何种原因导致的偏误。在这个环节，学习者应该“对号入座”，找准自身存在的问题。

3. 讨论解决声调偏误的办法

（1）要求记住每个字的声调

连汉字的声调都不知道，是不可能做到准确发音的。所以，第一步就应该要求学生必须记住每个字的声调。尤其是在汉语习得初级阶段，必须下功夫记住每一个汉字的声调，为准确发音打下坚实的基础。

（2）培养正确的声调意识和语感

与发音紧密相关的一个环节就是听辨。只有听辨准确了，才有可能做到发音准确。对于母语是无声调语言的人来说，汉语声调的高低升降的变化和差异，是不容易体察出来的，也不容易模仿和掌握。因此，必须进行声调听辨训练。所谓“听辨”训练，就是要让耳朵灵敏起来，通过反复多次的语音输入刺激，使耳朵能感知区分不同的调值。

声调的听辨训练可以分为两个步骤。第一步是单音节的听辨。这个过程很简单，不用花多长时间，学生就能掌握。但要攻固效果，是需要一段时间反复训练的。第二步是双音节、多音节和句子的听辨。这个训练的过程很枯燥，但很重要，一定要坚持去做。

（3）学习有关声调的语音学知识，掌握声调训练的正确方法

讲授赵元任的五度标调法，让学生们对声调的高低升降变化有直观的认识和把握。即使没有老师在身边指导的时候，学生自己也能参照五度标

调法对声调做出判断。教师应告诉学生们语音尤其是声调的训练不是一朝一夕的事情，需要长期不懈的努力，要有信心和耐心。

三、结 语

以上我们遵循第二语言教学的特点，讨论了维吾尔族汉语中高级阶段语音和汉字教学的教学形式、教学内容、教学方法等问题。语音和汉字偏误是汉语初级阶段未能解决而遗留到中高级阶段的问题，是一块不得不啃而且必须啃掉的“硬骨头”。我们主张从偏误中寻找难点并以此为教学重点，采取按类讲解的教学方法，引导学生主动参与到研究式教学中来。我们的教学实践也证明，只要汉语中高级阶段的语音和汉字教学内容有针对性，教学方法得当，是能够达到帮助维吾尔族大学生提高汉语语音和汉字水平的目的的。

参考文献

[1] 戴庆厦、苗东霞：《第二语言（汉语）教学难点》，载《汉语学习》2008年第5期。
[2] 田静：《维吾尔、哈萨克族学生汉语声母习得难点分析》，载《民族教育研究》2010年第4期。

（作者单位：少数民族语言文学系）

琴声雅韵舞婆娑

——钢琴伴奏在舞蹈课堂教学中的几点思考与实践

张　静

“舞者乐之源，乐者舞之魂”，没有舞蹈的音乐是生涩的，音乐的注入使舞蹈的形式丰富多彩。钢琴伴奏音乐对于学生舞蹈的学习与音乐修养的形成具有重要的意义，不仅可以在听觉上给学生以美妙的享受，还能让学生们产生丰富的情感体验和内心感受，从而带出其灵魂深处的表演激情。同时，钢琴老师还能够用音乐在舞蹈课堂上创造出特有的课堂氛围，烘托渲染舞蹈的肢体语言，这对于调动同学们上课的积极性具有十分重要的作用。为了更好地达到以上教学效果，本文在教学实践的基础上，根据钢琴老师在课堂伴奏中的一些实际情况和经验体会，进行以下方面的思考和总结。

一、速度与节奏的和谐

在课堂教学中，学生对于每个动作的理解和掌握都是不尽相同的，即使是同一个人做同样的动作，每次在体力和情绪等方面也都会存在差异。如果是多媒体音乐，那么它的速度和节奏每一遍都是相同的，不可能会按照现场学生的状态留出恰到好处的停顿，学生必须随时调整自己的动作，才能跟上音乐的节拍。而钢琴老师在现场伴奏中，其呼吸和情绪都是与舞者相一致的，可以根据学生的现场表现对速度和节奏进行调整，从而达成音乐与舞蹈的完美结合。

例如，芭蕾舞基本功训练“小踢腿”动作时，如果只用一种速度训练，是起不到强化基本功训练效果的。钢琴老师一定要根据学生动作的熟练程度来调整音乐的速度，由稳而标准做到快速有力，从而保证学生在做动作时达到最大的训练效果。

再如，芭蕾舞基本功训练“旁腿转”和“挥鞭转”动作中，一般学生能够在一个节拍中完成一次360°旋转（一拍一转），此时音乐速度可以给得稍快一些、节奏急促紧凑，起到“带一把”的作用；有的学生能力强、水平高，可以完成一拍两转甚至一拍三转，此时就要把音乐的节奏慢下来，根据其现场情况“托着点走”，让学生的动作在音乐中完成，真正感受到音乐节奏与技巧的完美配合。

在民间舞课堂上，钢琴老师往往需要弹奏不同风格的民间舞乐曲，这些民族音乐都有其各自的特点，而音乐节奏的准确选择对于完成舞蹈作用有着关键的作用。朝鲜族舞蹈是以三拍子节奏为主，动作幅度较大，伴奏时左手做和弦根音及和弦的连接弹奏，每小节的节奏型要简单明了，突出根音。右手乐句动力感要强，在需要加强处做和弦弹奏；藏族舞蹈节奏较为自由，律动鲜明，旋律质朴优美，曲调华丽，弹奏时要注重情绪的抒发；维吾尔族舞蹈切分节奏鲜明，动作注重手眼的配合，伴奏音乐就要使拍子强弱、连断节奏与舞蹈动作相配合；蒙古族舞蹈的伴奏音乐往往是“长调”，节奏起伏跌宕，悠长舒缓，伴奏时可以在乐曲的半终止、结尾处在主旋律音上加以明快而较长的颤音或流畅的琶音。在民族民间舞伴奏时，钢琴老师还要注意节奏的变化，在尽量保持原民族民间音乐的特定节奏和原生韵味外，可根据舞蹈课堂的实际需求做适当的调整和改变。

要想达到钢琴伴奏与学生动作训练在速度和节奏上的谐调统一，钢琴老师一定要了解不同舞蹈动作训练的自身特点和节奏规律，同时还要在教学实践中善于总结，不断提高对学生动作速度和现场节奏的预判能力。

二、意境与感觉的营造

在课堂教学中，难免会遇到一些舞蹈难度技巧的练习，这需要学生由慢到快地进行熟悉和掌握，此时舞蹈老师通常选择不用音乐，代之以数拍子来练习。枯燥的数字怎么能和美妙的音乐相比呢？有经验的钢琴老师会在现场根据动作配置相应的和声，让学生在音乐中理解动作，体会动作中所要表达的情感。

例如，如果舞蹈动作是缓慢的、安静的，那钢琴的旋律也将是绵长、舒缓的，右手在高音区，旋律音触键细腻，左手在低音区，平稳地跑动琶音，可以体现出一种空灵、高远的感觉；如果舞蹈动作是激烈的，右手的旋律可以用八度，左手的伴奏可以用各种和弦构成，并强调重拍，来体现曲子的冲突感。

钢琴老师要用音乐把情感与内涵带入舞蹈动作中去，用意境和感觉来营造出整段舞蹈的灵魂。以古典舞身韵为例，在水袖舞中扬袖这个动作应该做出缥缈虚幻、柔美秀丽的感觉，此时的钢琴音乐应该舒缓轻柔、曼妙多情，尽量体现出女性妩媚婀娜的特征与韵味。反之，如果此时给出的音乐是高亢嘹亮、快速有力，那么扬袖就变成了扔袖，完全破坏了此段舞蹈应有的意境与感觉。

三、呼吸的调整与设计

舞蹈离不开呼吸，呼吸有长短、轻重、急缓之分，直接关系到舞蹈动作的幅度大小、速度快慢、力度强弱等表现。不仅如此，不同种类的舞蹈对于呼吸都要其自身特定的要求。

古典舞讲究舞者在呼吸时上下运行，表现在脊椎的屈伸，以气息为动力，强调体态变化，观众可以看到舞者明显的呼吸过程，钢琴老师要把音乐的每一个乐句，同动作的呼吸过程融合；芭蕾舞的呼吸是舞者在后背保持直立的情况下，任何动作的起范儿都是吸气、结束时呼气，跳起或向上做延伸动作时吸气、下蹲及向下动作时呼气，与古典舞不同的是，呼吸时舞者是自己默默进行，不会让观众看到；而民间舞的呼吸更是因为各民族的不同而丰富多样，比如，藏族的呼吸特点是慢呼慢吸，蒙古族的呼吸特点是快吸慢呼，维吾尔族的呼吸特点是屏气，快吸快呼。可以说不同舞蹈动作的表现力，都来源于其表情呼吸的训练。因此，钢琴伴奏老师要把音乐的韵律融入舞者呼吸的节奏中去，让气息、肢体动作和现场音乐和谐统一、相得益彰，形成完整的有机整体。具体来说：

一是钢琴老师要将呼吸的调整在音乐中体现出来，帮助学生更好地完成动作。譬如在一段精彩激烈的快板过后，要有一个较长的气口来调整舞者的情绪，准备接慢板。此时，音乐要给出明显的气口，在学生做深呼吸动作时可有意识地把慢板第一拍延迟一点点，节奏要沉稳，旋律要保持张力。在学生呼气的瞬间，手指要慢触键，让音色圆润、轻盈地响起。

二是钢琴老师要根据乐曲的情感内涵和动作需要，对呼吸气口的轻重缓急有意识地进行设计。例如芭蕾舞中的“大跳”，此动作要求其高度和幅度尽力达到人体的生理极限，向上、向前做弧线，并在空中有一个瞬间的停顿。在伴奏此动作时，钢琴老师需要在重拍上，也就是小节的第一拍，帮助学生施加一个一跃而起的动力。此时的弹奏力度要大，必须坚决果断，并且在跳起前的吸气和跳起后的呼气时要保证音乐与动作的同步。在空中的停顿的瞬间，可用休止符或者附点音符来表现，多用 3/4 拍的音乐，旋律可用带和弦音的八度或空八度，强拍音用带附点的节奏来表现强有力的支撑。

四、情绪的调动

舞蹈教学是艺术教学，同学们的舞蹈动作是视觉艺术，钢琴伴奏是听觉艺术，其和声配置丰富，音乐起伏变化多端，有时会感染舞者的情绪，激发起其想象力。钢琴老师的一个重要责任就是通过钢琴伴奏让听觉艺术和视觉艺术合二为一，让激情和活力充满课堂并映射入同学们的心灵中；要用优美动听的旋律和丰富的音乐语言来感染学生的情绪，从而激发学生内心更多的情感体验和感受；要把各种不同的情绪糅进乐曲中，或慷慨激昂，或柔美惆怅，或高贵典雅，或快乐活泼，以帮助学生在舞蹈中把这些情绪淋漓尽致地表现出来，将音乐的悠扬和舞蹈的优美巧妙地融合在一起。

在实际教学中，要想更好地调动学生的情绪，钢琴老师一定要对课堂上所弹奏的乐曲有更深刻的理解和更丰富的感情注入，让我们以《青藏高原》这首乐曲为例。

主歌部分："是谁带来远古的呼唤，是谁留下千年的祈盼，难道说还有无言的歌，还是那久久不能忘怀的眷恋……"这一段舒缓、悠扬，弹奏时右手旋律指尖平稳地贴近键面，触键连贯，左手伴奏分别在每小节的第一拍和第三拍给一个分解和弦，体现出高原的空旷、广袤。

副歌部分："我看见一座座山，一座座山川，一座座山川相连，呀啦索，那可是青藏高原……"这一段也是高潮部分，通常是舞蹈动作的幅度、难度最大的地方。右手旋律用八度，提亮音色，左手伴奏根据舞蹈动作的特点可以用连续、快速的分解琶音跑动，或更有力量感的柱式和弦来表现世界屋脊的壮丽。

尾声："呀啦索，那就是青藏高原……"此时，按常理，乐曲应该是在激烈、高昂的情绪中结束。但如果反之，把它处理成缥缈、空灵的感觉，旋律与伴奏在琴键上隔远一点，清冷的高音和深沉的低音形成强烈的音色反差，代表着那座寒冷雪山与那片古老土地的完美结合，更能体现出青藏高原的神秘和悠远。

这样的调整，可以打破学生常规情绪的发展，刺激创作欲望，使舞蹈内容更加独特、丰满。

五、曲目的选择

丰富的音乐可以大大提高舞者的激情。在舞蹈教学课堂中，钢琴伴奏能够传达出音乐的旋律、节奏和内涵，这对于学生的训练和表演是很有帮助的，可以为舞蹈创造打下坚实的基础。钢琴伴奏曲目的选择有其特殊性和规律性，可以根据不同舞蹈的教学特点以及舞蹈动作的性质、规律和变化等，对不同伴奏音乐加以选择，还可以根据学生的掌握程度、技巧的提高和情绪的变化来进行选择。

1. 根据舞蹈类型

钢琴伴奏曲目的选择首先要考虑不同舞蹈的自身特点、风格和规律，要让音乐和舞蹈协调一致、相辅相成。例如，在古典舞基本功训练中，伴奏曲目应该注意选择与训练动作特质相配、长短一致的音乐，以更加准确地表达出舞蹈动作的性质和意境。同时，基本功训练相对枯燥，需要每天练习且同一动作重复练习，学生很容易产生心理疲劳，所以钢琴老师还应在旋律和节奏上下功夫，建议选择一些耳熟能详、朗朗上口的中外名曲片段或优美柔和的民歌，让旋律优美、节奏准确的音乐帮助学生将练习动作的内涵完美地展现出来。

2. 根据学生水平

在舞蹈教学由低至高、由浅入深的不同阶段中，钢琴伴奏的选曲是一个非常重要的工作，会对学生们舞蹈学习的进程和效果产生明显的影响，正确而适当的选曲往往会有事半功倍的效果。不同年级的学生在同一动作中对于难度、幅度和速度的要求都有所不同，所以必须在音乐的内容上有变化和调整，才能适应不同阶段的学生，以达到更好的教学目的。

具体来说，对于低年级学生，可以选择节奏性较为强烈些的曲目，让学生能听清楚曲子的节拍，最好能特别明显地听出每小节的重拍和强拍，用曲子的节拍来规范和固定他们所练习的舞蹈动作；而对于高年级学生则更多要求的是舞感、发挥、创造等方面，此时需要强调的是音乐的旋律性，让他们学会自己去听音乐，结合自己的舞蹈动作来寻找乐曲的韵律。

另外，随着学生训练程度的逐渐加深，钢琴老师的伴奏水平也要适当提高，不能总在原地兜圈子，要选择不同风格和题材的音乐，帮助学生更好地成长。

3. 曲目要灵活

为了配合不同的舞蹈动作，钢琴老师应该在满足课堂基本需求外，根据其规律性，多准备些曲目。建议选择艺术性较高、和声织体较丰富的乐曲，以促进舞姿更优美抒情，富有表现力，从而保证课堂训练的效果。当然，也可以通过变换弹奏方法来做到“一曲多用”，但一定要根据不同的学生做出相应的调整。比如，同样一个动作，女生动作幅度小需要弹奏得快些，男生动作幅度大需要弹奏得慢些；刚开始练习动作时，节奏可以弹得舒缓些，熟练掌握动作后，节奏就可以适当加快。在这方面，钢琴伴奏老师要能适应多变的速度和节奏，尽量选择优美、清楚、节拍准确的曲目，将音乐节奏与不同的课堂要求完美地结合起来。

4. 不断提升自身水平和素质

马克思曾说：“如果你想得到艺术享受，那你必须是一个有艺术修养的人。”优秀的钢琴伴奏老师除了对各种不同类型的曲目有广泛的了解之外，还应具有丰富的舞蹈知识、较高的文化修养、扎实的音乐理论基础和多年的现场弹奏经验，能够准确掌握不同时代、不同国家、不同风格的曲目，在浩如烟海的各类音乐中，根据学生们所练习的不同舞蹈的节奏、动作，有针对性地选择出最适合、最准确的曲目。

另外，在选曲时不要只局限于自己所学过或练熟的曲目，更不能只依据自己的喜好和眼光，一定要有创新，有突破，有针对性，还要能跟上时代的节奏和学生的口味。既要遵循其规律性，也要掌握其灵活性，还要根据实际情况进行二次创作，这样才能做到音乐和舞蹈的完美结合，以适应不同阶段、不同内容的舞蹈课堂教学。

六、结束语

钢琴伴奏老师所投身的不仅仅是一项教学工作，而且是一门听觉的艺术。“取法上者，得乎中”，在舞蹈课堂教学中，钢琴伴奏老师要勤于思考，勇于创新，敢于实践，善于总结，与舞蹈老师共同追求艺术的完美，用深刻而细腻的钢琴音乐培养和提高学生的专业技巧和审美情操，帮助他们将舞蹈天赋与自身才能发挥到最佳境界。同时还应注重提高自身艺术修养和技术水平，与时俱进，开拓进取，不断更新教学理念、内容、方法和手段，以适应新时期舞蹈人才培养的需要。

参考文献

[1] 何珊：《舞蹈教学中的钢琴伴奏艺术》，河北大学硕士学位论文，2005 年。

[2] 孙旗:《中国古典舞身韵课堂教学的钢琴伴奏艺术》，东北师范大学硕士学位论文，2010 年。
[3] 王金凤:《钢琴伴奏在舞蹈教学中作用的研究》，东北师范大学硕士学位论文，2009 年。

（作者单位：舞蹈学院）

探索“学习共同体”，突破器乐专业一对一传统教学模式的定式

——以中国乐器琵琶演奏教学为例

廖 莎

中国高等教育从最初培养“学术精英”与“精神领袖”，到20世纪90年代培养“复合型人才”，再到现今倡导“应用型人才”的培养方向，是以信息社会为外在形式的知识经济社会的需要。“知识经济的本质是创新，培养创新人才是现时代教育的基本要求。”① 创新能力是应用型人才的主要必备素质，它要求人才培养以能力培养为导向，掌握必备的专业知识和相关基础知识以后，懂得搭建自身知识框架，不过分追求知识结构的大而全，更注重专业知识应用的能动性，在现实工作中善于调动自身知识储备的优势方向来解决问题，适应信息社会的快速发展。

课程建设是实现应用型创新人才培养的基本保证和有效途径。传统教学课堂中教师是教学的主体，学生是教学的客体。在这样的主从关系里，将课程建设定位为“教”本位，学生容易产生思维惯性或思维依赖，掌握了解决问题的方法后，独立面对问题还是无从下手；又或者知其然而不知其所以然，只能被动跟随教师的教学进度，知识传递的效率无法跟上信息社会经济的高速增长。只有“以学生为中心”，将“学”作为根本目的来指导课程建设，从教师向学生传授知识转变为让学生自己发现和创造知识。通过专业知识运用的方向来决定知识传递的有效途径，从而提高学生的实践能力和创新精神，才符合目前社会对于大学人才培养的需求，并提升高校办学的视野层次。

教学理论和教学实践互为依存，教学理论为教学实践的实施提供了前瞻性的指导作用和科学归纳，教学实践能够不断修正、淘汰、推进教学理论的发展。高校通过课程改革、优化人才培养模式、调整教学环节来增加

① 刘献君：《大学课程建设的发展趋势》，载《高等教育研究》2014年第2期。

新的职能，满足社会发展的需求。教师帮助学生了解自身优势，从自身兴趣出发培养专业核心能力的完整性。本文着重论述在高校器乐专业“一对一”传统教学中引入“学习共同体”理念形成的教学新思路，分析在中国乐器琵琶演奏专业课中展开的教学实践，关注学生艺术实践创新能力的提高，探索器乐传统课堂之外新的教学形式。

一、学习共同体在器乐教学模式中的可能性与作用

卡耐基教学促进会主席 Ernest Boyer 提出：“学习共同体是所有人因共同的使命和共同的愿景而一起学习的组织，共同体中的人共同分享学习的兴趣，共同寻找通向知识的旅程，共同理解世界运作的方式，朝着教育这一相同的目标而共同努力。”① 互动是学习共同体的显著活动特征，这种互动是学习者之间的互动，也是学习者与辅导者之间的互动。离开互动，学习共同体就失去了根本意义。没有学习经验、乐趣、观念等的分享，无法形成共同体内部的相互促进。

在一对一课堂，教师能够根据学生的个体性进行差异化教学。但单一的课堂环境容易使学生失去团体学习的热情、竞争压力和潜移默化的学术影响，古人云：“独学而无友，则孤陋而寡闻也。”这也强调了在学习过程中集体环境的重要作用。“学习共同体”是对于“一对一”课堂的最好补充。一个小组、一个班级都可以是学习共同体；而在器乐专业教学中，同一导师的学生圈几乎是一个天然的学习共同体。相似的科研方向、相近的学习目标、同系统的学术研究方法，使他们最容易成为一个良性沟通的学习共同体。

共同体应以大家的共同理解自愿集结，学习共同体属于共同体的细分，它区别于以完成明确任务为目标的小组集结形式。本文提出的学习共同体概念与传统定义有一定差别，它指的是引导式集结：既不强制集结，也不放任学生随意自由选择，而是以学习意愿和方向作为引导；它在每个阶段会有一些短期目标，但主要方向还是探讨专业发展的途径和范畴；它贯穿于教学中，建立在传统教学的基础上，帮助学生提高实践能力。

① 张威、郭永志：《学习共同体学习模式的实证研究》，载《教育科学》2012 年第 5 期。

二、学习共同体在器乐传统教学模式中的实施途径

尽管传统课堂在近年的教学研究中饱受争议，但由于它易于规范管理，能够在不同教学条件下保持相近的科学性，在知识传承上有无法替代的系统性，使得传统课堂在过去、现今，甚至以后都将长期存在。传统课堂的最大特征是以教师的理念为主导，进行系统的知识传播，而现今社会对于人才的需求由人才知识结构的全面性转向人才能力的创新性、实践性、应变性，这就要求在保留传统课堂优势的同时，调整教学环节，激发、引导学生去自主发现与解决问题。保留器乐“一对一”传统教学中行之有效的教师主导模式，尝试在教学环节中引入建立在“学习共同体”理念上的“专业共同课”，实现“以学生为中心”的办学思路，在旧与新之间找寻符合现代高等教育办学目标的新途径。

在专业共同课中，我们将专业学习的愿景转化为阶段性的近期目标，帮助学生建立起学习过程中的优先级概念，避免长期目标实施过程中的拖延性与无目的性，提高学生的自觉性和完成能力。2014 年专业共同课的短期目标结合全国琵琶比赛来划分：文化部举办的第五届文华奖，中国民族管弦乐协会举办的“第二届敦煌杯全国琵琶比赛”，中国音乐家协会举办的“小金钟全国琵琶比赛”。在以“专业共同课”为外在形式的共同体教学中，帮助年轻学生整合自己的技术优势，应对高强度、高规格的专业比赛。经过前期的理论准备、计划协商、课程制定，以每周的专业共同课为教学形式，集结了本科一年级到三年级的 10 名琵琶专业学生。

（一）学习共同体理念下的课程目标

（1）在专业共同课中优化专业学习的进程和方式。弥补一对一课堂里较缺乏的学生之间的交流，避免学生被自己的学习方法和经验所局限。

（2）在专业共同课中为他们创造一个自由讨论、思考、对话专业问题的环境，在这样的精神空间里放松地发现问题、分析问题、解决问题，从而达到专业知识的真正内化。

（3）在学习体的内、外部互动中增加与社会的联系，让学生深入了解社会对于专业人才的需求，了解自身与当代社会现实的关系；了解客观现实中的专业发展范畴以及可以选择什么样的道路；了解以大学提供的研究环境和条件为基础，进行怎样的自我专业构建。

（4）通过学习体内部的相互影响、激励、鼓励，激发学生学习的热情并将学习的动力和愿望内化。在教学中建立学生的积极性而不是驯服性，建立学生本身与专业研究之间的情感关联。这种关联建立在学习的成就感之上，更建立在学术圈的学术交流、良性竞争、专业联合之中，不能忽视专业情感因素在学习中的重要作用。

带着明确的方向和问题，规划完成科学的解决方案后，我们开始探索共同体课堂的教学之行。

（二）以学习共同体概念为引导的专业共同课的课程结构与内容

（1）学生从每学期教学大纲的要求中自由选择 3 ~ 4 首主要作品，每次共同课上演奏一首。共同课学生一起现场观摩，与教师平等评分。

（2）建立学生对学习质量的评价平台。引导学生成为学习的主体，在他们目前的专业知识能力下，提出出现的问题、质疑学习的方式、设想教学的方向、讨论解决的方法。教师负责引导课程、抛出问题、接收反馈。

（3）除了常规的期中、期末考试，另以三场重要赛事为辅助评估项目。将学习目标划分为几个阶段，争取在每个阶段解决预设的问题。

（4）将学习模式引申到情感性因素，巩固学习共同体内部的学习互助、精神互依。以文字资料、影像碟片、音乐会交流、作品交流、经验交流等为介质，增加学习共同体的学术情感和联合精神，创造开放式的环境，以集体的方式讨论自身能力与社会需求之间的关系。

（三）学习共同体教学的实施理念之探寻

1. 拓展知识传递的多维观

在专业共同课上使用开放性句子和引导式提问，不向学生输入概念或定论，避免学生依赖教师的讲解形成对问题的直接总结归纳，慢慢改变师传生受的单一方向。在完全让学生自主引导学习的过程中，最显而易见的弊端是学习的片断式，缺少连贯的专业逻辑知识，也会由于学生自身专业知识储备不足造成知识面狭窄，或者主观问题思考上的偏差。提倡以传统课堂为基础引入专业共同课，能够取得较好的效果。例如，专业共同课的观摩有时比演奏家音乐会观摩的感受更深：在相近、相似的理解水平和演奏水平上，学生能够抛开权威的压力更加放松地享受学习的过程，在充分吸收优秀养分的同时，更加锐利地看到艺术处理中的细微谬差，并在这样的实践环节中形成深刻记忆。学生评分的形式，让学生从学习的客体转变为主体。之前曾担心这一阶段的客观性和严肃性，实际经过多轮课堂实施之后，发现学生在这一过程中的表现很令人意外，他们将自己的专业审美能力表现得淋漓尽致，并且非常谨慎地实行自己的这一权力。在他们的分数中，充分体现了对演奏者多方面能力的审慎考虑：外在技巧、内心音乐、台风气质、结构色彩、内容内涵、观点观念。在这一系列自我学习的引导中，学生其实已经完成了连贯与联通的学习过程，“‘连贯与联通’的感觉使学生具备了解释说明的自信，理解使大学生们能够‘有效灵活地选择并运用观点和信息’”，“理解的含义不仅仅是‘明白、懂得意思’，更是应用知识的能力，是创新的基础和前提”。①

在这一过程中，教育者也有机会更全面观察了解学生的专业整体能力：审美的角度、分析技术问题的切入点、逻辑思考的脉络等。就此，教师了解到学生在演奏中一些持续的、无法解决的问题，原来是源于意识认识不全面或者错位。这样的观察结果反馈回传统课堂，让教师更有目的地帮助学生解决。分数的排名，往往与教育者内心的排名不太一致，这当然也是由学生的能力局限性造成的，但是其中一些有趣的观点和独特的审美倾向，会让教师反思自己与学生沟通的角度，提高教学的敏感性。

2. 鼓励教学互动的多维度

教学互动的多维是指教学互动对象不限于教师和学生之间。除了师生，它还可以是学生与学生之间、学生与行业之间、学生与社会之间、学生与教学资源之间等。在定义这个概念的过程中，可以明确看到教学活动的中心应该是学生。传统的师生互动关系，在信息爆炸、知识多元化的现代社会显得单一而缺少丰富度。教师引导学生将自己的专业与社会现状建立起联系性，真正认识艺术与社会的关系以及艺术对于社会生活的效应，才能形成学生正确的审美意识，提高学生的审美能力，激发学生的创造力，让学生对专业知识主动传播、主动分析、主动求解、主动诠释。《礼记·学记》中说：“时教必有正业，退息必有居学。不学操缦，不能安弦；不学博依，不能安诗；不学杂服，不能安礼；不兴其艺，不能乐学。”学习的互动联系不能止步于学校课堂之内，有效取得信息量和知识面的扩大才能跟上信息化社会日新月异的变化和要求。我们期待学术信仰和学术追求相似的师生形成多重学习共同体，以资源交流的方式作为共同体情感建立的依托，团结学术精神、维系学术情感，增强学习共同体内部的认同感与归属感。

① 陈明选、陈舒：《围绕理解的翻转课堂设计及其实施》，载《高等教育研究》2014 年第 12 期，第 63 页。

3. 实现实践渠道的多维化

综合高校器乐专业学生相较音乐学院学生的培养年限有极大差距。音乐学院的培养层次有附小、附中，这一环节涵盖了9年。由于舞台实践的即兴性和即时性，演奏的稳定发挥需要大量的实践机会和经验累积，高水准的教学在苍白的舞台经历面前也会无济于事。学习共同课引入三项赛事作为辅助评估项目，取得了一定的成绩，在将来也不会止步于单一的舞台实践。刘献君曾谈道："作为一种情感的现实的人类活动，实践是人与外部世界进行物质、能量和信息变化的最基本的方式。"艺术实践应该涵盖学生与行业、与社会进行沟通的所有基本方式。学生在大学生活中的实践，在科研活动中的实践，在社会文化环境中的实践，在经济社会运行中的实践，都将对学生实践创新能力的形成产生巨大影响。艺术实践是艺术专业的活水之源，然而如果单一鼓励学生进行艺术实践，有时会适得其反。有的学生兴趣非常广，怀着新鲜感参加各类比赛希望丰富自己的经验和履历。实际上，没有计划地参加比赛会扰乱专业进度：或忙于应付大赛中不同的必弹曲目，匆忙识谱上阵；或为了保持自己特色曲目的技术优势年复一年巩固练习，却放弃对新知识的扩充和积累。单一的舞台实践还会阻碍学生对行业发展的展望，使就业模式以遵循传统和服从传统为主，不能在专业知识和社会创新中搭建起热情探索的桥梁。每个学生处于不同的专业研究阶段、具备不同的专业长项、憧憬不同的专业发展方向。完成课堂知识传授之后，在学习共同体中通过内、外部的交流，教师协助学生选择有效的营养成分，把握艺术实践的量和度以及社会实践的方向，选择相应的实践活动，有计划地丰富实践经验，才能在增强学生的实践创新能力上取得良好的效果。

三、学习共同体教学的实践总结与可行性

目前，中央民族大学的中国器乐演奏专业，如古筝、扬琴、二胡等，均有全国重要赛事金奖的优异成绩，琵琶专业相较之还在年轻的发展阶段。2014年三项赛事是高等院校琵琶专业教学的试金石，在专业领域有举足轻重的地位：由文化部举办的"文华奖"面向全国九大专业音乐学院和综合高校的琵琶专业学生；由全国一级协会举办的"敦煌杯"和"小金钟奖"，其高校组面向全国所有综合高校和艺术学院。与音乐学院附中、附小、本科共13年的专业培养相比，我们本科学生的专业培养年限最多为4年；与其中有学科传统优势的大学相比，我们在培养周期、地域优势、招

生生源以及教学资源上都没有优势。通过一年的实践试验，“学习共同体”概念的引入在优化器乐传统教学课堂中初现良好作用。除了完成正常的教学进度，在竞赛中成绩如下：

a.（文化部）“第五届文华奖琵琶比赛”两名选手入选复赛（全国综合高校仅有两所获此资质）。

b.（中国民族管弦乐协会）“第二届敦煌杯全国琵琶比赛”获得“综合高校组”金奖第一名，银奖 2 名，铜奖 1 名。

c.（中国音乐家协会）“小金钟奖全国琵琶比赛”获得第 6 名、第 7 名。

以上均为民大琵琶专业在全国比赛的部分最好成绩。综合高校器乐专业的生源绝大部分来自普高，学生虽有专业基础，但是接受专业训练仅三四年。2014 年经过教学环节的调整和学生自身努力的愿望取得较好的进展，能够看到学习共同体概念的引入对于推动器乐教学模式的建设具有一定现实意义。由于专业共同课环节引入的时间较短，教学概念不够成熟，实施途径和具体步骤还需要调整、观察、拓新，在以后的教学实践中将进一步优化和论证。

（作者单位：音乐学院）

慕课教学模式的争论与探索

韩秀霜　孟凡东

自工业革命以来，技术在各个领域带来的突破性变革数不胜数。如今，互联网技术正在颠覆性地改变人们的学习模式和教学模式，慕课是科技对传统教学领域的又一大变革。或许我们无法去世界名校读书，但有了慕课，我们可以坐在家里研修世界名校的精品课程了；不论身处何方，我们都可以足不出户，获取全球最好的教育资源。美国《时代周刊》把2012年命名为“慕课元年”，一股慕课浪潮迅速席卷全球。如今，一些中国高校也纷纷开始建设慕课。对于无法回避教育改革和创新问题的高校教师来说，我们必须做好准备应对这场慕课运动。

一、慕课及其发展

1. 什么是慕课

“慕课”（massive open online courses，MOOC），即“大规模、开放式在线课程”。“M”代表Massive（大规模），通过互联网，慕课的学生可以是上万人，甚至十几万人；第二个字母“O”代表Open（开放），想学习的人，只需一个邮箱，就可注册参与，有免费的也有收费的；第三个字母“O”代表Online（在线），学习在网上在线完成；“C”代表Course（课程）。在慕课模式下，课程安排、课堂教学过程、学生学习进程、学生的学习体验以及师生互动等被完整而系统地在线实现。

从目前慕课普遍采用的形式来看，慕课的视频课程往往被切割成10分钟左右的“微课程”，这是考虑到人的认知活动在最初10分钟是高效的。与此同时，慕课试图营造一种游戏化学习环境，其随堂考试类似于计算机攻关游戏，在随堂考试中，授课视频看完以后马上考试，一定要全部答对，才能允许看第二个视频。

慕课最大的优点莫过于它的互动性。传统的互联网远程教育、教学视频网络共享公开课、基于网络的学习软件或在线应用等有个共同的不足，即课程单向、没有互动。慕课克服了这一不足。通过慕课，学生可以提前根据大纲来选择课程，并且要完全按照上面的进度进行学习，讨论和完成作业，整个学习过程中一起学习的同学就会变成一个虚拟集体。慕课线上互问互答，形成强大的线上学习社区，极大促进了互动教学和协同学习。在一个慕课上，可能有上万的学生在讨论，在线上 24 小时都有人在问答。

2. 慕课的发展

慕课出现于2008 年，其前身起源于已发展多年的网络远程教育和视频课程。麻省理工学院于2001 年宣布将课程免费放到网上，掀起了第一次在线课程建设热潮。哈佛大学于 2009 年推出高清课程“公正”等，引发新一轮视频公开课程热潮。

慕课真正的飞速发展始于 2011 年秋。当时了斯坦福大学在网上开设“人工智能导论”课，来自不同国家的约 16 万人注册，并催生了慕课平台 Udacity；之后不久，斯坦福大学两位教授创立又一个慕课平台 Coursera，这一平台于 2012 年 4 月上线，一年不到来自世界各国学生人数已经突破了二百万，呈现爆发式增长；2012 年 5 月，麻省理工学院和哈佛大学联手共建慕课平台 edX。

2012 年由此被纽约时报命名为“慕课元年”，Coursera、edX 和 Udacity 成为其中最有影响力三个主要机构。edX 是一个非营利的慕课平台，我们可以通过该慕课平台免费享受哈佛大学、麻省理工学院、加州大学伯克利分校的开放课程，并且 edX 和提供该课程的大学向掌握课程内容的学生颁发证书。Coursera 和 Udacity 都是以营利为目的的慕课平台，由一些商业投资者投资建立。其中一些课程提供大学学分，不过这需要支付一些费用。

面对慕课所产生的巨大影响，我国许多高校也纷纷加盟慕课平台。2013 年 5 月 21 日，edX 宣布新增 15 所高校的在线课程项目，包括北京大学、清华大学在内的 6 所亚洲名校。2013 年 7 月 9 日，复旦大学、上海交通大学分别与 Couresa 签约。按照相关协议规定，只要某门课程选课人数超过一万，Couresa 就会在不超过 7 个工作日之内配好英文字幕。与此同时，复旦、交大和耶鲁、MIT、斯坦福等世界一流大学一起致力于构建全球最大在线课程网络。

不仅如此，国内高校还探索建立了中文版慕课平台。清华大学发起的慕课平台“学堂在线”于 2013 年 10 月 10 日正式上线，成为全球首个中文版慕课平台。首批运行的五门慕课课程中，“财务分析与决策”课的选课人数超过 14 万，学员覆盖全球 201 个国家和地区，三个学期学生总数超过 14 万人。学堂在线的国内课程来自清华大学、北京大学、复旦大学、西安交通大学、中国科技大学、台湾新竹清华大学、台湾新竹交通大学等校；国外课程则来自麻省理工学院、加州大学伯克利分校、斯坦福大学、荷兰代尔夫特理工、澳大利亚昆士兰大学等。清华大学的“学堂在线”给出的学分互认是高校间的互认。也就是说，如果有学生觉得自己学校的“财务分析与决策”课老师讲得不好，在完成一定流程后，可以通过网络来学清华大学的，最后如果清华大学老师认定其成绩合格，其学校就要给予这门课程学分。上海交通大学校长张杰认为：“这场在美国发起的大规模开放在线课程，其运作模式已在根本上开始触动传统高等教育的根基，将引起大学的重新洗牌，最终形成全新的大学格局。”①

二、慕课教学模式的争论

慕课来了，面对慕课的迅猛到来以及国内高校的快速跟进，有人将这场慕课教育的到来称为正在酝酿着的一场新的教育革命；也有人质疑慕课是否能实现真正的教育，认为这不是什么创新，也不会对学校的地位和作用产生颠覆性的改变。这些截然不同的观点恰恰有助于我们加深对慕课的了解。

第一种观点认为慕课是革命性的。宾夕法尼亚大学彼得·斯塔克教授认为，慕课能让人免费观看课程，冲破了50分钟的课堂讲授观念，慕课将引发真正的教学革新，但是，慕课不会完全替代课堂面对面的讲授，不能如人们所希望的那样实现知识民主化。慕课也许能增长智慧，也许能增强同情心。② 英国东安格利亚大学的多米尼克·卢克斯教授认为，慕课不会彻底颠覆高等教育，但像所有“革命”一样，它会让大学发生根本改观。③

第二种观点认为慕课不具备教育意义。④ 澳大利亚莫奈什大学“教师新媒体学习”研究中心的主任尼尔·塞尔温教授对于慕课的发展提出了如

---

① 曹继军、颜维琦：《“慕课”来了中国大学怎么办》，载《光明日报》2013年7月16日。

② GLADER P. Will MOOCs Promote Superstar Teaching Over SuperstarResearch At Princeton And Other Ivy Universities?［EB/OL］.（2012-05-18）［2013-10-20］. http：//www. wiredacademic. com/2012/05/will-moocs-promote-superstar-teaching-over-superstar-research-at-princeton-and-other-ivy-universities/

③ LUKES D. The Great MOOC Slander? Realities and Narratives of Education and Learning［EB/OL］.（2012-09-15）［2013-11-15］. http：//researchity. net/2012/09/15/the-great-mooc-slander-realities-andnarratives-of-education-and-learning/

④ 殷朝晖、蒋君英：《慕课不是一种教育?》，载《中国教育报》2014年12月29日。

下质疑：教育者所关注的焦点是慕课的教与学的质量怎么样？具有讽刺意味的是，作为过去100年最大的教育革命的慕课，却鲜有关于教师、学习者、教学及学习的讨论。我们需要认真思考：慕课究竟打算解决什么样的教育问题？在网络环境下学习意味着什么？学生的在线课堂学习涉及下载视频、进行小测试和与陌生人交流信息，而这样的学习是否真的具有教育意义？随着面对面教学或者小组教学活动的消失，我们正在失去什么？[①]澳大利亚学者迈克尔·斯诺提出，慕课尽管很便捷，但是它不可能与教室里的对话和通识教育相抗衡。因此，“慕课很难说是一种教育”。对于大部分在线学习者而言，学习者的高注册率和低课程完成率之间的反差证明他们只是消极地接受知识，而没有认真地关注通过慕课他们能够学到什么。传统面对面课堂存在的价值以人类发展和自由的人文体验为中心，诸如智力增长以及人与人之间潜移默化的影响等。

持中间观点的人认为慕课应与传统教学相结合，慕课具会冲击但不会颠覆传统教学。美国佐治亚理工学院计算机教授理查德·德米罗表示，“慕课”技术本身还不成熟，是试验性的，现在尚无研究表明在线学习和其他学习方式一样有效。“慕课”并非万能，“慕课”与课堂研讨相结合的混合教学方式才是未来高等教育的发展方向。“慕课模式+课堂研讨”的混合式教学模式，主要是分成面授课程、视频课程、讨论课程三个层次开展教学。这种教学方式可以充分利用现代信息技术之长，弥补传统课堂教学之短。“发挥学生学习的积极主动性，教师不用重复讲授课程内容，而是把主要精力放在组织学生进行更多的课下研讨和答疑，对学生进行引导式的教育，提高学生的思维和创新能力。‘翻转课堂’可以加快从以教师为中心、知识灌输为主的教学模式向以学生为中心的新模式转变，让学校教育从静态知识传授转为动态智能教育。”[②]

信息技术革命以来，互联网、在线交流、手机、微信等的出现无疑给人与人的交流带来了革命性的影响，但技术手段永远不会代替面对面的交流，人与人之间交流的本质不会改变，人永远需要面对面的交流，网上交流永远无法给人哪怕只是一个微笑的眼神。慕课对于教育的影响也是如此，它必然会冲击传统教学，但永远无法替代面对面的传道授业解惑。

在我们评价慕课教育时首先应追问的是教育的本质是什么？有人说教

---

① 殷朝晖、蒋君英：《慕课不是一种教育?》，载《中国教育报》2014年12月29日。

② 方鸿琴：《“慕课”能否引发大学教学模式变革》，载《中国社会科学报》2013年9月30日。

育是一桶水注满一碗水，认为要给学生一碗水，教师自己要有一桶水。德国哲学家、德国最重要的存在主义哲学家之一雅斯贝尔斯在《什么是教育》（1977）一书中则指出：教育就是一棵树摇动一棵树，一朵云推动一朵云，一个灵魂唤醒另一个灵魂。慕课可以汇集优秀教师的授课视频，可以使“教师”不止拥有一桶水，慕课可以使教师变成海洋，只要学生需要，可以注满无数碗水。从这一意义上说，慕课是具有革命性的。关键在于，教育远远不止这么简单。教育应该是点燃一把火，教师是提供火种的人，学生自己的燃烧才是最重要的。教育应该是让学生发现他自己成为他自己，人不需要学习所有的东西，而需要学习可以使自己绽放的东西。教育应该是让一个人获得收获幸福的能力，不只是获得某种无法运用的知识。这种意义上的教育是慕课很难完成甚至无法完成的，正是基于这种意义，有人质疑慕课的教育意义。因此，慕课是教育领域的革命性技术变革，但它和以往出现的所有革命性技术变革一样，关键在于使用此技术的人。慕课用得好，它就会唤醒无数个灵魂；用得不好，它就不起作用甚至会起副作用。用得好，它就会极大地促进教育民主，让许多人低成本享受高质量教育；用得不好，它就会沦为文化殖民的工具，沦为商业利益的附庸。

不管是支持还是反对，慕课都势不可当地来了。党的十八大提出要在2020年基本实现教育现代化。十八届三中全会明确指出：“构建利用信息化手段扩大优质教育资源覆盖面的有效机制，逐步缩小区域、城乡、校际差距。”慕课的到来应引起教育工作者的充分重视。网上交流不会彻底代替面对面的交流，但它也确实已经无孔不入地存在于人们的生活。我们必须拷问自己，我们将从慕课中得到什么？我们应该做些什么，又能够做些什么？

三、中国近现代史纲要课程组对慕课教学的积极探索

慕课在思想政治理论课中已经开始应用。全国第一个思想政治理论类的慕课平台由上海高校课程共享中心组织，复旦大学牵头建立，通过该平台可以选课、测验、即时跟踪学习进度、班级管理、师生互动。复旦大学整合各方资源，组织了京沪高校名师和教育部教学能手组成的“明星”授课团队。在2014年3月第一次慕课“思想道德修养与法律基础”开播之时，全国各地24所高校的5000多名选课学生同步收看了直播视频。清华大学也已经采用了慕课教育的形式开展思想政治理论课教学，马克思主义

基本原理概论课程吸引了校内外上万人学习。

目前中央民族大学对课程类项目网络教学活动开展要求是：校级优秀课程、校级素质教育通识课程、各级精品课程要将现有教学资源（包括教学大纲、教案、课件、习题、实验指导、参考文献目录等）上传到新版网络教学综合平台向学生开放并不断完善，要实现精品课程网络化应用，积极探索基于精品课程网络资源的混合式教学研究与实践；要充分运用网络教学平台开展网上作业、网上讨论、网上答疑等教学互动，进行研究性学习、小组学习、基于问题的学习等多种形式的网络教学活动。积极探索开展“翻转课堂”、慕课等新型教学模式整改、充实、完善课程内容和学习活动，探索启发式、探究式、讨论式、参与式教学，充分调动学生学习积极性，激励学生自主学习。

中国近现代史纲要作为校级精品课程，本着丰富教学手段、提高教学效率的原则，我们稳步推进网络教学平台的建设，已经基本实现数字化教学资源建设及基本的网络平台应用。课程组依托新版网络教学综合平台，上传了包括课程介绍、课程纲要、课件、作业、习题集、视频、参考资料目录等基础教学资源及相应扩展资源，如电子图书、教学视频、教学录像等相关资源，已经基本实现能够反映课程教学思想、教学内容的基础教学资源的数字化。学生通过新版网络教学综合平台，可以获得该课程的相关资料，大大方便了学生获取课程资源，很好地扩展了课程的信息量。

网络教学的问题也是显而易见的。传统的课堂教学模式在中国近现代史纲要课程中有其明显的优势：传统课堂教学模式有利于教学的组织和教学过程的调控，有利于教师主导作用的发挥，教学效率比较高，更重要的是师生与学生之间的人际交流对学生成长所起的作用远远超出了课堂教学的本身。相对而言，网络教学对情感目标的教学效果不是太理想。此外，由于学校网络运行的速度原因，学生反映有时视频较慢，学生普遍感觉利用网络进行自主学习效果不理想。

网络教学中的问题不应成为我们拒绝慕课的理由，我们也无法阻挡慕课的来临。因此，我们要持开放的态度接纳和发展慕课。中央民族大学关于校级网络课程建设的规划是，要在充分结合教育教学改革与建设实际的基础上，采用分阶段稳步推进的方式。获得立项的课程在一个建设周期内可按以下步骤逐渐推进改革与建设工作：第一阶段，数字化教学资源建设及基本的网络平台应用。依托新版网络教学综合平台，实现能够反映课程教学思想、教学内容的基础教学资源的数字化，包括课程介绍、课程纲要、课件、作业、参考资料目录等基础教学资源及相应扩展资源，如电子资料、教学视频、实训（学习）系统等相关资源。第二阶段，实现“翻转课堂”模式。在基础教学资源数字化及师生线上互动教学的基础上，探索实现网上教学、线下讨论的课程模式，即依托网络教学综合平台，建设教学视频资源，试行由学生利用网络资源自主学习课程内容，教师给予线下讨论答疑、练习及实践训练等，给学生提供更多的自主学习空间，提高学习有效性，强化实践能力和创新意识的培养。第三阶段，实现完全的网络在线学习模式。经过一个周期的建设，最终实现完全的网络在线学习形式（即慕课），授课、作业、讨论活动、考试等完整的教学过程都通过网络进行，并保证网络师生互动的有效性和网络教学资源的持续更新。我们要积极响应学校关于网络课程建设的精神，充分利用网络教学平台，开展师生线上互动交流、答疑、小组活动等教育教学活动，积极实验“翻转课堂”模式和慕课教学模式；其中最关键的是，要努力使自己的课变得受欢迎，不管采用什么样的授课方式，唯一的目标就是让学生在知识、思维、能力、方法和思想上得到最大最快的提升。

因此，从 2015 年 3 月新学期开始，中国近现代史纲要课程开始在艺术类和体育类学生中开始实施课堂教学、实践教学和慕课教学结合起来的综合性教学改革。这样的综合性改革，将课堂式教学、非课堂式教学结合起来，可以充分展示不同的教学环节和教学内容，通过教学主题的设计有机结合三种教学模式。

参 考 文 献

[1]［美］乔纳森·哈伯著：《慕课：人人可以上大学》，刘春园译，中国人民大学出版社 2015 年版。

[2] 李曼丽、张羽、叶赋桂等：《解码 MOOC：大规模在线开放课程的教育学考察》，清华大学出版社 2013 年版。

[3] 吴剑平、赵平等：《大学的革命：MOOC 时代的高等教育》，清华大学出版社 2014 年版。

（作者单位：马克思主义学院）

教育学专业心理学导论课程开设：实践与反思

高　兵

心理学类课程是高等学校教育学本科专业课程体系的重要组成部分。在各高校的教育学专业课程体系中，心理学类课程接近一半。其中主要相关课程包括普通心理学、心理统计学、发展心理学、教育心理学、社会心理学、实验心理学等。这些课程大多兼具科学性与趣味性，理应能够吸引学生的学习兴趣。然而实际教学效果经常令人困惑，大四部分同学对四年的学习生活感到不满，尤其感到对专业知识掌握不够，甚至觉得荒废了四年，认为整个大学生活与最初自己的期望差距甚远。究其原因，可能与大学入学初的专业教育不够有关。具体来说，大一学生对本专业培养目标的了解并不清晰，没有提前对大学四年将要学习的知识进行系统了解，并且不能根据专业特点制订学习计划，对本专业的未来发展缺少预见性。

解决这一问题的方法之一是开设专业导论课。早在 20 世纪 80 年代，我国已有高校开设专业导论课，在近年来的高校课程改革中，越来越多的高校开设了专业导论课或学科导论课。清华大学土木系在 20 世纪 80 年代就开设了专业导论课①，合肥工业大学管理学院②、西华大学电气信息学院③、大理学院经济与管理学院等也开设了专业导论课④。这些学校的专业导论课实践表明，通过专业导论课，新生对该专业所涉及的科技领域有了较清晰的了解，对专业基本情况的认知度普遍提高，专业兴趣显著增强，

---

① 罗福午：《提高对于专业概论课的认识》，载《中国高教研究》1992 年第 2 期，第 82—85 页。

② 杨善林、潘轶山：《专业导论课——一种全新而有效的大学新生思想教育方法》，载《合肥工业大学学报》（社会科学版）2004 年第 4 期，第 1—3 页。

③ 杨景常：《成功的专业导论课将影响学生的一生》，载《高等教育研究》2007 年第 1 期，第 38—41 页。

④ 李鸿昌、龙肖毅、赵建军：《对专业导论课教学效果的调查与分析》，载《大理学院学报》2010 年第 1 期，第 88—91 页。

并对自己在今后的八个学期的学习做出了规划，对就业前景充满了信心。然而据我们了解，国内还没有教育学专业或心理学专业开设专门针对心理学类课程的专业导论课。

中央民族大学从2014年秋季的大一新生开始执行根据《中央民族大学本科专业人才培养方案（2014年版）修订指南》（以下简称《2014版修订指南》）所制订的新版培养方案。根据《2014版修订指南》，本科教育课程分为通识教育类课程、专业教育类课程和实践教学环节三大类，其中专业教育类课程中必须开设学科平台课程，这类课程由学科导论类课程、学科基础类课程组成。“学科导论课程，重点介绍学科整体构建、理论知识体系框架和内涵的逻辑关系、学科发展状况、学科专业的关联等内容，帮助学生了解学科整体概况，让学生了解一级学科的知识理论的基本框架结构、本科与研究生学科设置及专业理论框架的逻辑关系，引导学生做好专业学习发展规划。”

教育学院依据《2014版修订指南》精神，在修订的教育学专业本科生培养方案中，开设了两门专业导论性课程，分别是教育学导论、心理学导论，并从2014级大一新生开始实施。其中心理学导论由笔者担任主讲教师。

一、心理学导论的课程设计

心理学导论课程为18学时1学分，在教育学专业本科第一学期开设。根据课程论的有关思想，本课程的设计主要包括如下几个方面。

（一）确定教学目标的依据

心理学导论不能算作一门独立的课程，而是对心理学学科的总体介绍。因此，该课程的目标设定不涉及更加宏观的学科需要、社会发展需要等问题，而主要依据学习者的需求进行。

第一，激发学习兴趣的需求。相对于很多其他学科，心理学对大一新生来说是一门全新的学科。尽管不少学生对心理学颇感兴趣，但在正式学习心理学的过程中，学习心理学的兴趣都会逐渐降低。本专业前几门心理学课程主要包括普通心理学、心理与教育统计学、发展心理学等，由于这些课程与学生的日常生活联系较少，因而兴趣渐失，甚至产生厌恶。只有随着对心理学理论知识掌握程度的加深，尤其是到高年级阶段或硕士、博士阶段，才会重新对心理学产生兴趣。因此，作为教育学专业第一门心理学课程，需要通过讲授具有高度科学性和趣味性的心理学知识来维持学生对心理学的兴趣，通过讲授心理学的应用引发学生的间接兴趣。

第二，了解心理学知识结构的需求。教育学专业和应用心理学专业都会在大一开设普通心理学课程，然而该课程主要讲授心理学的基本概念和原理，而对心理学的知识结构介绍较少，使学生无法全面把握整个学科，这也是学生不能做好专业学习发展规划的原因之一。因此，心理学导论课程需要用一定的时间向学生介绍心理学的知识结构，使学生了解各分支学科之间的关系。

第三，明确未来专业定向的需求。在充分了解心理学之前，学生对心理学的价值和意义了解片面甚至歪曲，对心理学能做什么知之甚少，对心理学家的研究工作更是无从了解。要使学生尽早确立专业思想，需要对心理学的应用以及心理学家的研究工作有充分了解。因此，该课程须根据学生将来的专业定向确定课程目标。

（二）教学目标设计要注意的问题

心理学导论课程为新设课程，其教学目标的设计要注意几个问题：

第一，该课程的教学目标须与普通心理学有较好的区分，并能相互补充。由于高校教育学专业的第一门心理学课程一般都是普通心理学，该课程研究心理学基本原理和心理现象的一般规律，是所有心理学分支的最基础和一般的学科。这种课程定位与心理学导论的定位颇为相似，但须注意，心理学导论关注的是整个心理学学科全貌，而普通心理学关注的是基础知识。

第二，该课程的教学目标要通过 18 学时的教学能够实现。心理学导论虽然介绍心理学学科的全貌，但必须高度概括，教学内容务求精练，教学目标的设计也必须抓住重点，有所为，有所不为。

第三，正确分配教学目标的权重。一门课程的教学目标分为多方面，本课程的核心教学目标是掌握心理学的学科知识体系，其他的重要性略低，必须在教学目标设定方面有所侧重。

第四，教学目标要有层次、有顺序。心理学导论作为教育学专业的第一门课程，不可能一下让学生掌握心理学的学科结构，因此必须循序渐进，从心理学的研究对象讲起，逐渐过渡到心理学的学科结构。

（三）教学目标的设定

根据以上课程目标设定的依据以及须注意的问题，心理学导论课程的教学目标主要分为三个方面。

1. 在知识方面

须解决心理学研究什么的问题，即掌握心理学的研究对象；解决心理学如何进行研究的问题，即掌握心理学的研究方法；掌握贯穿于心理学知识体系中的主要理论的要点；掌握心理学的基本知识体系结构；掌握心理学的应用现状与前景；了解攻读心理学研究生需要做的准备。

2. 在情感方面

对心理学学科产生认同感，对心理学研究方法、概念、理论体系有正面评价，对心理学的应用前景乐观，对学习心理学有积极态度，愿意克服困难进行心理学的学习，部分同学产生攻读心理学研究生的初步愿望。

3. 在技能方面

能够运用所学知识对心理学研究对象进行辨析，能够运用心理学研究方法区分科学与伪科学，能够运用心理学基本原理理解日常生活中的某些事件，能够为攻读心理学研究生制定较详细的行动计划。

（四）课程内容

1. 课程内容选择

我们在组织教学内容时，注意关注几个方面：

第一，注重科学性、基础性。在未了解心理学之前，很多人都认为“人人都是心理学家”，其实他们所了解的只是常识心理学，往往与真正的心理学知识相悖。因此，相关知识的安排应假定学生未接受任何心理学的专业训练，因而学生肯定会有各种违背心理学原理的错误观念。因此，教学内容必须保证科学性、基础性，课程内容的选择要为学生今后学习心理学打下概念、理论、方法的基础。

第二，从学生经验出发，贴近日常生活。心理学学科的最大特点之一是心理学知识与每个人的生活息息相关，因此在设计教学内容时，须尽量达到基础知识与学生日常生活的最佳契合，使每个学生都能结合自己的生活经验理解相关知识。

2. 教学内容设计

为实现上述教学目标，我们把教学内容分为六部分，分别服务于实现上述目标。

第一部分，心理学研究什么。讲述心理学的研究对象。具体讲授时，简要讲述心理学的研究对象，重点讲述心理学研究什么和不研究什么，尤其是对社会上普遍存在的对心理学研究对象、研究方法的误解进行辨析。

第二部分，心理学如何研究。包括两部分：一是“心理学是一门科学”，讲述科学的内涵、心理学的科学属性及其在现代科学体系中的地位；二是“心理学的研究方法”，通过研究案例对各种研究方法进行简要介绍，重点讲述各研究方法背后的方法论思想，尤其关注各种研究方法的优缺点。

第三部分，心理学的基本理论。讲述心理科学中对心理学研究具有重大指导意义的若干主要观点，包括：“人通过几条定律可以学习，从而接受环境影响”；“人受进化、遗传和环境的影响”；“人是认知、情绪、行为的统一体”；“人是有限理性的”；等等，并通过研究案例讲述几种观点之间的关系。

第四部分，心理学的应用。讲述心理学在各个历史时期、各个国家、各行各业中的应用情况，并重点讲述心理学在重大历史事件、社会事件中的应用情况，适当预测其应用前景。

第五部分，心理学的学科结构。讲述心理学的各个分支学科的研究对象、研究方法、主要观点，并重点强调这些分支学科之间的逻辑关系，为本科四年将会学到的各心理学分支学科的学习奠定基础。

第六部分，攻读心理学专业研究生。讲授攻读心理学专业研究生所需要的各方面知识，围绕心理学专业研究生培养单位的专业设置、研究方向、考取心理学研究生的过程等问题组织教学内容。

（五）教学方法

要有效进行心理学导论的教学，应灵活采取多种教学方法。

1. 讲授法

讲授教学是著名教育心理学家奥苏贝尔大力提倡的教学方法。作为教育学专业的基础课程，讲授法始终是最主要的教学方法，通过讲授法，把经过仔细考虑的、有组织的、有序列的、完整的知识教给学生，可以使学生以最快的速度掌握大量基础知识。在本课程教学中，大概一半内容通过讲授法进行教学。其中第一、第四、第五部分主要使用讲授法。

2. 案例教学法

案例教学法起源于20世纪20年代的美国哈佛商学院，当时的教学案例都是来自商业管理的真实情境或事件。在心理学教学中，案例教学有助于学生对所学知识产生浓厚兴趣，并能深刻理解心理学的基本原理。本课程第二、第四部分较多使用案例教学法。

3. 讨论法

在教学过程中，我们经常根据教学内容提出具有一定吸引力的问题，并启发引导学生针对问题自由发表意见，并在讨论结束时由教师进行总结，最终使学生获得正确的观点和系统的知识。本课程第三、第六部分较多使用讨论法。

（六）考评方式

本课程采用多样化考评方式。

1. 平时考核

本课程鼓励在教学过程中积极参与讨论，进行小组活动，课上表现及作业完成情况等记入平时成绩，比重为30%。

2. 期中考试

本课程鼓励学生积极思考，期中考试通过写小论文形式，考查学生对心理学基本问题的看法，比重为30%。

3. 期末考试

为闭卷考试，占40%。重点考查学生能否利用心理学的基本原理分析问题、解释问题、解决问题，考查学生利用心理学的方法论理解现实生活的能力。

二、反思与调整方向

（一）心理学导论的教学效果分析

2014级本科生是教育学院学习专业导论课程的第一批本科生。经过第一轮心理学导论课程讲授，我们对部分同学进行了访谈。结果发现，学习了该课程的大一本科生对心理学产生了多方面认识的改变。

第一，对心理学产生了浓厚的兴趣，并激发出较强的学习动机。他们发现心理学比较有趣，很多知识与自己的生活有很大关系，认识到如果深入学习心理学各分支学科，将能加深个人对自身的认识，提高本人的心理健康水平和生活质量。

第二，认识到心理学是一门有用的学科。他们通过学习认识到心理学对国民经济、社会发展、教育教学、工业设计、心理咨询和治疗等方面均做出过重大贡献，在未来的社会中也具有广阔的应用前景。

第三，认识到心理学的知识来源于可靠的科学研究，并能对心理学与伪心理学及其他伪科学进行较好的区分。

第四，对心理学的学科结构、专业设置、课程体系有了较清晰的认识，对于四年本科期间要学习的心理学课程有了大概的了解。

第五，对心理学也产生了一定的刻板印象，认为心理学偏向于理科，学习的难度较大，考研究生的难度会很大。

（二）问题与调整方向

心理学导论课程对教育学专业大一新生产生了多方面积极的影响，但我们通过了解其他已开设专业导论课多年的高校的做法，结合对学生的访谈，发现本专业导论课还有若干不足，我们还应该在多方面进行调整。

第一，心理学学科和知识结构的讲授不够深入。学生在访谈中谈到，导论课程中对心理学知识结构的解释还不够深入。在以后的课程中，我们应增加心理学知识结构的内容，对主要的分支学科进行不低于 1 课时的讲授。为了较早增进学生对学科结构的了解，以后这部分内容将在较靠前的时间讲授。

第二，考研的有关知识讲授必要性不大。部分同学认为，现在即使对心理学有了一定了解，也很难现在就决定考研究生。因此，我们将保留对心理学学科结构、专业设置和课程体系的讲述，但不细讲考研的过程。

第三，对心理学实际应用的讲授不够全面深入。同学们认为应该更全面、更深入地讲授心理学的实际应用，这有助于加深对心理学的了解，并增强对心理学的认同。在今后的授课过程中，我们会增加心理学实际应用的内容，尤其要结合学生的个人经验进行讲授。

第四，未系统阐述心理学对教育学专业学习的基础作用。对教育学专业的同学来说，心理学是服务于教育学专业的基础学科，这一前提必须明确。在我们的教学中，主要强调了作为独立学科的心理学本身的学科结构和特色，没有突出心理学对教育学的支撑作用。今后的教学中，我们将突出心理学与教育学的关系，系统阐述心理学对教育学的基础作用。

第五，除了任课教师，其他教师对本课程的开设不甚了解，对该课程的认识也有不足。要提高该课程的教学效果，还应由本专业的所有教师共同参与，共同讨论教学内容和教学方法，加深对导论课程与其他基础课程之间关系的认识。

第六，本课程目前还没有教科书，这给教学带来了一定困难。尽快编写相关教科书，对提高该课程的教学效率、分享教学经验具有重要的意义。

当前心理学中新的研究领域、研究范式、研究方法、应用领域不断出现，推动心理学快速发展，心理学已经进入其发展的最好历史时期。作为心理学导论的任课教师，我们要不断更新知识结构，保持对心理科学最新进展的敏感性。我们相信，通过我们的努力，心理学导论的教学效果将逐步提高，该课程的功能将得到最大限度的发挥。

（作者单位：教育学院）

优化教学策略与教学方法的探索与思考

——以民法课程的教学设计为例①

朱芸阳　段　威

民法课程作为法学院专业必修课，具有成熟的法律体系与逻辑构造，同时，它也是一门与生活息息相关、应用性相当强的基础法学课程。本文将以民法（二）课程中“我国法定夫妻财产制”这一教学内容为实例，围绕以“学生为主体”的教学思路，就课程教学组织与安排、教学策略与教学方法的选取等环节，谈谈如何实现本课程的教学目标，即实现构建知识、提升能力和塑造思维的三重目标，侧重于培养学生的思辨能力和法律思维能力。

一、课程目标的基本预设：知识、能力与思维的三重塑造

通过民法（二）课程的学习，能够使学生了解和掌握民法的基本理论、基本知识和基本技能，掌握运用民法知识分析、研究、解决实际问题的方法，灵活运用法律规则分析解决现实中常见的民事法律纠纷案件。因此，设定以下教学目标：

第一，从知识层面来看，掌握民法相关内容，掌握民法的概念及基本原则以及相关的法律规定，学会用所学习的知识分析、处理民事法律关系中的具体案例。

第二，从能力层面来看，强调理论与实务的有机结合，注重培训学生

① 本文是国家民委高等教育教学改革研究项目“新时期民族法律人才培养模式的改革与创新”（项目编号：13001）的阶段性成果。

的综合能力，培养学生成为复合型法律人才。面对社会多元价值与观念的冲击，在教学中突破原有的理论框架，将实践中颇有争议的问题融入教学，同时必须及时吸纳最高人民法院司法解释的精神及相关的法律规定。

第三，从思维层面来看，在培养学生基于案件事实进行法律分析和推理能力的基础上，以期望学生能够透过现象看本质，科学全面地认识法律规则背后的逻辑和价值取向；同时，进一步培训学生理性思考精神、批判精神和法律思维能力，用先进的法律理念引导学生树立公正的法律理念。

概言之，以上教学目标环环相扣，层层递进。为实现这个教学目标，本课程的教学方式以课堂讲授为主，同时采用“以学生为本”的教学思路，引入先进的教学理念与方法，引导学生关注民事领域的前沿动态与学术成果，关注民生，从科学与严谨的视角探讨民法所涉及的基本理论和法律适用问题。

二、“以学生为主体”教学思路的背景分析

（一）对学生及教师在课堂中角色定位的思考

德国教育家第斯多惠曾经说过：“教学的艺术不在于传授本领，而在于激励，唤醒，鼓舞。”① 如何看待学生和教师在课堂上所扮演的角色，这是教师所应当首先思考的问题。我认为，课堂不只是知识传授的地方，学生不仅是一个受教者（Student），学生只是处于一种被动吸收知识的状态；相反，学生更应该是知识的汲取者（Learner），主动的学习者，教学活动的积极参与者（Participant）。教师在课堂上所扮演的角色，也不应当仅仅是知识的传递者，而是旁观者（化被动学习为主动学习）、引导者（“授人以鱼，不如授之以渔”）、思维训练者（指引学生透过现象看本质）。因此，角色正确定位是贯彻“以学生为主体”的教学思路的关键因素。

（二）对本课程学生的特点分析以及应对措施

民法（二）的教学对象为法学院二年级本科生，经过对不同班级（法英、法学专业）的学生进行观察，发现学生普遍具有以下特征：

---

① 孙海芳：《论互动式教学在法学教育中的应用》，载《教育探索》2011 年第 9 期。

1. 基础知识储备特征

法学院二年级学生已经学习了法学导论、民法（一）等课程，对本节课程所需要用到的基础知识有了一定程度的了解，初步具备了基本的知识储备和实际分析问题的能力。

2. 经验特征

学生年龄层次均在20周岁上下，缺乏丰富的社会经验和社会阅历，心智心理不太成熟，增加课程教学的难度。但作为“90后”，他们普遍能够通过多方位的信息渠道获得知识，对社会新鲜事物并不陌生，而且民法分论的课程内容，尤其是所讲授的房产权利归属问题，属于社会热点问题，能够激发学生极大的学习兴趣，成为其学习的重要驱动力。

3. 能力特征

本校法学院学生总体学习积极性较高，具备较高的综合素质，获取新知识能力较强，思维严谨、活跃，求知欲旺盛，但囿于年龄层面和社会阅历等限制，宏观性、系统化思考问题的能力、逻辑思维能力仍有待提高，缺乏主动参与的意识。

因此，基于学生在知识、经验、能力方面的特点，笔者认为，合理组织和安排教学内容，采取适当的教学策略，运用正确的教学方法与教学手段加以引导，能够较好地与学生进行互动，力争做到学以致用。

三、“以学生为本”教学思路下的教学安排与策略选择

以一节民法课程为例，时长为50分钟，围绕“我国法定夫妻财产制”这一教学内容，主体部分分为两大块（详见图1），分别进行阐述：

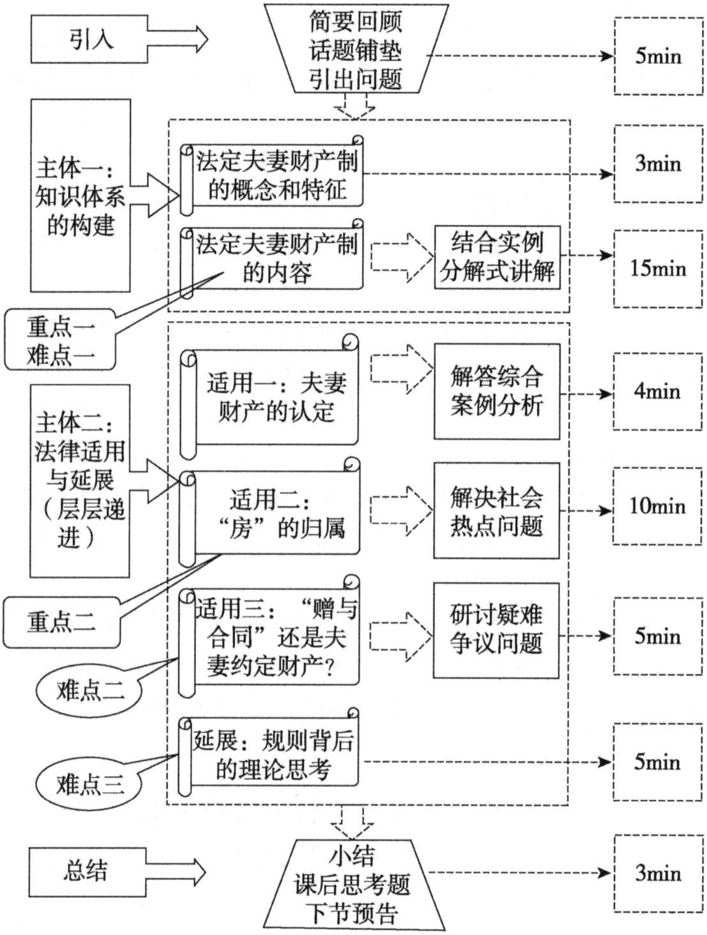

图 1　本节课的主要内容和时间分配

（一）主体一：知识体系的构建

1. 教学内容的选择

夫妻财产的范围，即财产归属问题，既是本节课的核心知识点，也是教学的难点，对于构建法定夫妻财产制的知识体系具有决定性意义。在讲授过程中需要使学生着重掌握两个认定问题，即"个人特有财产"和"夫妻共同财产"的认定问题。

2. 教学策略的选择

第一，课前做好充分准备，以生动的实例和精简的分析为立足点。这需要老师在课前搜集大量的课程素材，并采用现场演示和多媒体演示相结合的方式，甚至采用多种教学手段、道具。在讲解中穿插实物、小案例进行概念阐述、解释，激发学生对知识的学习热情。将较为枯燥的法律规则通过生动形象的实物、图片、图表、案情呈现，便于学生学习、理解、记忆。

第二，采取适当的讲授方式，详略有序，主次分明。分解式讲授概念，尽可能采取简洁明快的语调和语速，将较为抽象的法律概念分解，便于记忆。在讲授各种财产的权属认定时，辅以展示直观图（见图2），使学生产生较为感性认识，讲授内容更加直观、清晰、体系化。

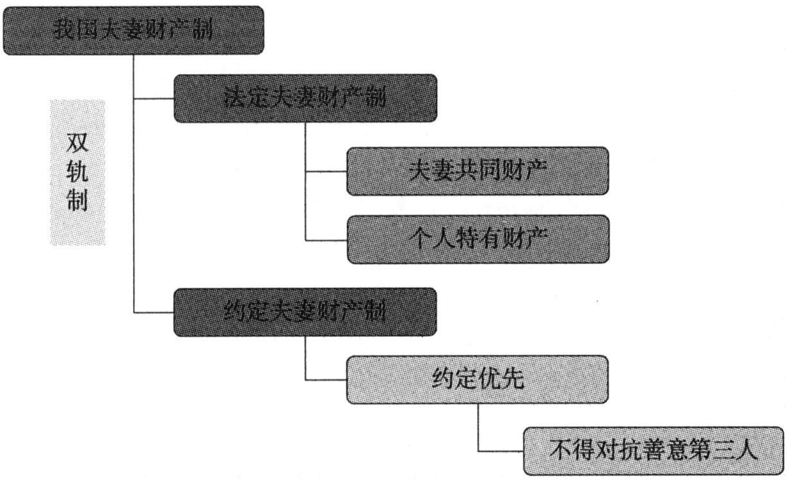

图2　我国双轨制夫妻财产制度的架构图

第三，在知识讲解中，可以穿插“知识产权的收益”的司法考试真题。一方面，服务于学生未来参与司法考试的直接需要，既可以使学生了解司法考试的难易程度，又可以使学生能够更好地掌握知识点。另一方面，意图突破现有法学教育与法律职业实践相互脱节的困境，改进和完善教育内容等环节。[①]

① 孙笑侠：《法学教育的制度困境与突破——关于法学教育与司法考试等法律职业制度相衔接的研究报告》，载2012年第9期。

（二）主体二：法律适用及延伸

1. 教学内容的选择

民法学是一门紧贴生活、源于生活的应用法学，灵活运用法律规则分析民事纠纷案件，是掌握知识体系后第二个层面的教学目标。知识体系的构建目的在于运用，因此，对夫妻财产制度规则的适用，是了解和掌握基本理论、基本知识之后更为重要的教学重点。对法律适用进行延展，即如何看待法律规则背后的立法理念，是塑造学生思维、第三个层次的教学目标。

2. 教学策略的选择

第一，采取形式多样、新颖的教学方法和教学手段（详见下文“以学生为本”思路下对教学方法的优化），课堂教学中突出学生的主体性，使教与学的活动有机结合。

第二，结合课程重点、难点，通过“三个适用”（由易至难）和“一个延展”（从规则到伦理）的推演，层层递进，不断深化法律规则的适用。讨论社会热点话题，包括“啃老房子”“婚前按揭、婚后还”“一方赠予财产后反悔”的房产归属问题，以及思考法律规则背后的伦理和价值取向，调动学生参与的积极性，正确引导学生活学活用，注重学生的全面发展，培养学生的批判性思维模式。

第三，注意师生互动。通过肢体、实物与语言的配合，正确引导和提示学生关注本课程的重点、难点，并根据学生的现场反应，及时适当地调整教学进度。

四、“以学生为本”思路下对教学方法的优化

根据授课内容和授课对象的特点分析，本节课程主要采用理论联系实际的教学法、案例教学法、苏格拉底式提问教学法，通过讲授、互动、引导和分析，使学生充分掌握“法定夫妻财产”法律制度的基本知识和法律适用。

（一）理论联系实际教学法

在整个讲课过程中，贯穿理论联系实际的思想，通过列举大量的实例，讲解知识点，让学生深切地体会到民法学不是一门脱离实践生活的理论法学，理论联系实际才是民法学的生命力所在。

（二）案例教学法

案例教学法是美国通行的教学方法，重点强调学生“像律师一样地思考”。“一流法学院的课程不仅仅是教授法律原则，更要教给学生律师的思维方式，而这正是他们适用不断变化的法律原则的基本工具。”① 案例教学法，使学生一方面能够本着案例事实去探寻法学理论和法律规范，另一方面又能够将法学理论和法律规范具体化于案例事实，从而引导学生去发现可适用于各种案例事实的法律依据，进而提高法学理论水平和解决实际问题的能力。本节课程以一则综合运用案例题贯穿始终，案例的设计，全面涵盖本节教授知识的重点、难点，学生必须综合运用本节所学知识，才能判断实践中常见的财产归属问题。因此，该案例的设计有利于贯穿课程始终，串联知识点，引导学生逐步掌握和运用基本知识；同时，考查学生理论联系实际、规则适用的综合运用能力，引导学生关注实践。

（三）苏格拉底式提问教学法

苏格拉底式提问教学法，作为国际流行的教学理念，从传统的“老师讲、学生听”的教学模式，彻底转变为“我要学，所以老师讲”的教学模式。使学生积极参与到课程教学中来，以学生作为课堂主导。随着教师启发性提问的诱导，学生会发现案例设定的情境越复杂，解决问题的变数越多，从而学生自己也会主动探究解决方法。在学生探究解决方法的过程中，教师再逐步引入更深层次的知识点。因此，有利于培养学生主动探究知识的学习能力及批判性思维能力（critical thinking），即思辨能力。以下以法律适用中“房”的归属问题作为实例，来说明如何在教学中贯彻“以学生为主体”的教学法。

【身份假设】每位同学都是一名执业律师。

【情景设计】某日，某位女士很苦恼地来到你的办公室，向你咨询离婚时应当如何分割财产，尤其是房产的归属问题。作为代理人，你需要了解哪些信息？这些因素如何影响房屋产权归属？

【准备工作】给每位同学两分钟时间，提示阅读《婚姻法司法解释（三）》第7、第10、第12条。

【解题思路】设计一系列具有内在逻辑性的连环问题，从以下角度逐

---

① 冯玉军：《论国外法学教育改革的经验与借鉴》，载《中国大学教学》2013年第6期，第92页。

步引导学生考虑，哪些因素会影响房屋的权属？

【苏格拉底式提问教学法的应用】

①购房时间（When）：是否为婚前购房？“婚前”是指一方取得房屋产权证书，还是交付房款？

【点评】回忆法定夫妻财产制的概念，强调要素“婚姻关系存续期间”。

【提问】一方婚前购房款是否为全款？首付款是否对房屋权属有影响？

【提问】如果仅按照房屋产权证书取得的时间作为划分按揭房屋属于婚前个人财产或婚后夫妻共同财产的标准，是否可能出现对一方显失公平的情况？

【点评】俗语中所谓“在房产证上加名字”，在法律效力上即为“房屋所有权变更登记”。提示回忆《物权法》担保物的转让规则，未经债权人（即银行）同意，不得就已设置抵押的不动产进行所有权变更登记，即在银行业务实践中，按揭的、未还完房贷的房屋无法“加名”。而一方婚前全款购买、未处于抵押、查封、冻结等状态的房屋，可以办理所有权变更登记，变更为夫妻双方共同所有，为夫妻共同财产。

②房款谁出（Who）：婚前一方出资？婚后夫妻共同出资？双方父母出资，还是一方父母出资？

【点评】回忆法定夫妻财产制的概念，强调要素“共同所得”。

【提问】一方父母支付购房款是否为全款？首付款是否对房屋权属有影响？

③房产登记在谁的名下？

【点评】回忆《物权法》中物权（不动产）登记原则，不动产的物权变动采取登记要件主义。

【提问】如果是婚后共同出资，但仅登记在一方名下，是否对房屋权属有影响？

【点评】无论产权登记在谁的名下，这套房屋都属于夫妻关系存续期间购买的共同财产，属于夫妻双方共同所有，离婚时应以共同财产进行分割。

【提问】如果是一方或双方父母出资，登记在何人名下会对房屋权属有影响？

【提问】是否考虑父母买房的主管意图，即为谁买？父母是否需要明确表示房产赠予一方或双方？没有明确说明的情形如何处理？

【点评】（重点）完全认定为夫妻共同财产或者一方的个人财产都不太

公平，该房产实际是婚前个人财产（婚前个人支付首付及还贷部分）与婚后共同财产（婚后双方共同还贷部分）的混合体，离婚时处理的主导原则应当是既要保护个人婚前财产的权益，也要公平分割婚后共同共有部分的财产权益，同时还不能损害债权人银行的利益。故离婚分割财产时将按揭房屋认定为一方的个人财产相对比较公平。

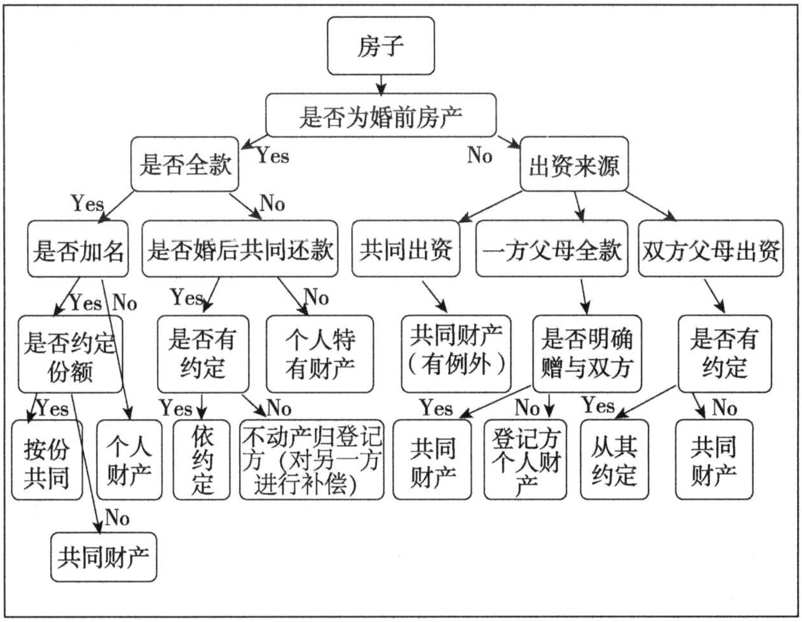

图3 思路流程：如何判断“房产”的归属

总之，以上是选取了“我国法定夫妻财产制”教案中所设计的内容，即关于如何运用苏格拉底式提问教学法来引导学生正确思考解决“房产”的归属问题，限于篇幅，不做全面讲解。针对教学内容所规划的思路流程（详见图3），正是“以学生为主体”的教学思路的集中体现。在不同的教学方法中，采用苏格拉底式提问教学法更能够发挥学生在教学活动中的积极性，对学生积极参与课堂活动具有正向引导作用。

五、对教学思路与教学方法创新点的思考

本节课程在教学内容的设计与安排、教学方法的运用等方面，始终贯彻了“以学生为主体”的教学思路，并采用板书、多媒体演示、现场演示

相结合的教学手段，充分发挥各个教学手段的优势，引导学生围绕教学内容积极思考，逐步实现教学目标。通过对教学内容和教学方法的思考，本人认为此节课程的教学安排与设计具有以下创新点：

第一，教学内容的创新。知识体系的构建目的在于运用，理论联系实际是民法学的生命力所在。结合本节课程重点、难点，在构建“一个知识体系”的基础上，通过“三个适用”（由易至难）和“一个延展”（从规则到伦理）的推演，层层递进，不断深化法律规则的适用，讨论社会热点话题，包括“啃老房子”“婚前按揭、婚后还”“一方赠予财产后反悔”等房产归属问题，以激发学生思考法律规则背后的伦理和价值取向。

第二，课程引导方式的创新。首先，通过一则综合分析案例创设情境，始终以激发学生思维为课堂引导方式，让学生带着问题有目的地学习，将较为枯燥的法律条文尽可能演化成紧贴生活的活生生例子。其次，讲授过程中不断呼应前述案例，进行案例分析。再次，延展案例，引申知识点，激发学生思考法律规则背后的理念。最后，综合总结，再次呼应开篇案例，结束本节课程。

第三，教学模式的创新。采取形式多样、新颖的教学方法和教学手段，特别是苏格拉底式提问教学法，使得教与学的活动有机结合，在课堂教学中突出学生的主体性，调动学生参与的积极性，引导学生活学活用，注重学生的全面发展，培养学生的批判性思维模式。

（作者单位：法学院）

网络+课堂+实践

——中央民族大学“形势与政策”课创新教学模式思考

温英杰

“形势与政策”课程是高校思想政治教育理论课的重要内容之一，通过这门课程宣传党的路线方针政策，帮助学生正确认识国际国内重大形势，用辩证的观点和实事求是的科学态度去认识问题、分析问题和解决问题，从而提高学生的思想觉悟和政策水平。作为民族院校，我校“形势与政策”课程还承担着向学生宣传教育党和国家的民族理论和民族政策、维护民族团结、增强学生民族团结意识等责任，对于民族院校的维稳工作也有一定的促进作用。此外，通过“形势与政策”课的教学，有助于学生增强对民族和国家的认同感，坚定在中国共产党领导下走中国特色社会主义道路的信心和决心，积极投身改革开放和实现中华民族“中国梦”的伟大事业。

党的十七届六中全会提出的《中共中央关于深化文化体制改革，推动社会主义文化大发展大繁荣若干重要问题的决定》中，明确把“深入开展形势政策教育”作为推进核心价值体系建设的重要任务之一，为民族高校深入开展大学生形势与政策教育指明了方向，同时也让我们清醒地认识到，当前“形势与政策”课的课程建设需要适应新形势、新要求，在不断的探索中进一步创新，以更好地为培育和指导学生践行社会主义核心价值观服务。

一、“形势与政策”课的基本现状

近年来，随着国际国内局势不断发展变化，“形势与政策”课程日渐受到学界和各级教育部门的重视。我校根据学生实际情况，经过不断的努力和积累，这门课程的基本教学模式已趋于成熟，按照我校本科培养方案规定，我校共开设六门思想政治理论课，统称为“基础课”和“原理课”，均为必修课程，“形势与政策”课程是其中之一。目前，这门课程共开设六个学期，每学期16课时，计1学分。在教学环节实际运行过程中，大部分院系按照80～120人的规模分班授课，通常为每学期第七周统一开课，授课教师以各院系的党总支书记（副书记）、专兼职辅导员为主，教学模式为课堂教学，教学内容、教学资料等由学校统筹安排。目前这门课程不设统一教材，教学内容具有高度时效性，依据教育部每年两次发布的“高校‘形势与政策’教育教学要点”确定主要教学内容，分为国内与国际两大部分，教学辅导材料以《时事报告（大学生版）》为主。

二、“形势与政策”课的主要特点

作为思想政治理论课课程体系的一个重要组成部分，“形势与政策”课程具有与其他五门课程不同的自身特色，可以大致归纳为以下几点：

（一）时效性

“形势与政策”课程的教学内容包括两个方面：一个是大学生的形势教育，即向学生介绍近期国际国内社会政治、经济、文化等领域发展的状况态势；另一个是大学生的政策教育，即向学生宣传党和国家在当前一段时期内主要路线方针政策。两方面内容都紧密贴近现实，是动态的、不断发展变化的，教师需要根据形势的变化不断调整授课内容，这也是这门课程最显著的特点。

（二）主题性

我校“形势与政策”课程教学以教育部社会科学司每年春秋季发布的“高校‘形势与政策’教育教学要点”为指导，重点参考近期《时事报告》所刊载的主要内容，并结合民族院校特点和各专业学生实际，基本上每次课主讲一个至两个专题，主题突出，有很强的针对性。

（三）覆盖性

“形势与政策”课程覆盖全体大一至大三的各专业本科生，共三学年六个学期，教学周期较长。学生自入学开始，连续三年通过参与“形势与政策”课程课堂学习，掌握当前最新时政与国家相关政策，了解当前国内国际经济政治大局形势和焦点问题，从而不断提高学生的思想政治理论水平和认识问题、分析问题的能力。

（四）实践性

“形势与政策”课程的教学内容是高度贴近现实、联系当下的，学生可以通过小组课题研讨、实地观摩、社会调查等各类实践活动来感受社会各领域发生的变化和取得的成就，将课堂所学与实践环节结合起来，从而更好地激发学生积极思考问题，更深入地了解社会热点。

三、“形势与政策”课教学模式创新的基本思路

目前，我校的“形势与政策”课程与其他思想政治理论课相比，虽教学周期长，但每学期课时安排相对少，基本采取课堂教学的单一教学模式，没有统一教材和规范的教学内容体系。为能充分发挥课程特点、进一步提高教学效果，需要不断创新教学模式。通过几年的教学实践，笔者认为，可以结合课程特色和学生实际情况，积极探索构建“网络 + 课堂 + 实践”的立体化教学模式，通过网络学习、课堂教学、社会实践等多种途径全方位多角度地为课堂学习内容提供延伸和补充，这样既能发挥传统课堂教学的优势，又能通过增加实践教学、网络学习等形式提升课程吸引力，实现理论教学与实践教学的有机结合，从而为学生全面及时了解时事政策、形成正确的价值观提供保障和支持。

（一）构建网络教学资源平台，增强课程吸引力

“形势与政策”课的教学内容高度贴近现实，多以近期国内国际政治经济局势以及国家近期出台的主要政策和社会焦点问题为主，每学期的教学重点都在不断更新，从某种意义上说，具有一定的“新闻性”，如要取得良好教学效果，就需要学生及时关注时事动态，在课堂教学之前对相关信息有所了解和掌握，这样在教学中教师就有更充分的时间就相关问题做深度剖析和组织有效讨论，而不是仅仅停留在对形势政策、时事热点的一般介绍和了解层面。为此，学校可尝试构建“形势与政策”课程网络教学资源平台，由马克思主义学院牵头，宣传部、学工部、校团委等部门共同努力，以教育部的教育教学要点为指导，每学期不断上传更新形势与政策相关视频、图片、知识背景介绍、会议精神原稿等资料，网络教学资源可以按照教学内容进行分类，如可设计为国内形势、国际形势、社会热点、台海局势等专题，面向全体师生开放。在每学期开学之初由各班任课教师引导学生课前主动在平台上去找、去看与教学专题相关的形势政策和时政

信息，在看这些资料的过程中会形成初步思考，从而为理解课堂教学内容和参与讨论互动打好基础。网络教学资源平台的建立不仅是课程教学的一个重要环节，更可打造成学生了解相关政策信息、时事资讯的权威窗口，既方便学生随时随地查看资料、为上课做好充分准备，也能很好地满足教师的备课需求，节省查找、整理教学资料的时间。

在近几年的教学实践中，为提高学生对这门课的兴趣，我利用每学期第一到第六周的时间先把每个班的同学分成若干小组，每个小组针对 1 ~2 个教学专题负责查找相关资料（视频、图片、背景知识、社会热点新闻、会议精神原文等），再由我带领每个组的负责同学进行有效整理后，将相关材料和网址链接统一发送至班级公共邮箱中，并要求学生结合这些材料进行课前准备，如针对本学期的“从‘丝绸之路’到‘一带一路’”的教学专题，准备了关于“丝绸之路”（包括海上丝路）的历史沿革、路线图、历史遗迹、逸闻典故、央视 10 集大型纪录片《新丝绸之路》、“一带一路”提出的历史背景、发展历程、路线图及合作重点等丰富的资料供学生课前使用。学生由于准备充分，在课堂教学和讨论中思路活跃，收到了良好的教学效果。通过教学实践，我体会到丰富的教学资料有助于学生了解教学内容、增强学习兴趣，如学校能提供统一的教学资源平台供师生使用，这门课的教学效果将会得到大幅提升。

（二）深入开展课堂教学互动，提升学生理解力

目前，我校各院系的“形势与政策”课程统一安排在开学第七周左右开课，由于教室安排、上课时间上的冲突，大多数院系都选择在晚上或周末上课，学生经过一天的学习已近疲惫，如果单纯依靠教师课堂讲授的单一教学形式，将很难获得良好的教学效果。为此，可根据教学重点和课程安排，选择三至五个学生关注度高、政策性强的热点问题，引导学生在充分共享网络教学资源的基础上，展开课堂教学互动，引导学生积极思考、充分交流，使学生在课堂上能真正愿意倾听老师、倾听同学，积极思考，提升学生的理解力，从而将教学引向深入。

教育部 2015 年 3 月下发的教育教学要点中有一个内容是“准确理解经济发展新常态”，在本学期的教学实践中，我从大三学生关注的热点出发，引导学生从经济新常态对高校创新创业教育的影响以及毕业生就业市场的新变化等角度设计讨论主题，组织课堂小组讨论，学生表现非常积极，深入剖析了经济新常态所带来的就业结构性矛盾加剧、国家对于大学生在小微企业就业和创业上的一系列优惠扶持政策等，不仅很好地完成了教学目

标，还培养了学生关注国家就业相关政策的意识，也为学生确立未来求职方向提供了有益参考。

在“一带一路”教学专题中，为使学生深入了解这一政策提出的背景和将给我们经济生活带来的变化，我组织学生进行了专题讨论，学生准备充分：有的小组是从探讨“丝绸之路”兴衰原因的角度来讨论“一带一路”战略的可持续性；有的小组是从国内经济发展需求、产能过剩的角度来展开讨论“一带一路”战略提出的背景；有的小组节选了正在热播的纪录片《与全世界做生意》片段，生动地阐述了随着我国“一带一路”战略的实施，贸易通关和国际运输趋向便利化，普通百姓出境旅游、跨境电商、自贸区建设等经济生活领域都会随之发生变化。通过这些讨论，学生充分掌握了教学主题内容，深切地感受到这门课程的特点，从而真正体会到国家政策、经济发展战略等与每个人生活和未来的息息相关，增强了对课程的理解。

（三）精心设计实践环节，增强社会责任感

“形势与政策”课程是引导学生以马克思主义的立场观点分析现实问题的课程，要真正做到教学内容走进学生内心，从而内化为学生自觉遵守的行为准则和看待事物问题的看法观点，需要真正从学生感兴趣的角度出发，引导学生走出校园，在实际接触社会的过程中，感受国家政治经济领域发生的可喜变化和焦点问题引起的社会反响。因此，每学期的形势政策教学计划中，应提供一至两次课时用于组织学生进行多种形式的社会实践，在提升教学效果的同时，不断增强学生的社会责任感。

实践环节的内容安排应充分考虑不同年级学生特点，针对大一新生，我和带班辅导员取得联系，组织学生统一前往能充分反映首都经济文化最新发展变化的创新科技园区、高新产业区等地，实地感受在国家经济文化相关政策影响下取得的最新成就，从而增强对国家相关政策措施的认知和实现“中国梦”的信心；针对大二、大三学生，围绕每学期的教学专题内容引导学生走入社会开展调研，如结合教育部 2013 年上半年“要引导大学生积极参与生态文明建设，倡导绿色发展、循环发展、低碳发展，为建设美丽中国贡献力量”的教育教学要点，我指导各小组学生对北京交通出行问题做了不同选题的社会调查，其中有的小组学生专门对电动自行车出行方式的现状、消费群体、地方相关政策以及市场占有率、行业未来发展趋势等进行了调研，取得了较丰富的调查材料，并以此为基础，顺利完成了学校暑期社会实践的调研任务。

再如，结合2015年3月教育部下发的教育教学要点提出的“加强中华优秀传统文化宣传教育”，我指导学生就中华优秀传统文化传承现状设计印制调查问卷到海淀区的多个居民区和小学进行调研，指导学生组成实践小组在学校周边地区、公共活动场所向社会各阶层群众做优秀传统文化相关知识、民族文化知识的宣传，既增强了学生了解社会、认识社会的能力，也培养了学生独立思考、实地调研的动手能力。在每学期课程结束之前，我会组织各小组学生在课堂进行社会实践成果的展示，并进行点评和总结，从而引导学生达成共识，真正从内心认同相关政策法规确立实施的重要意义，形成对社会热点问题的一致性看法。

四、结　语

“形势与政策”课程是运用马克思主义的形势观、政策观引导学生理解分析现实问题的综合性课程。课程所具有的最鲜明的特点是时效性，这决定了这门课程教学内容多样性和与时俱进、不断创新的内在要求。我们应充分把握课程特点，积极探索多样化、立体化的教学模式，扩展课程授课空间，延伸课程学习时间，充分利用新媒体和社会实践的平台，增强教学效果，把这门课程建设成为贴近学生现实生活、教学模式新颖、使学生“入眼、入耳、入心”的优秀课程，切实推进对学生价值引导、品格塑造、行为养成目标的实现。

（作者单位：管理学院）

电子板书技术在信息与计算科学专业（西藏班）教学中的应用

王 兢 何 伟

理学院信息与计算科学专业的西藏班（以下简称藏班）是中央民族大学很有特色的一个班。该班成员都是藏族学生，生源地集中在西藏、青海、甘南地区。藏班学生入学数学成绩普遍偏低。以 2014 级新生为例，数学学科入学测试的平均成绩为 30 分，只相当于其他平行班平均成绩的一半。可以说，藏班学生入学时的数学基础是相对较差的。因此，如何在学生数学水平整体偏低的情况下有效开展教学并提高学生学习数学的积极性，成了藏班教师教学实践的中心课题之一。

何伟和朱正元在高等代数教学中采用 MATLAB 软件，将理论和实践结合，让学生在具体的操作过程中感受、领悟抽象的概念，收到了良好效果。李明杰和王兢提出在数学分析教学中注重直观和特例，以此激发学生的兴趣，引导学生自主学习。本文重点介绍改进藏班教学的教学技术，我们将以常微分课程的教学为例，讨论电子板书技术在混合教学实践中的应用。

我们选取常微分课程的原因在于：一方面，作者之一 2012 年曾经教授 2010 级藏班的常微分方程，此后又教授了 2012 级藏班同样的课程，两者采用的教材一致，教授内容相同，只是在教学技术上有区别，便于对比，有直观感受；另一方面，常微分方程涉及诸多联系实际的例子，有利于教师设置数学问题，引导学生思考，而且经验表明，先修课程成绩不理想，对掌握常微分方程的求解思想影响不大。

一、教学技术

除了前面提到的藏班学生数学基础差之外，藏班还具有以下特点：

第一，藏班学生数量少。例如，2010 级至 2014 级的藏班学生数量统计显示，藏班人数维持在 8 ~ 19 人之间。规模小给教学带来便利，教师能采取更加灵活多样的教学技术。第二，藏班学生课堂气氛热烈，集体回答问题积极，但是集体回答问题往往掩盖了个体之间的差异，使教师无法准确掌握每个学生的学习情况。第三，藏班的培养目标和信息与计算专业其他班的培养目标略有区别。如新修订的2014 级培养方案，要求藏班学生掌握基本的知识，强调其动手能力和实际操作能力。

藏班的这些特点给教师带来的挑战在于：教师既要完成一定的教学进度，又要控制好讲课速度，以使学生能跟上节奏。而且，教师应该力争关注到个体，否则可能导致“气氛热烈，效果偏低”的现象。

我们认为电子板书技术有助于教师应对以上挑战。理由是：首先，中央民族大学绝大多数教室都配备了电脑和多媒体，这是采用电子板书技术的硬件基础。授课教师只需要一个手写板与电脑相连，再通过多媒体投影即可。可以说，只要有多媒体的教室就能采用该技术。其次，电子板书的书写形式与传统的黑板书写非常接近，大多数习惯了黑板书写的数学教师完全可以驾驭电子板书。而且，电子板书方便迅捷，写完一页，马上翻到下一页，免去擦黑板的苦恼。最后，电子版书所见即所得，每节课的讲义都能保存成文档发给学生，节约学生做笔记的时间，这些原汁原味的讲义成为学生课后复习的良好素材（见下图）。

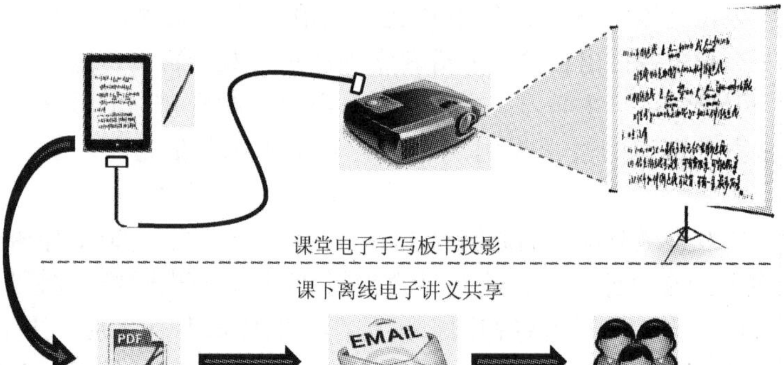

电子板书技术的示意图

电子板书技术的一个缺点是课堂教学缺乏与学生的互动。为了弥补这个缺点，同时为了关注到每个学生，我们采用课堂评价技术中的“小白板”技术和快速反馈技术。①

① Katrina Emmett, Kees Klaassen. Harrie Eijkelhof. Fast feedback in classroom practice. Physics Education 05/2009, 44 (3) .

“小白板”技术是为了解决如下困难提出的：课堂提问往往被一小部分学习好的学生主导，即优生回答问题时，其他学生往往放弃思考，缺乏参与。“小白板”技术要求上课的每个学生同时写下对问题的解答，并通过“小白板”展示给教师，特别是对于开放性的问题，教师将看到多样的答案，并及时给予反馈，还可以利用学生的回答进一步开展教学。在实际教学中，“小白板”可以用一张白纸代替（当然，如果在条件较好的多媒体教室，学生的电脑完全可以充当“小白板”）。“小白板”技术已经进入中学数学课堂，并取得了不错的效果，但是大学课堂使用“小白板”的老师并不多，其主要原因是大学课堂容量一般较大，而藏班由于其班额小的特点，不存在这个问题。

快速反馈技术是指教师设置一些简短递进的问题，学生作答时，教师快速巡视，予以评价。教师提供一系列简短的任务，要求学生在一定时间内完成。完成形式可以是表格，也可以是简短的语句。教师巡视教室并与学生交流。一般来说，一两分钟可以查看 10 ~ 20 个学生。快速反馈技术要求教师备课充分，要花费更多的时间设置问题，这对教师提出了更高的要求。

二、教学实践情况

如上所述，在实际教学中，我们采用电子板书技术，节省了学生记笔记时间，节省了教师擦黑板的时间，利用节余的时间，穿插采用“小白板”技术和快速反馈技术，以关注到每个学生。我们上课的流程一般是新课讲授—提问—巡视交流—反馈—继续讲授。每次课（按两课时 100 分钟计算）要有 3 ~ 5 个这样的循环，最后一步是布置作业和发送课堂讲义。到目前为止，我们一共进行了 9 次授课，与教授同样的课程相比，有以下具体的感受。

首先，与使用板书授课相比，教师能更从容地讲课，能更好地把握讲课进度。教师节省的反复擦黑板的时间换来了从容的讲课速度。据我们的经验，一次课书写 8 ~ 11 页讲义的速度比较合适。这种速度既能完成教学进度，又能让学生有充分思考的时间。教师可以随时切换到普通电脑模式，将自己准备好的电子素材展示给学生，这也提高了课堂效率。

其次，教师能够观察到每个学生的动态，了解每个学生的想法。尽管这种了解或许不够充分，但是在一定程度上关注到了个体，能知道同学之间的差异，开展更有针对性的教学。比如，班上一位同学在求解微分方程的解时，出错往往在不定积分的计算上。不定积分是数学分析课程的内容，是微分方程的先修课。该同学不定积分基础不好，但是他理解微分方程的求解思想。换言之，他的问题并不在微分方程不会解，而是不定积分不熟悉。在了解到其他同学也存在类似的情况后，我们在课上专门讲了常微分方程中常见的不定积分的计算。这次授课同时启发我们，在期中和期末考试的命题中要避免让学生计算复杂的不定积分，因为从微分方程的教学目的看，学生只要理解了微分方程的求解思想，掌握了微分方程的解法就达到了教学目的，也应该得到相应的评价和分数。

再次，教师能够根据每个学生的反馈并与之交流。比如，第五次课上，我们要求学生做完具体例子后总结齐次方程的特点，并写在“白板”上。有位学生写道：“分子分母的系数同时为正。”我们看到后，马上让他计算了另外的例子，计算结束后要求其再次总结特点，之后该生写道：“分子与分母之间成倍数关系。”这个表述表明该生已经掌握了齐次方程的关键。另外一个同学写的是“分子第二项系数必须为正”。这让我们略感意外，但仔细回想，课堂一开始学生做的具体例子确实都有这种特点。学生确实仔细观察了例子，只是关注点不对。我们马上给学生举出相反的例子，并要求其计算后再做总结。整个巡视交流过程在 3 分钟左右，而且全班 19 个人都照顾到了。

最后，学生之间的交流增多了。如果问题合适，我会让学生展示自己的想法后，与前后桌讨论和交流。从课堂表现看，大部分同学的交流是互相查看答案，如有差异，则互看互批，讨论解决。在讨论时，有的同学会纠缠很简单的问题，比如忘记某个初等函数的原函数，此时我会直接告诉学生，或者提醒大家可以查阅资料。如果有同学迅速作答正确时，要求该生讲解给同桌听，直到同桌也明白为止。

三、总　结

电子板书和课堂评价技术结合，确实让我们感到藏班学生的学习效果比以往要好。体现在作业上，即便是不会做的题目，学生也勇于写下自己的想法。

我们认为，只要是班额不大的数学课堂均可尝试这种技术，只是具体的形式可能需要变通。我们也希望这种技术能够帮助改善目前的数学课堂教学。

参考文献

[1] 何伟、朱正元：《关于信息与计算科学专业藏族班“高等代数”课程的教学改革和实践》，载《中央民族大学本科教学研究》第十二辑，中央民族大学出版社2013年版。

[2] 李明杰、王兢：《藏班数学分析教学改革与实践》，载《中央民族大学本科教学研究》第十六辑，中央民族大学出版社2014年版。

[3] Katrina Emmett，Kees Klaassen. Harrie Eijkelhof Fast feedback in classroom practice Physics Education，2009，44（3）.

（作者单位：理学院）

如何提高统计学课程教学效果

——基于经济学院本科生的问卷调查

王 飞 刘 红

统计学是收集、处理、分析、解释数据并从中得出结论的科学（贾俊平等，2012）。统计分析方法是分析数据并从中提取信息的一种定量分析方法。作为一种分析工具，统计分析方法被广泛地应用于自然科学和人文社会科学的各个领域。统计学是21世纪最有发展前途的学科之一。随着社会经济的发展和科学技术的进步，统计已经成为人们认识客观世界不可或缺的重要工具（曾五一等，2010）。特别是在经济和管理领域，充斥了大量的数据，如何运用统计学的基本理论和分析方法，从纷繁复杂的数据中提取相关信息，对于理解和研究经济管理现实问题具有重要的意义。目前，国内开设统计学专业的学校约有100多所，一些知名的大学都设置了统计系（谢永安，2010），几乎所有高校的经管类专业都把统计学作为重要的专业基础课。

在中央民族大学经济学院，统计学也是各个专业的必修课程之一。统计学具有重要的地位和作用，理应得到学生的重视，但我们在统计学的教学过程中发现统计学成绩与其他学科成绩相比并不理想。这促使我们去思考怎样才能更好地调动学生的学习热情，如何才能提高统计学课程的教学效果。

一、调查问卷发放和主要内容

为了解学生对于统计学的认识和学习情况，我们在2014年11月对经济学院全体三年级本科生（即2012级国际经济与贸易系、财政系、经济系、金融系四个专业的本科生）发放了调查问卷。之所以选择下半年对大学三年级发放调查问卷，是因为按照经济学院的本科教学大纲，统计学课程在大学二年级下学期（即每年上半年）开设，每年下半年的大三本科生刚刚系统地学习了统计学课程，印象相当深刻，是最理想的调查对象。尽管经济学院四个专业统计学课程的授课教师不同，但使用的都是相同的教材，期末考试试卷也是统一命题，因此可以将四个专业的问卷合并进行分析。

我们的调查问卷（详见附录）主要包含以下几方面的内容：一是被调查者的背景；二是对于统计学教材和教学内容的看法；三是统计学课程的学习态度；四是对于统计学考核方式的看法；五是对统计学重要性的认识。

本次调查问卷由我们委托相关老师在课堂上向学生发放并当场填写。共发放问卷 267 份，回收有效问卷 219 份，有效率为 82.02%。

二、调查问题的描述统计分析

1. 基本情况

在所有被调查者中，男生仅占 27.7%，男女比例为 1∶2.61。这是中央民族大学经管类专业的普遍情况。所有被调查者中，文科生比例为 36.6%，理科生比例为 63.4%，文理生比例为 1∶1.73。这也符合经济学院文理科生比例的一般情况。因此调查结果是可信的。

2. 对统计学重要性的态度

在关于统计学重要程度的问题中，38% 的学生认为很重要，有 29% 的学生觉得比较重要，有 31% 的学生表示一般，仅有 1% 的学生觉得不太重要和不重要。可见大部分学生都认识到统计学课程是重要的。

3. 对统计学教学内容的认识

统计学课程选用的教材是由贾俊平等编著、中国人民大学出版社出版的《统计学（第五版）》。调查问卷显示，有 44% 的学生表示比较好，48% 的学生觉得一般，4% 的学生不清楚，还有 4% 的学生觉得不太好。总体而言，大多数学生还是认可目前的统计学教材的。

关于教学进度方面，有 23% 的学生表示比较快，67% 的学生觉得适中，7% 的学生觉得比较慢，还有 3% 的学生不清楚。由此看来，统计学的教学进度满足了大部分学生的需求。但也应注意到有接近 1/4 的学生未能跟上老师的教学进度。这提示我们，在某些重要的章节，或理解困难的章节，可以适当放慢教学进度，尽量兼顾这些学生。同时也提示我们在教学过程中应关注这些学生的感受，深入了解学生跟不上教学进度的原因，并采取有针对性的策略。

关于教学内容适当删减问题的回答方面，选择“数据的收集和图表显示”的学生最多，占 56.3%；其次是“数据的描述统计量”，占 27.7%；再次是“统计量及其抽样分布”，占 20.2%。根据调查结果及统计学教材各章节内容的难易程度，我们认为，“数据的收集和图表显示”“数据的描述统计量”这两部分内容相对简单，可以适当缩减授课学时，而“统计量及其抽样分布”与相关课程“概率论和数理统计”存在一些交叉内容，也可以适当缩减课时。

关于教学内容适当增加的问题，选择“SPSS 的操作”的学生最多，占总人数的 74.6%；其次是“Excel 的操作”，占 36.2%；再次是“时间序列分析初步知识”，占 27.7%；然后是“非参数检验”，占 20.2%。显然，绝大部分学生对统计软件操作非常感兴趣，选择 SPSS 操作和 Excel 操作的学生比例非常高。统计分析方法的核心是处理数据，随着统计分析方法越来越复杂，统计分析工作越来越依赖统计软件。调查结果显示，学生对统计软件的学习热情很高，这与大多数学生认为统计学比较重要是相一致的。

4. 统计学学习态度

关于课前预习情况，调查显示，12% 的学生能够做到经常预习统计学课程，66% 的学生是偶尔预习，有 22% 的学生从不预习。关于课后复习情况，调查显示，19% 的学生课后经常复习，56% 的学生在做作业时才进行复习，23% 的学生只是偶尔复习，还有 2% 的学生从来不复习。可见，学生的统计学学习态度并不令人满意。统计学课程具有自己的特殊性，课程逻辑性比较强，如果这节课没有完全理解，也没有认真复习，则下节课理解起来难度更大，这又会导致下下节课更加吃力……最终形成恶性循环，导致无法跟上老师的教学进度进而产生自暴自弃的想法。而且，绝大多数学生都是被动地预习和复习，缺乏学习的主动性，这也是导致统计学教学效果不理想的一个重要原因。

关于统计学课后作业完成情况，调查显示，有 36% 的学生可以独立完成统计学作业，49% 的学生觉得与学生讨论后能够独立完成，13% 的学生需要参考其他学生的作业后完成，还有 2% 的学生觉得作业太难无法完成。尽管调查显示绝大多数学生（85%）能够独立完成统计学作业，但根据我们批改作业的经验及对个别学生的深入访谈发现，该数字被高估了。事实上，有相当多的学生都是“参考”别人的作业。

总体而言，学生的学习态度不够认真。我们认为其主要原因在于：一是课程本身有一定难度，对数学基础有一定要求，特别是要求概率论基础，而且有相当多的概念比较抽象，如抽样分布、区间估计、置信水平、显著性水平等，不易理解；二是课程安排上不尽合理，目前经济学院“概率论和数理统计”与“统计学”在同一学期开设，而统计学要求一定的概率论基础，这无疑增大了学习难度；三是部分学生存在一定的学习惰性。目标为保研、考研以及出国的少数学生，会认真学习统计学这样的重要课程。但这些目标明确的学生据我们了解比例比较低，大多数学生缺乏明确的学习目标，缺乏学习的主动性，存在一定的学习惰性。

5. 对习题、作业和课程论文的认识

目前，统计学的考核方式中，除了期末考试以外，还包括课程论文、作业等多种形式。关于习题和作业的认识上，有 79% 的学生觉得习题和作业对掌握统计学知识非常有价值，17% 的学生觉得比较有价值，3% 的学生认为价值一般，只有 1% 的学生认为价值较小或没有价值。可见，大部分学生非常重视统计学习题和作业。统计学课程理论性很强，概念抽象，理解起来有一定难度，而习题和作业是加深理解的重要途径。

关于课程论文完成情况，有 67% 的学生表示能够积极主动参与课程论文，33% 的学生仅完成自己负责的部分，没有学生选择“基本没参与”。调查结果显示积极参与的学生占了 2/3。关于课程论文重要性的认识上，有 22% 的学生觉得课程论文对掌握统计学知识非常有价值，有 46% 的学生觉得比较有价值，有 26% 的学生觉得价值一般，有 6% 的学生觉得价值比较小。可见，有接近 2/3 的学生认为课程论文对学好统计学有比较大的帮助，这与积极主动参与课程论文的比例相吻合。

6. 对期末考试及成绩的认识

关于期末考试难易程度，有 12% 的学生表示很难，53% 的学生觉得比较难，33% 的学生表示一般，还有 2% 的学生觉得比较简单。统计学课程知识点很多，有很多抽象概念，内容本身有一定难度，而且统计学教学大纲要求，不仅要理解统计学基本概念和原理，还应掌握运用统计学基本原理分析实际问题（数据）的能力。为此，我们在设计期末试卷时，考题形式多样，包括单选、多选、填空、名词解释、计算分析五部分，单纯靠死记硬背并不能得到好成绩。因此，相比较而言，统计学期末试题有一定难度，这也是导致统计学期末成绩不太理想的主要原因之一。

关于统计学成绩不理想的原因方面，选择“自己学习不努力”的学生最多，占总人数的 59. 6%；其次是“自己数学基础差”，占 34. 2%；再次是“课程内容太难”，占 19. 7%；选择“教学进度太快”的占 15. 9%。可见，学生也认识到了学习态度不够认真是成绩不理想的主要原因。“数学基础差”“课程内容太难”“教学进度太快”，实际上都指向了同一个问题，就是课程有一定难度。

三、结论和未来举措

通过对调查问卷的分析，我们发现大部分学生都能认识到统计学的重要性，也认识到统计学课程有一定难度，特别是对数学基础有一定要求。同时也都认识到习题、作业、上机和课程论文对于学好统计学课程的重要性。但仍有相当多的学生学习态度不够认真，能够主动进行课前预习和课后复习的学生不多，并且有一部分学生完成作业和课程论文不够努力。而且，大多数学生也意识到统计学成绩不理想的最重要原因就是自身学习不够努力。这表面上看起来似乎是矛盾的，认为重要性程度很高的课程却不愿意投入更多的时间和精力去学习。我们通过个别深入访谈了解到，实际上与其他课程相比，学生学习统计学的热情算比较高，有的学生明确表示是目前为止最投入的一门课程。我们从课程自身难度及课程教学大纲的要求角度出发，认为学生学习态度整体而言还不够认真，但实际上这已经是学生比较努力的结果了。这种矛盾在一定程度上反映了当前一个普遍的学习态度问题：除了个别瞄准奖学金或以保研、考研、出国为目的的学生，大多数学生缺乏明确目标，学习热情普遍不高。对于这种普遍存在的学习态度问题，既有学生自身的因素，又有整个社会大环境的影响，并非是统计学一门课程所能解决的。但我们依然可以从人才培养和课程改革角度出发，尽可能地调动学生的学习热情，提高统计学课的教学效果。为此，我们提出如下举措。

1. 进一步强调统计作为一种分析工具的重要性

当前的经济分析工作离不开定量分析，而统计学课程是学习定量分析的基础，不掌握统计学，定量分析无从谈起。因此，教师讲授统计学的第一堂课就应当重点强调统计学的重要性，让学生知道学好统计学对他们有什么帮助。大学生的学习时间是有限的，要想提高统计学课程的教学效果，必须让学生更主动地去学习。只有让学生切实了解统计学的重要性，才能刺激他们自身学习的主动性，才能激励他们投入更多的学习时间。

2. 及时发现学生理解上的难点，并做重点讲授

统计学并非数学，但很多学生反映比较难，甚至比数学难。其原因在于许多统计学概念非常抽象，难以理解，而这些概念又多属基本概念，如果理解不准确或不透彻，妨碍学生对于更深层次的统计学内容的掌握。因此，授课教师在教学过程中应当积极主动与学生交流，及时发现学生带有

共性的理解上的难点，重点讲授，并利用习题、案例、作业等形式来加深学生对难点的理解，消除盲区。

3. 适当补充与 SPSS 等统计软件有关的教学内容并进行上机考核

随着计算机技术的发展，统计软件的功能越来越强大，现代统计分析与统计软件是相辅相成的。目前，所有的教材介绍的主要是理论知识，而要真正做到运用统计理论分析实际问题就必须学会软件操作，并理解软件输出结果的含义。因此，非常有必要补充 SPSS 等软件操作及结果解释的相关内容。而且，我们认为在成绩考核中要增加对软件操作及结果解释的考核。一方面是因为相当多的学生仍存在一定的惰性，增加软件方面的考核会刺激学生更重视软件；另一方面，是否熟悉软件主要依赖于课后练习，增加考核会刺激学生投入更多时间去练习，从而提高对软件的熟练程度，最终提高统计软件的使用能力。

4. 增加案例、范文的讲解，强化课程论文考核

统计学是分析数据的学科，因此是与实际数据以及相关具体问题密切相连的。问题不同，数据类型不同，统计分析方法也不尽相同，很难找到一个普遍适用的规律。因此，要让学生理解怎样运用统计分析工具，必须要分析大量实际问题。由于课时量是有限的，在满足基本内容的讲解上，应适当压缩内容比较简单，或者与其他学科有交叉的内容，尽可能增加具体案例分析和范文讲解。通过案例和范文让学生学会如何分析实际问题。

目前，我们已经开始要求学生以小组为单位完成课程论文，并作为考核方式之一。为了促进学生提高统计应用水平，我们应进一步强化课程论文的考核，让学生在完成课程论文中切实掌握统计分析方法。

5. 调整排课顺序

统计学教学内容中涉及较多概率论知识，应当在“概率论和数理统计”课之后开设，但目前课程设置不合理，与后者在同一学期开设。学生也反映不合理的课程设置在一定程度上增大了统计学内容的理解难度。根据相关课程安排，我们建议，经济学院统一调整排课顺序，将“概率论和数理统计”提前一个学期，在大二上学期开设。

附　录

统计学教学效果调查问卷

亲爱的同学们：

大家好！我们目前正在进行统计学教学改革的研讨工作，请大家配合完成本调查问卷，帮助我们评估目前的统计学教学情况。谢谢！

填表说明：选择问题请在答案上打钩，填空问题请在空白处填写内容。

一、背　景

A1. 你的性别是

1. 男性　　2. 女性

A2. 你在高中阶段是

1. 文科生　　2. 理科生

二、统计学教材和教学内容

B1. 你认为目前使用的统计学教材

1. 比较好　　2. 一般　　3. 不太好　　4. 不清楚

B2. 你认为目前统计学的教学进度

1. 比较快　　2. 适中　　3. 比较慢　　4. 不清楚

B3. 你认为目前的统计学教学内容中哪部分内容可以适当缩减（可多选）

1. 数据的收集和图表显示　　2. 数据的描述统计量
3. 统计量及其抽样分布　　4. 参数估计
5. 假设检验　　6. 列联分析
7. 方差分析　　8. 上机考试

B3. 你认为统计学教学内容中应当增加以下哪部分内容（可多选）

1. SPSS 的上机操作　　2. Excel 的上机操作
3. 时间序列分析初步知识　　4. 指数
5. 非参数检验

三、统计学课程学习情况

C1. 你对统计学课前预习的情况

1. 经常进行预习　　2. 偶尔进行预习　　3. 从不进行预习

C2. 你对统计学课后复习的情况

1. 经常课后复习　　2. 要完成作业时才复习
3. 偶尔进行复习　　4. 从不复习

C3. 你完成统计学习题和作业的情况是

1. 能独立完成　　2. 与同学讨论后能独立完成
3. 参考其他同学后完成　　4. 太难无法完成

C4. 你认为习题和作业对掌握统计学知识

1. 非常有价值　　2. 比较有价值
3. 一般　　4. 价值比较小
5. 基本没有价值

C5. 你完成课程论文的情况是

1. 积极主动参与课程论文　　2. 仅完成自己负责的部分
3. 基本没有参与

C6. 你认为课程论文对于掌握统计学知识

1. 非常有价值　　2. 比较有价值
3. 一般　　4. 价值比较小
5. 基本没有价值

四、统计学考核

D1. 你认为期末考试难易程度如何

1. 很难　　2. 比较难　　3. 一般　　4. 比较简单　　5. 很简单

D2. 如果你的统计学成绩不理想，你认为原因是

1. 自己学习不努力　　2. 自己数学基础差
3. 课程内容太难　　4. 教学进度太快
5. 其他原因

五、你对统计学课程的看法

E1. 你认为统计学课重要程度是

1. 很重要　　2. 比较重要　　3. 一般
4. 不太重要　　5. 不重要

E2. 你对统计学课程有什么意见和建议

参考文献

[1] 贾俊平、何晓群、金勇进：《统计学（第五版）》，中国人民大学出版社 2012 年版。

[2] 谢永安：《关于统计学学科建设的几个问题》，载《高教论坛》2010 年第 4 期。

[3] 曾五一、肖红叶、庞皓、朱建平：《经济管理类统计学专业教学体系的改革与创新》，载《统计研究》2010 年第 2 期。

（作者单位：经济学院）

综合性大学艺术类专业学生特殊心理特点及教育应对研究

——以中央民族大学舞蹈学院为例[①]

陈 钧

春秋时期著名的教育家孔子在其多年的教育实践过程中，总结出了卓越有效的因材施教的教育方法。因材施教的本义指的是教育者要充分发挥个人的潜能，使得不同个性的人都能够得到很好的发展。在当今社会，因材施教、因人制宜同样值得重视。现代教育者要根据当代学生的特点，制订不同的教育计划，施以相应的教育，才能把学生培养成为德、智、体、美全面发展的，适应现代社会需要的有用之才。

作为高校学生工作者，要贯彻落实科学发展观，实现科学教育，因材施教、因人制宜必不可少。这也就是我们采取应对教育研究的必要之处。每个学生各有特色，采取一刀切、无差异化的教育形式必将对学生未来的发展起到极大的束缚作用。除了专业教育上要采取应对教育外，作为教育管理者的我们，更需要针对学生各自的特点，采取有针对性的应对教育。艺术类学生的特殊心理特点，也从客观上要求高校艺术类教育工作者要有所针对地进行应对性教育。

一、综合性大学艺术类学生特殊心理特点及教育现状分析

根据笔者多年工作实际经验以及工作同行和前辈的观察分析，结合当前综合性大学艺术类学生实际情况，对综合性大学艺术类学生的特殊心理特点做如下分析：

时代在不断变化，当代学生有着自己独特的心理特点。我们面对的是

① 本文为2011年首都大学生思想政治教育支持课题成果。

一群在开放的社会中、在信息轰炸的网络时代中成长起来的个性意识强、思想活动独立、多变的学生。他们不再对老师唯唯诺诺，他们充满了怀疑与叛逆，他们自信、张扬，充满激情。他们乐于接受新思想、新观念，他们常常会发表自己的独立见解，并总是不断尝试新的思想和行为方式。艺术类院系的学生除了具备以上普遍的心理特点外，还具有其他一些特性：

1. 思维活跃，个性突出，集体观念较淡薄

艺术类专业学生是大学校园里富有激情和创造力的群体，他们热爱生活、热爱专业，长期的专业训练使他们擅长形象思维，对事物的认识容易停留在表面，对问题的思考缺乏深度。艺术类专业学生的“师徒”色彩浓厚，学生受老师的人格影响较大。相同专业学生的学习经历和环境差异也很明显，学习内容和过程的个性化，养成了学生的个性化生活和思维方式。很多艺术类的学生认为，艺术就是要张扬个性，就是要放荡不羁，似乎只有这样才能激发艺术灵感，才能创作出带有美感的艺术作品。但这些学生大多停留在追求外表个性的层面，从穿着打扮到行为举止，刻意追求个性，将个性包装发挥到了极致。艺术类专业学生与其他专业的大学生相比，他们的独立意识和自我表现欲更强，更容易出现以自我为中心的想法和举动。在集体中他们容易误将个人主义和自由主义当成个性，用挑战权威和违反纪律来炫耀自己的个性。①

由于艺术界新人辈出，竞争压力大，艺术院系的学生们比其他院系的学生更懂得“适者生存”与“优胜劣汰”的含义。在艺术领域里，他们的专业学习更加自觉与勤奋，谁也不愿意在激烈的竞争大潮中搁浅在沙滩上。于是，他们个性化、风格化的特征也变得更加明显。加之艺术教育特有的以个体为主的教育模式，决定了艺术类学生的集体主义观念趋于弱化。因此，当社会上的个人本位主义渐趋流行时，艺术类学生在这方面的表现就被视为更加正常。许多学生集体观念淡薄，沉浸在自己的艺术世界和艺术追求之中，常常独来独往，不愿意与同学有太多的交流。这种在普通院系中不常见的现象，在艺术类院系却比较普遍。

2. 心理年龄偏小，自我管理能力有待加强

综合性大学艺术类专业的生源较为复杂，一种是从小表现出艺术特长，小学毕业后便进入寄宿制艺术中专学习，很小就开始进行集体生活；另一种是在中学阶段文化课成绩不理想，为“曲线”上大学而“半路出

---

① 陈志刚主编：《艺术教育中的德育思考与实践》，中国传媒大学出版社2007年第1版，第25页。

家"，一般都有段为应付专业考试在考前到艺术培训机构临时抱佛脚的经历；还有少数是在艺术单位或团体工作过几年后希望继续深造的学生。这些生源的共同特点是独立生活能力强、社会经验丰富。入学后这些学生表现出比非艺术类专业学生更强的独立意识、适应能力和心理承受能力。但在强调学生自律自觉的大学环境中，艺术类专业学生在道德修养和行为习惯上却表现出诸多问题。脱离了家长和生活老师的束缚，经济和时间支配上获得自由后，艺术类专业的学生很难管理好自己的生活。另外，以舞蹈专业学生为例。由于舞蹈专业教学体制上的特殊性，舞蹈专业的学生平均年龄比普通院系的学生小三四岁甚至更多。如此小的年纪进入管理相对宽松的大学，对他们而言是一个巨大的挑战。首先，消费观念存在误区。有的学生衣着光鲜，宿舍里却垃圾成山；与普通院系的学生比起来，艺术院系的学生明显花钱比较大手大脚，铺张浪费现象比较严重。有的学生为和同学攀比，将学费、生活费挥霍在吃穿玩乐上；有的学生沉迷网络游戏，许多课程考试不及格。除此之外，功利主义、缺乏诚信、自由散漫和无组织纪律性，在艺术类专业学生身上也比较为突出。其次，恋爱婚姻观念不成熟。他们年龄虽小，但是由于其外在条件的优越性，往往面对更多的诱惑，由于年龄小、情感观念上的不成熟，很容易让他们犯错。在人际交往能力方面，许多艺术类学生在和同学的交往过程中，特别是与外院学生的交往过程中，呈现出过分孤傲的性格特点，人际交往能力比较薄弱。也许是自身的优越与专业的特性，他们很少与别的专业学生交流。在本专业内，由于竞争的激烈性，他们往往会暗自较劲或者公开比试，这些都会影响他们的人际关系。

二、综合性大学艺术类院系学生管理工作现状分析

随着高等教育学科结构的调整与深化、高等教育人才培养理念与培养方式变更，全国重点综合性大学都相继成立了艺术学院或开办了艺术专业。相比综合性大学其他专业和专业艺术院校，综合性大学的艺术类专业的教育培养方式较为特殊，在具备综合的学科优势的同时，学生管理工作也面临着巨大的困难和挑战。

以中央民族大学舞蹈学院为例，中央民族大学舞蹈学科创立于1957年，经过50多年的发展，已形成了本科、硕士、博士多个层次学历教育和舞蹈表演、教育、编导和史论等多个专业的办学培育格局。学院党政领导分工负责学院的教学和学生管理工作，主要机构设置有：教学管理办公

室，负责组织日常教学、科研工作；学生工作办公室，负责教学活动以外的全部学生事务。学院的学生党支部和团委也会配合学生思想政治教育工作组织丰富的课余活动。学院为每个自然班配备两名班主任老师，除一名专职辅导员和专职教师搭配管理班级以外，其他班级的班主任老师一般由专职舞蹈教师兼任。经笔者调查，综合性大学（如北京师范大学、首都师范大学）的舞蹈专业学生管理与中央民族大学相近，都采用了与其他专业差别不大的行政管理、党团组织、班主任模式。由于专职教师的身份所限，造成班级思政工作相对弱化，相关工作开展力度不足。

目前的学生管理模式，是综合性大学根据国家相关政策法规和高等教育办学特点，经过长期的实践总结出来的，用于应对文、史、哲、经、管、法、教、理、工各专业类别的学生管理都很有效。但在实际工作中，特点鲜明的艺术类专业学生在这种广泛适用的管理模式中却显得有点“水土不服”。

三、综合性大学艺术类专业学生管理工作应对方法探索

基于综合性大学艺术类学生特殊心理特点的分析研究，笔者对综合性大学艺术类专业的教育应对方式方法做出以下几点探究和思考：

（一）树立以学生为中心的指导思想，从学生的心理特点出发

1. 循循善诱，帮助学生树立正确的艺术观

面对一群对艺术狂热、立志将自己的一切献给艺术的孩子们而言，帮助学生树立正确的艺术观，是艺术院系思想政治教育工作的一大特点和特殊要求。以艺术观教育为思想政治工作的特色，既切合艺术院系学生的思想实际，又能更好地满足培养合格艺术人才的要求，同时也能更好地发挥艺术院校的优势。对于艺术人才而言，正确的艺术观，决定着艺术作品的价值取向和社会功能，决定着艺术作品在构建社会主义核心价值体系中所发挥的作用。从培养正确的艺术观入手，学生们更加容易接受。辅导员们要发挥自己与学生密切联系、便于沟通的优势，引领学生高扬社会主义旗帜，坚持先进文化的前进方向，用党的正确思想影响舞蹈艺术创作观念、创作思想和价值取向，正面引导学生确立正确的艺术观、价值观。

2. 注重生活引导，确保方式方法科学有效

生活观念上的误区不但会对学生的生活产生不良的影响，还会直接影响到学生的学业乃至整个人生的发展。作为艺术院系的学生工作者应该时刻关注学生的思想动向，发现不良的苗头要及时制止。对于铺张浪费、性格孤傲等突出问题，应该给予高度重视。通过主题班会、个人深度辅导等方式，让他们意识到自己认识上的误区，从而纠正错误观念，培养正确的生活观。

3. 充分发挥艺术院系的专业特色，将思想政治教育工作融入社会实践中去

作为艺术专业的学生，每逢国家重大节日庆典或举行重大活动都有参加演出的任务。以中央民族大学舞蹈学院2008级舞蹈表演班为例，在短短的三年时间里，学生就参加了国庆“爱我中华”群众游行方阵、国庆焰火晚会、上海世博会“北京周”演出、中央民族大学60周年校庆、大型歌舞剧《玉树不会忘记》等众多的实践演出活动。舞蹈学院的学生管理工作人员利用这些机会，对学生进行了有效的爱国主义、集体主义和志愿者服务精神的教育。这些实践方式不仅丰富了学生的演出经验，更重要的是培养了学生的爱国与志愿服务精神。作为艺术院系的学生工作者要充分意识到这一点，发挥艺术类学生的特点，广泛开展各项艺术实践活动，努力寻找学生专业与成长的结合点，通过生动活泼的方式将思想政治教育工作融入其中。还可以通过到农民工小学义务教学、到敬老院为老人们表演节目等活动的组织，让学生们在参与表演、实现价值的同时，进行精神上的洗礼。这种“润物细无声”的方法，往往比直接“填鸭式”的灌输，更受学生们的欢迎，更有教育成效。当然，要做好艺术院系学生的思想政治教育工作，并非只是开几次讲座，组织几次活动那么简单。学生管理工作者们要充分意识到工作的难度与挑战，调动一切可以发挥作用的因素，结合艺术院系特有的专业优势，发挥名师、校友的榜样作用和学生作品的导向作用等，在潜移默化中，扎扎实实地进行思想政治教育工作。

（二）发挥综合性大学优势，充分调动学校优势资源，全面提高学生综合素质

由于综合性大学艺术类院系具备处在综合性大学这一先天的优势，文理兼招，学校学术气氛相较其他艺术类的专业院校更加多元。以中央民族大学舞蹈学院为例，其所在的中央民族大学现有23个学院，有覆盖10个学科门类的63个本科专业、5个一级学科博士学位授权点、25个一级学科

硕士学位授权点，国家级重点学科 3 个、省部级重点学科一级 5 个、二级 17 个，两个国家文科基础学科人才培养和科学研究基地，1 个教育部人文社会科学重点研究基地，3 个国家“985 工程”哲学社会科学创新基地。虽然同在北京市海淀区，中央民族大学舞蹈学院所能够共享的教育资源是北京舞蹈学院所无法比拟的。特别是中央民族大学的一些优势学科：民族与社会学专业、历史学等，为提升艺术类学生的综合素质起到了很好的促进作用。学生通过跨专业选修课、全校性的学生活动、听取各学院专家讲座等形式，大大开拓了自己的视野。作为学生工作管理人员更要有意识地引导学生利用这些优势资源，多和其他专业的学生打交道，促进自己综合素质的全面提高。如目前中央民族大学推行的各院系民族共建活动，通过与其他院系的结对和互助，舞蹈学院的学生与其他专业的学生亲密接触，取长补短，在各种形式的活动学习中收获颇丰。

（三）构建包括辅导员、班导师、专职教师等相辅相成的立体管理网络

鉴于目前综合性大学艺术类专业的教学管理模式的实际情况，要充分重视“育人”工作在学生成长中的重要作用，花大力气，下大功夫，提升教育措施的可执行性。辅导员、班主任、专职教师等均是学生管理工作的重要力量。特别是专职教师，在艺术类院系中，由于“师傅式”言传身教的情况还普遍存在，学生对专职教师更有信服感，对他们的教导也能够较为有效地接受。在以往的教育模式中，专职教师的重要作用往往没有得到发挥。大部分专职教师还是将自己的本职工作定位在专业教学上，殊不知他的一言一行、一些无意的正向的引导，往往会对学生的价值观和人生观的形成产生巨大的影响。而对于担任班导师的专职教师，就对他们提出了更高的要求，除了进行专业上的教育和引导外，还需要发挥自己的优势特长，巧妙地在学生爱国主义、集体主义教育上多下功夫。

作为学生管理工作的中坚力量，辅导员除了在日常的学生管理工作中发挥“桥梁”和“引路者”的作用外，还必须重视自身能力素质的培养和提升，必须具有良好的心理素养，还要具有责任感和自信心。特别是在艺术专业知识的补充和摄取上要比其他专业的辅导员更加重要。对于大部分辅导员来说都是跨专业从事辅导员工作，自身的教育背景一般很难和所带学院学生的专业相契合，而艺术类的学生个性更加鲜明和突出，他们希望辅导员是一个对自己的专业比较了解的老师，这样才能够理解他们，走近他们，从而起到有效引导和教育作用，这就要求辅导员要有及时主动补充

相关专业知识、了解艺术类专业就业状况等相关信息的意识。辅导员、班导师要时常保持密切的联系，如定期召开例会等，确保信息交流的畅通，及时根据学生不同时期的不同状况，发挥自己的优势特长，从合适的角度进行有效积极的引导。

综上所述，针对综合性大学艺术类专业学生的教育现状，艺术院系的教育工作者要树立以学生为中心的指导思想，从学生的心理特点出发，发挥综合性大学优势，充分调动学校优势资源，全面提高学生综合素质，构建包括辅导员、班导师、专职教师等相辅相成的立体管理网络。确立从多头管理到统一管理、单项管理到立体管理的模式转变，充分发挥辅导员、班导师和专职教师在学生管理工作中的优势作用，更好地为每一位学生的健康成长提供良好的服务和强有力的支持。

参考文献

[1] 张伟、张宠：《基于多元参与的高校艺术院系师生关系和谐构建研究》，载《河北大学学报》2013 年第 1 期。

[2] 黄翠莲：《浅谈高校辅导员工作》，载《广州市经济管理干部学院学报》2007 年第 4 期。

[3] 彭红：《把握艺术类院校大学生特点，做好思想政治教育工作》，载《艺术教育中的德育思考与实践》，中国传媒大学出版社 2007 年版。

[4] 吴金波、曹芳、关昌峰：《高校辅导员素质与能力要素构建分析》，载《北京化工大学学报》2010 年第 1 期。

（作者单位：舞蹈学院）

将学术讲座建设为提升大学生学术素养的“第二课堂”

——以“财政纵横谈”系列讲座为基础的分析①

王玉玲

“第二课堂”是相对“第一课堂”而言，其含义比较宽泛。一般来说，将依据教材及教学大纲、在规定的教学时间内进行的课堂教学活动称为第一课堂。第二课堂则是指在第一课堂外的时间空间进行的与第一课堂相关的教学活动。第二课堂形式很多，包括学术讲座、课后讨论、实习实践等。其中，对于大学生而言，学术讲座是第二课堂的重要形式，在帮助大学生深入理解第一课堂的学习内容、提升学术素养等方面，发挥着不可替代的作用。学术讲座是大学的独特风景线，也是大学探索精神、求实理念传播的主要方式。

一、“财政纵横谈”系列讲座的主要设计内容

在分析财政学学科的第二课堂建设之前，先简要分析其第一课堂。因本研究主要分析大学生学术素养的提升问题，因此，研究的范围限于本科生教学。财政学学科的第一课堂主要是指面向财政学专业本科生进行的课堂教学活动，它以财政学专业培养方案作为基础，以课堂教学为方式，对学生进行系统的学科知识传授，是学生掌握财政学专业知识的基础和主要方式。

我国的财政学专业设置分为两种情况：在综合性大学中，主要设置在经济学院中，作为经济学院的一个系，即财政学系；在财经类院校中，则有财政学院，财政学专业是财政学院的主要专业，一般也是以财政学系的形式存在。不管是上述哪种情况，财政学都是作为经济学的二级学科。因此，财政学专业的大学生，一般具备较系统的经济学基础知识，从第一课

① 本文是首届国家民族事务委员会“中青年英才培养计划”项目、中央民族大学学术团队建设项目“国家治理维度的民族地区财政问题研究”（编号：2015MDTD33C）的研究成果。

堂看，则主要表现为学习了“政治经济学”“西方经济学”“国际经济学”“金融学”“会计学”“计量经济学”等经济学类基础课程。在此基础上，学习“财政学”“中国税制”“税收管理”“公债学”“国有资产管理”“中级财务会计”“税收筹划”等专业课。从教学目标看，财政学专业的第一课堂主要是讲授经济学和财政学的基本理论知识，帮助学生构建理解本学科知识体系的基本框架。完成了上述任务，即达到了第一课堂的教学目标。

第二课堂是在第一课堂基础上的拓展。在帮助大学生深入理解第一课堂的教学内容、培养独立思考的能力、提升学术素养、学以致用等方面，第二课堂是不可或缺的。其中，在提升大学生学术素养方面，学术讲座这一第二课堂发挥着重要作用。学术讲座既是讲座者与大学生分享最新研究成果的讲坛，也是培养大学生形成学术科研能力的良好方式。通过参加学术讲座，大学生不仅可以掌握本学科发展的最新动态，而且可以于潜移默化中接受熏陶，提升学术品位和能力。

作为提升大学生学术素养的第二课堂，学术讲座既决定了当下学生培养的水平，也决定了未来本学科发展的高度。基于这一认识，自 2014 年开始，财政学专业举办“财政纵横谈”系列讲座。从讲座的基本设计看，是希望以财政学专业学术讲座为主，以经济热点问题讲座为辅，每个学年的第一个学期举办，每年 4 场左右。讲座者包括两类，一是本专业教师，二是外聘专家。值得指出的是，大学的学术讲座多以外聘专家为主，而“财政纵横谈”系列讲座在设计之初，则强调有本专业教师作为讲座者参与讲座。原因在于，本专业教师更加熟悉学生的第一课堂学习情况，在以讲座者身份参与建设提升学生学术素养的第二课堂方面，具备独特优势。此外，本专业教师举办专业学术讲座，有助于深化教与学的互动，实现教学相长。

2014 年“财政纵横谈”系列讲座共举办了四场，时间是 2014 年 11 月 28 日到 12 月 20 日，分别为第一场“国家观与财政学范式——基于公共财政与公共选择范式的讨论”、第二场“德国的均衡性财政体制研究”、第三场“财政的使命和国家治理的完善——英国财政制度变迁史透视”及第四场“税务专业服务的发展与未来”。

“国家观与财政学范式——基于公共财政与公共选择范式的讨论”的讲座从历史视角梳理了西方财政学的英美学派和大陆学派的发展脉络，以之为基础，分析公共财政范式和公共选择范式。其中，公共财政范式继承了英美学派的学术传统，以马斯格雷夫为代表；公共选择范式则继承了大陆学派的学术传统，以布坎南为代表。两个范式在研究内容上存在诸多差异，其差异的根本，在于不同的国家观。公共财政范式认为国家是单一最大化主体，而公共选择范式则认为国家是众多个体互动的制度框架。中国财政学的发展应继承马克思国家观的思想遗产，充分吸收大陆学派的研究思路，明确财政是国家治理的基础和重要支柱，借鉴公共选择范式的研究方法，创新中国财政学。

“德国的均衡性财政体制研究”的讲座以德国的政治结构和民族精神为切入点，深入分析了德国财政体制的一般性和特殊性，提出“德国的均衡性财政体制”概念。德国财政体制的均衡性主要表现在：以“团结一致”思想为引领，以保证各层级政府拥有执行其公共职能的财力和保证“各地区居民享有同等的生活水平”为目标，政府间关系、政府与市场间关系和财政收支关系三对基本财政关系的均衡是内在的动力机制，公共任务的分配、支出范围的确定、税收收入的划分，以及各级财政之间财政平衡的收入再分配则是外在的传导机制。德国均衡性财政体制保障了社会市场经济运行极具效率且公正，为“公民享有基本一致的生活水平”的基本目标提供了有力制度保障。德国均衡性财政体制的积极成效，主要得益于在联邦制多级政府的架构下基于税收共享原则的收入分享设计以及成功塑造的合理的财政集权与分权尺度。虽然该体制也具有内在矛盾，财力均衡而形成了逆向趋势，但是德国经济社会的发展实践还是证实了该均衡性体制的科学合理性。德国均衡性财政体制对中国财政体制改革具有借鉴意义，其立法一体化、财政一体化、政府间关系以行政为主导的融合权利模式值得中国借鉴。

“财政使命与国家治理的完善——英国财政制度变迁史透视”的讲座强调从财政的视角观察国家、解读历史，并从历史中透视财政、还原财政的本原精神。讲座从财政权益、财政分配、国家法治、制度创新四个角度解读了英国1066年至今的财政制度变迁史，强调财政权益是国家权力的原始落脚点，每个时期税权争夺的背后实质是政治权力的斗争。财政分配是财政的核心职能，关系整个国家各个阶层的思想、价值和生活状态；财政利益分配集中体现在财政制度变迁过程中社会各阶层的利益关系的格局上，关系政治成败、国家兴亡。

“税务专业服务的发展与未来”的讲座在对税务服务行业的监管模式、行业立法情况以及对混业经营的限制状况进行历史梳理的基础上，分析了国内外主要税务服务市场的发展，并分别以德勤（Deloitte）、尤尼泰（Unitax）为实际案例，介绍了国内外税务专业机构的特点、发展现状和问题。中国的税制改革、大数据时代的思维模式、创新型经济的发展、经济全球化的趋势以及全球反避税的合作加强为税务服务行业的未来带来了重要机遇。

上述四场讲座中，两场的主讲人为本系教师，另两位为外聘专家。每场讲座的时间一般在两个半小时左右。其中，主讲人讲座时间为一个半小时，剩余一小时为点评和提问解答时间。财政学系的本科生和硕士生是主要的听众，也有其他院系的学生参加。讲座得到了经济学院老师们的大力支持，多位老师参加了讲座。值得指出的是，讲座的具体工作是由财政学系本科生学生会完成的，包括设计海报、借教室、联系讲座者等细节工作，在此过程中，财政学系学生会的同学们既付出了努力，也得到了锻炼，这也是“财政纵横谈”系列讲座的成果之一。

二、问卷调查分析

为全面评价 2014 年“财政纵横谈”系列讲座的举办效果，评估其在提升大学生学术素养方面的影响，为今后继续举办讲座提供改进思路，笔者在“财政纵横谈”系列讲座举办之后，进行了问卷调查。此次问卷调查的对象为 2012 级财政学专业本科生，即大学三年级学生。之所以选择大三学生作为问卷对象，是考虑其在校学习时间较长，不仅已经学习了“政治经济学”“西方经济学”等专业基础课，而且也学习了“财政学”“中国税制”等财政学专业核心课程，本学期正在学习“税收管理”等课程。相比大学一年级和二年级的学生，拥有更全面的专业知识背景。

调查共发放 37 份问卷，回收 37 份。其中，有 4 份参加的次数为 0，不作为有效问卷。有效问卷份数为 33 份。以下是基于问卷的分析：

对于“到目前为止，你参加的所有学术讲座的次数”，回答超过 20 场或 30 场的，为 0；回答“超过 10 场”的，为 10 人，占比为 30. 3%；回答“不足 10 场”的，为 23 人，占比为 69. 7%。

对于“你参加了‘财政纵横谈’系列讲座中的几场讲座”，回答 4 场、3 场、2 场、1 场的分别为 2 人、6 人、13 人、12 人，占比分别为 6. 1%、18. 2%、39. 4% 和 36. 4%。对于“没有参加的原因”的回答，集中在“对讲座题目不感兴趣”和“当天有其他事情”，分别占比为12. 1% 和 87. 9%。

对于“在参加的讲座中，是否自始至终听完讲座”，有 29 个同学为自始至终听完的，占比为 87. 9%；4 名同学没有自始至终听完，占比为 12. 1%。对于参加的讲座“没有听完的原因”，4 名同学中，3 名同学为

“临时有事要处理”，1 名同学为“其他原因”。没有同学回答“讲座内容未达到预期”或“不喜欢主讲人或主持人”。

对于“讲座内容是否给予你对所学专业新的理解视角”，31 名同学给予了肯定回答，占比为93. 9%。

对于“讲座内容是否加深你对所学专业内容的理解”，32 名同学给予了肯定回答，占比为97. 0%。

对于“点评老师的点评是否帮助你理解讲座内容”，33 名同学都给予了肯定回答，占比为100%。

对于“提问环节的问题你是否感兴趣”，26 名同学给予了肯定回答，占比为78. 8%；不感兴趣的同学为7 人，占比为21. 2%。

对于“你是否满意主讲老师对提问问题的回答”，33 名同学都给予了肯定回答，占比为100%。

对于“你是否满意讲座的过程设计”，29 名同学给予了肯定回答，占比为87. 9%。回答“否”的同学，认为可以改进的地方包括“讲座的形式可以更新颖一些”“PPT 做得更生动有趣一些”。

对于“你认为讲座是否有助于提升你的学术素养”，32 名同学给予了肯定回答，占比为97%。

对今后举办“财政纵横谈”系列讲座的意见和建议，则包括“邀请更多类型的嘉宾”“时间更多选在非周末的晚上”“加强对时事的解读”“可以不用太学术，适当活跃一下气氛”“多些互动环节”“间隔时间更长一点”等，也有同学以“再接再厉”表达了对讲座继续举办的期许。

三、思考和改进

综合以上结果，可以看出：

1. 问卷对象对学术讲座的参与积极性尚待提高。作为大三的学生，69. 7%的同学在校期间参加的全部讲座尚不足10 场。这反映了两方面的问题：一是学校已经举办的讲座吸引力不太大，学生参与度低；二是忙于第一课堂学习，而忽略第二课堂的学习，也是学生在学习过程中出现的问题。上述问题，也体现在了“财政纵横谈”系列讲座的参与度上，只有两个同学参与了4 场讲座，参与1 场和2 场的同学占比高达75. 8%。但在参加的讲座中，绝大多数学生能够自始至终听完讲座。上述情况说明，虽然“财政纵横谈”系列讲座只是刚开始举办，示范效应、宣传力度等方面影响了参与度，但要将“财政纵横谈”系列讲座办成提升学生学术素养的

“第二课堂”，仍应在提高学生参与度方面下功夫。没有学生的参与，也就没有“第二课堂”，提升学术素养更无从谈起。本问卷调查的目的，也是要分析学生的反馈意见，以改进今后的讲座设计，提升学生参与度。

2. 对于讲座的内容，同学们的评价比较高。对诸如“点评老师的点评是否帮助你理解讲座内容”和“你是否满意主讲老师对提问问题的回答”，33 个同学都给予了肯定回答，占比为 100% 。超过 90% 的同学对“讲座内容是否给予你对所学专业新的理解视角”和“讲座内容是否加深你对所学专业内容的理解”给予了肯定回答。但对“提问环节的问题你是否感兴趣”表示肯定的，只有 26 名同学，占比为 78. 8%；不感兴趣的同学则为 7 名，占比为 21. 2% 。这是所有对内容评价的数据中，最低的一项。相应的，对“你是否满意讲座的过程设计”，29 名同学给予了肯定回答，占比为 87. 9% ，是排名倒数第二的评价数据。将这两个数据综合在一起，可以看出，学生认为讲座的过程设计可以再改进，如提问环节等可以灵活设置。从现场的情况看，当进行到提问环节时，也确实出现过冷场的情况。这反映了学生对讲座内容理解有待深化，而讲座过程中的互动可以再加强，以避免全部讲完，学生无从问问题的情况。

3. 对本文主要关注的以讲座提升学生的学术素养，使讲座成为提升学生学术素养的“第二课堂”问题，32 名同学给予了肯定回答，占比为 97% 。这一数据说明同学们对讲座在提升学术素养方面的肯定。

从问卷调查的总体情况看，作为第一年举办的“财政纵横谈”系列讲座，各个数据是比较令人乐观的，起到了提升大学生学术素养的第二课堂应发挥的作用。可以改进的方面包括：首先，更好地选择讲座主讲人和题目，除了财政学基础理论方面的讲座，也可以更多关注现实热点问题，在讲座主讲人和题目选取上注重类型差异，强化讲座对学生的吸引力，以提高大学生参与讲座的积极性。为做好这项工作，可以让学生参与讲座题目的设计。其次，采取多样化的讲座过程设计，不必要求所有的讲座设置同样的环节。主持人可以根据现场情况，调整讲座的环节设置，主要原则是让学生参与讲座过程，而并非是单纯的聆听者。最后，优化设计细节，如将讲座时间尽量选择在非周末的晚上，以保证更多学生的参与。

（作者单位：经济学院）

教育教学理念

思想政治理论课须贯彻落实好十八届三中全会《决定》精神①

宫玉涛

高校思想政治理论课是向大学生宣讲党和国家不同时期的方针政策的主渠道，其教学内容具有很强的时代性，与党和国家的发展紧密相连，与我国当前的现实状况密切相关。这就要求，高校思想政治理论课教学的内容必须始终与时政紧密结合，关注党和国家重大时政信息，并及时通过课堂传授给学生，或为学生答疑解惑。2013 年 11 月，中共十八届三中全会通过的《中共中央关于全面深化改革若干重大问题的决定》（本文简称《决定》）是一份将对我国改革开放乃至党和国家未来发展产生巨大意义的纲领性文件，是我国当前最主要的时政要素。《决定》提出的全面深化改革已经成为党和国家当前及今后一段时期的主旋律，是“四个全面”战略布局的重要组成部分。贯彻好十八届三中全会《决定》精神应成为当前及今后一段时期思想政治理论课教学的重点工作。

一、思想政治理论课教学须与时政紧密结合

这种结合主要体现在两个方面：一是思想政治理论课教材内容须与时政紧密结合；二是思想政治理论课的教学内容须与时政紧密结合。

（一）思想政治理论课教材内容与时政紧密结合

纵观我国高校思想政治理论课的教材史，不同历史时期的教材内容都是与当时的时政紧密结合在一起的。高校思想政治理论课教材通常由党和

① 本文是北京市“北京高等学校青年英才计划项目（Beijing Higher Education Young Elite Teacher Project）”（编号：YETP1307）的阶段性成果；首都大学生思想政治教育研究课题——“思想政治理论课对大学生抵御极端主义思想侵袭的功能研究”（编号：BJSZ2015ZC109）的阶段性成果。

政府相关部门根据不同时期的实际而指导或组织编写，是不同时期主导价值观的集中体现。编写完成之后，思想政治理论课教材也总是与时俱进地修订，不同时期的教材根据时代发展、现实要求进行更新、补充，特别是将党和政府新提出的方针政策补充到教材中，通过教材传授给学生，这已经成为党和国家在高校进行思想政治教育的基本做法。根据需要，还不断重新编写新的反映时代发展、现实需要的教材。

改革开放以来，我国思想政治理论课教材的编写和修订就是与时政发展同步的典型。从 20 世纪 80 年代开始，国家开始指导、组织编写全国通用的思想政治理论课教材。1985 年，国家专门成立了全国马克思主义思想理论课教材编审委员会，统筹规划全国高校思想政治理论课教材的编审工作。1981 年 8 月 1 日，中共中央发布的《关于改革学校思想品德和政治理论课教学的通知》中明确提出，要编写几套适应社会主义现代化建设需要的新教材。这是与当时党和国家中心工作已经转到经济建设上来、正在积极推进社会主义现代化建设的时政发展直接相关。当时的《中国革命史》《中国社会主义建设》等高校思想政治理论课教材都是以此为指导编写的。1992 年，党的十四大后，邓小平建设中国特色社会主义理论成为党和国家的重要指导思想，思想政治理论课教材也通过及时修订将这一内容补充进了教材。1997 年，党的十五大将邓小平理论确立为党的指导思想，教材中又及时补充进了这方面的内容。在教育部的统一要求和部署下，各高校还开设了“邓小平理论概论”课程，编写了《邓小平理论概论》教材，专门讲授邓小平理论的相关知识。2002 年，党的十六大将“三个代表”重要思想确立为党的指导思想，教育部为此将“邓小平理论”课程调整为“邓小平理论和‘三个代表’重要思想概论”课程，并组织编写了《“三个代表”重要思想概论》教材。2007 年，党的十七大将科学发展观确立为党的指导思想，高校的思想政治理论课课程和教材随之发生了变化。根据“05方案”设置的“毛泽东思想、邓小平理论和‘三个代表’重要思想概论”课程调整为“毛泽东思想和中国特色社会主义理论体系概论”课程，并组织编写了全国通用的教材，将科学发展观及时补充进了教材。由此可见，不同时期的教材编写和修订是与时政发展同步的，随着时政发展而不断修订，甚至重新编写教材。

（二）思想政治理论课的教学内容与时政紧密结合

高校思想政治理论课教材的较频繁编写、修订能够及时将党和国家的方针政策补充进教材，但再频繁的修订也不会低于一年，有些教材是数年才修订一次。例如，《毛泽东思想和中国特色社会主义理论体系概论》教材从2008年编写完成后基本每年修订，即先后出现了2008版、2009版、2010版。但此后因为各种因素一直没有再修订，直到2013年重新修订出版了2013版。2015年又修订出版了最新的2015版教材。众所周知，国内外每年、每月甚至每天都在发生着变化，有随时发展的时政态势，不断出现新的热点问题，党和国家也会不定期地出台一些新方针、新政策而这些都不可能随时补充进教材。即使修订了教材，也不可能将所有的时政知识补充进教材。这就需要在教学过程中，将这些新热点、新方针、新政策及刚刚发生或正在发生的时政态势融合进教学内容中，让学生接触到最新的时政知识。这也有助于增强学生对思想政治理论课的认同感。在信息快速传播的当今时代，学生借助互联网等工具已经能够接触到各种时政知识，若思想政治理论课的教学内容跟不上时政的发展，就有可能滞后于学生获得的知识，这不仅无助于对学生的知识传授，还有可能导致学生对课程的不满甚至反感。这就需要思想政治理论课教师随时关注时政的发展变化，及时将发展变化的时政知识融合到教学内容中，传授给学生，引导学生正确认识时政问题。

此外，在不同时期，国家相关部门还通过在国家社科基金、教育部科研项目、各部委和省市自治区的科研项目中设置一些与时政相关的科研项目，组织高校教师和科研人员对一些重大理论和现实问题、学生关注的热点问题进行系统研究。这些研究成果，有的进入了思想政治理论课教材，有的通过别的途径进入了课堂和学生的头脑。

二、《决定》是我国当前最主要的时政要素

从1978年的十一届三中全会开始，“三中全会”已经成为一个特殊的名词，被赋予了特别的含义，此后历届三中全会研究什么议题、做出什么决定、采取什么举措、释放什么信号，是人们判断新一届中央领导集体施政方针和工作重点的重要依据。从改革开放之后的党史看，除了五年一届的党的全国代表大会，三中全会提出有重大影响的方针政策的概率远远大于其他“全会”，很多深化改革的决策都是在“三中全会”做出的。十八届三中全会同样处于这样一个关键的节点上。

十八届三中全会之前的中国正处在改革的关键期、攻坚期。到这一时期，我国改革开放已经在各领域取得了巨大成就，积累了相对丰富的发展经验，“只有改革开放才能发展中国”的理念已经深入人心。与此同时，

我国目前也面临着一系列问题和挑战，例如：发展中不平衡、不协调、不可持续问题依然突出；虽然我国的科技创新有了较大进步，但整体的科技创新能力仍然不强；三大产业均获得了不同程度的发展，但产业结构不合理现象并未从根本上解决；城乡差距、区域发展差距、居民收入分配差距依然较大；群体性事件频发，社会矛盾明显增多；教育、就业、社会保障、医疗、住房、生态环境、食品药品安全、安全生产、社会治安、执法司法等关系群众切身利益的问题较多；一些部门和官员的形式主义、官僚主义、享乐主义和奢靡之风问题较为突出；腐败现象不仅没有缓解，反而更加严峻；等等。这些问题和挑战需要通过全面深化改革来缓解乃至解决。这不仅关系到党心、民心，也关系到改革开放的大局和全局。

毋庸置疑，以习近平为总书记的新一届中央领导集体早已洞悉上述问题和挑战，深知全面深化改革的必要性和重要性。从《决定》的说明中可以看出，十八大之后，中央就在考虑十八届三中全会的议题。2012 年，党的十八大提出了全面深化改革开放的目标，强调要“以更大的政治勇气和智慧，不失时机深化重要领域改革，坚决破除一切妨碍科学发展的思想观念和体制机制弊端，构建系统完备、科学规范、运行有效的制度体系，使各方面制度更加成熟更加定型”。[①] 这顺应了民意，符合广大民众的改革期望。在这种情况下，制定更加详细的全面深化改革路线图也是必然。

和党以往重大文件一样，《决定》的内容也是广泛听取了党内外各方面的意见，进行了反复的论证、修改。《决定》合理布局了全面深化改革的战略重点、优先顺序、主攻方向、工作机制、推进方式和时间表、路线图，在理论和政策上形成了一系列突破，是改革开放以来全面深化改革的又一次总部署、总动员，是一份凝聚了全党全社会关于全面深化改革的思想共识和行动智慧的宣言书，是以习近平为总书记的新一届中央领导集体倡导和领导全面深化改革的纲领性文件，必将对我国改革开放事业产生重大而深远的影响。

《决定》是中国当前最主要的时政要素，全面深化改革已经成为党和国家的主旋律。贯彻好、落实好《决定》是党和政府的各级机关当前最大的政治责任和政治任务。《决定》已经成为指导各级机关和官员施政的重要思想。从《人民日报》《光明日报》到一些地方性的报刊，从新华网、新浪网到论坛、微博，各类新闻媒体都在持续而深度地报道和解读《决

---

① 胡锦涛：《坚定不移沿着中国特色社会主义道路前进，为全面建成小康社会而奋斗——在中国共产党第十八次全国代表大会上的报告》，人民出版社 2012 年版，第 18 页。

定》及其出台背景、影响等，包括美联社、路透社在内的国外新闻媒体也在持续而积极地报道和解读《决定》及其可能对中国产生的影响。学术界（包括国内外的学者）都在持续而广泛地研究《决定》的内容，举办了各种级别的研讨会，在各种刊物上发表了众多相关文章。不同阶层、群体都在谈论《决定》可能产生的影响。在高校，大学生同样关注着《决定》，他们也希望了解《决定》的内容及其实施状况、现实及可能的影响。由此可见，《决定》已经成为中国当前及今后一段时期内最主要的时政要素，成为全国的时政焦点。

三、在思政课教学中贯彻落实好《决定》的主要措施

《决定》是全面深化改革的纲领性文件，涵盖的内容广泛。《决定》的框架结构，除引言和结束语，共十六部分：全面深化改革的重大意义和指导思想；坚持和完善基本经济制度；加快完善现代市场体系；加快转变政府职能；深化财税体制改革；健全城乡发展一体化体制机制；构建开放型经济新体制；加强社会主义民主政治制度建设；推进法治中国建设；强化权力运行制约和监督体系；推进文化体制机制创新；推进社会事业改革创新；创新社会治理体制；加快生态文明制度建设；深化国防和军队改革；加强和改善党对全面深化改革的领导。[①] 这十六部分可以分为三大板块。第一板块即第一部分，主要阐述全面深化改革的重大意义、指导思想和总体思路。第二板块包括第二部分至第十五部分，主要从经济（第二部分至第七部分）、政治（第八部分至第十部分）、文化（第十一部分）、社会（第十二部分至第十三部分）、生态文明（第十四部分）、国防和军队（第十五部分）六个方面，具体部署了全面深化改革的主要任务和重大举措。第三板块即第十六部分，主要阐述加强和改善党对全面深化改革的领导。从《决定》的框架结构看，涵盖了经济、政治、文化、社会、生态文明、国防和军队、党的领导等方面，具有全面性特点。这些内容与思想政治理论课教材中的很多内容能够对接，是一种发展和深化。《决定》中的内容特别是与《毛泽东思想和中国特色社会主义理论体系概论（2015 版）》的许多内容能够紧密对接。例如，《决定》中关于经济、政治、文化、社会、生态文明、国防和军队、党的领导等内容与《毛泽东思想和中国特色社会

---

① 《中共中央关于全面深化改革若干重大问题的决定》，载《人民日报》2013 年 11 月 16 日。

主义理论体系概论》教材中第七章（社会主义改革开放理论）、第八章（建设中国特色社会主义总布局）、第九章（实现祖国完全统一的理论）、第十章（中国特色社会主义外交和国际战略）、第十一章（建设中国特色社会主义的根本目的和依靠力量）和第十二章（建设中国特色社会主义的领导核心）等章节的内容能够对接，是对这些章节具体内容的发展和深化，应将其融入这些章节的具体内容讲授中。

《决定》中出现了不少新提法、新观点和新措施，应重点将这些新提法、新观点和新措施融合到教学中，讲授给学生。例如，《决定》提出，要让市场在资源配置中起决定性作用，这是对以往“市场在资源配置中起基础性作用”的理论突破。1992 年，党的十四大提出要使“市场在社会主义国家宏观调控下对资源配置起基础性作用”①。这一提法在当时是重大理论突破，对此后的改革开放和社会主义经济建设产生了深远影响。2002 年，党的十六大提出“在更大程度上发挥市场在资源配置中的基础性作用”②。2007 年，党的十七大提出“从制度上更好发挥市场在资源配置中的基础性作用”③。党的十八大提出“更大程度更广范围发挥市场在资源配置中的基础性作用”④。这些提法的改变，反映了党对这一理论认识的不断深化。从“基础性作用”到“决定性作用”，虽然只是两字的区别，但其中的内涵却已完全不同，这是一个重大的理论突破和发展，必将对社会主义现代化建设产生深远影响。

除此之外，《决定》还提出：完善发展成果考核评价体系，纠正单纯以经济增长速度评定政绩的偏向；进一步简政放权，深化行政审批制度改革，最大限度减少中央政府对微观事务的管理；提高国企红利上缴比例；扩大金融业对内对外开放，允许具备条件的民间资本依法发起设立中小型银行等金融机构；加强知识产权运用和保护，健全技术创新激励机制，探索建立知识产权法院；赋予农民对承包地占有、使用、收益、流转及承包

---

① 江泽民：《加快改革开放和现代化建设步伐，夺取有中国特色社会主义事业的更大胜利——在中国共产党第十四次全国代表大会上的报告》，载《中国共产党第十四次全国代表大会文件汇编》，人民出版社 1992 年版，第 22 页。

② 江泽民：《全面建设小康社会，开创中国特色社会主义事业新局面——在中国共产党第十六次全国代表大会上的报告》，人民出版社 2002 年版，第 27 页。

③ 胡锦涛：《高举中国特色社会主义伟大旗帜，为夺取全面建设小康社会新胜利而奋斗——在中国共产党第十七次全国代表大会上的报告》，人民出版社 2007 年版，第 21 页。

④ 胡锦涛：《坚定不移沿着中国特色社会主义道路前进，为全面建成小康社会而奋斗——在中国共产党第十八次全国代表大会上的报告》，人民出版社 2012 年版，第 18 页。

经营权抵押、担保权能，允许农民以承包经营权入股发展农业产业化经营；推动省以下地方法院、检察院人财物统一管理，探索建立与行政区划适当分离的司法管辖制度；废止劳动教养制度；落实党风廉政建设责任制，党委负主体责任，纪委负监督责任，制定实施切实可行的责任追究制度；规范并严格执行领导干部工作生活保障制度，不准多处占用住房和办公用房，不准超标准配备办公用房和生活用房，不准违规配备公车，不准违规配备秘书，不准超规格警卫，不准超标准进行公务接待，严肃查处违反规定超标准享受待遇等问题；探索实行官邸制；研究制定渐进式延迟退休年龄政策；启动实施一方是独生子女的夫妇可生育两个孩子的政策；设立国家安全委员会，完善国家安全体制和国家安全战略，确保国家安全；加快生态文明制度建设；调整改善军兵种比例、官兵比例、部队与机关比例，减少非战斗机构和人员；成立全面深化改革领导小组，负责改革总体设计、统筹协调、整体推进、督促落实等新提法、新观点和新措施。这些新提法、新观点和新措施言简意赅，但内涵丰富，几乎涵盖了各领域，若贯彻落实好，将对我国社会主义建设和改革开放事业产生重大而深远的影响。在思想政治理论课教学中，应将这些内容重点讲授给学生，对于有些学生特别关注的内容可以采取专题讲授的方式进行。事实上，《决定》中的很多要点也为学生所关注，他们渴望通过课程内容的讲授来解疑释惑，增长知识，深化认知当代中国在《决定》指导下正在发生的变化。

总之，《决定》已经为中国规划了全面深化改革的路线图，是中国当前最主要的时政要素，是时政的热点和焦点，应在思想政治理论课教学中贯彻好、落实好《决定》的内容，这既有助于增强学生的道路自信、理论自信和制度自信，提高学生对改革开放的信心、对中国共产党的信心、对社会主义中国未来发展的信心，也有助于培养学生的改革意识，为我国的和改革开放事业和社会主义建设事业培养合格的接班人。

（作者单位：马克思主义学院）

新闻业务课程教学理念转变刍议

——以中央民族大学新闻学专业为例①

汤文靖

新闻学是一门实践性很强的学科，长期以来由于高校实践设施的落后以及实践型师资的缺乏，使这门学科流于理论讲授的层面，导致许多学生动手能力不强，不能和社会需求进行无缝对接。

中央民族大学新闻学专业的人才培养目标是为全国、特别是少数民族地区培养具有健全的人格、宽广的人文和社会科学视野，掌握新闻传播学专业理论知识，具备较强的应用能力与创新能力，具有新闻职业精神，能够在新闻、宣传、出版部门及企事业单位从事记者、编辑、宣传、策划、经营管理工作的新闻传播人才。目前中央民族大学的新闻教学存在着不足，教学内容重理论、轻实践，学生思考、分析、主动参与不多，这种单向知识灌输，使学生缺少实践锻炼，教学效果不佳。为了实现人才培养目标，必须转变教学理念，探索应用型新闻人才培养模式的建设。

一、注意“蝴蝶效应”，注重初始启动性

“蝴蝶效应”是美国气象学家洛伦兹（Lorenz）1963 年提出来的。其大意为：一只南美洲亚马孙河流域热带雨林中的蝴蝶，偶尔扇动几下翅膀，两周后，可能在美国德克萨斯州会引起一场龙卷风。原因在于：蝴蝶翅膀的运动，导致其身边的空气系统发生变化，并引起微弱气流的产生，而微弱气流的产生又会引起它四周空气或其他系统产生相应的变化，由此引起连锁反应，最终导致其他系统的极大变化。“蝴蝶效应”说明，事物发展的结果，对初始条件具有极为敏感的依赖性，初始条件的极小偏差，

---

① 本文系 2013—2015 年度北京市共建教改项目“新闻学应用型人才培养模式的实践探索”的阶段性成果。

将会引起结果的极大差异。①

对于我们大学教学来说，就是在知识和技能的传授中，要注意一些细节的强调，不能认为这是微不足道的小事而加以忽视，否则到最后可能会引发不可弥补的损失。“蝴蝶效应”可以从正反两个角度来理解，从正面来说，一个正确的、好的、细小的知识点，只要重视强调它，让学生牢记在心并把它用于实践，经过一段时间的坚持，可能就会产生巨大的作用，让学生受用一生。初始条件十分微小的变化经过不断放大，对其未来状态会造成极其巨大的差别。有些小事可以糊涂，有些小事如经系统放大，对一个人的成长是很重要的，就不能糊涂。所以，“细节决定成败”这句话是有一定道理的。福特（Ford）汽车公司的创始人亨利·福特大学毕业后，去汽车公司应聘，一起去应聘的有好几个人，学历都比他高，但是唯独他被录用了。后来汽车公司的人告诉他，因为只有他在走进董事长办公室时，把地上的一张废纸扔进了垃圾篓。福特的这个不经意的动作，使他迅速开始了自己的辉煌之路，也使得福特汽车闻名全世界。② 其实这些看似偶然的事情，实则必然。从反面来说，忽视这些微小的细节，长期下去，就会产生破坏性的巨大力量，导致失败。成语“千里之堤，毁于蚁穴”说的就是这个道理。1485 年，英王理查三世与亨利伯爵在波斯沃斯展开决战。战前，马夫找铁匠为国王备马掌钉，铁匠因一直忙于为国王军队的军马掌钉，铁片已用尽，只好将一根铁条截为四份加工成马掌。结果，国王战马的第四个马掌就少了颗钉子。战斗开始，国王率军冲锋陷阵。战斗中，他的坐骑因突然掉了一只马掌而“马失前蹄”，国王栽倒在地，惊恐的战马脱缰而去。国王的不幸使士兵士气大衰，纷纷掉头逃窜，溃不成军。伯爵的军队围住了国王。绝望中，国王挥剑长叹：“上帝，我的国家就毁在了这匹马上!”战后，民间传出一首歌谣：少了一枚铁钉，掉了一只马掌；掉了一只马掌，失去一匹战马；失去一匹战马，败了一场战役；败了一场战役，毁了一个王朝。

因此，在新闻业务课的教授上，笔者十分注重细节的强调。比如摄影摄像基础课，由于现在数码相机都有了自动曝光功能，许多学生习惯用 P 档（程序自动曝光）、TV（速度优先自动曝光）、MV（光圈自动优先自动曝光）进行拍摄，这种拍摄方法虽然能够省去计算曝光的时间，让相机自

---

① 《生活中的定律——蝴蝶效应》，新浪博客 http：//blog. sina. com。

② 莫名：《蝴蝶效应之大人物——亨利·福特（Henry Ford）》，http：//blog. renren. com/share/238255243/7391753226。

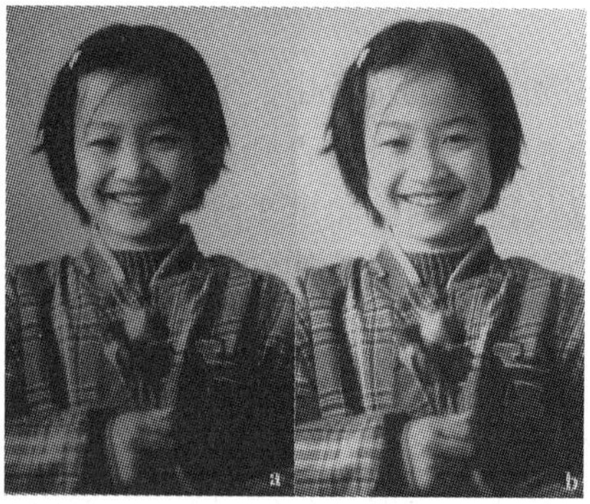

动调节光圈、快门组合，达到准确曝光的要求，但是拍摄者没法控制景深、曝光，只能得到一张曝光正常的照片，但是一张优秀的照片往往不是曝光正常的图片，可能要对曝光进行控制，例如，对小女孩的拍摄，曝光必须过度一点，使人物显得活泼，影调明快。如左图：第一张照片是正常曝光，人物脸上有反差，但是这种曝光利于小女孩天真活泼的展示；第二张照片加大两级曝光，使图片影调整体变亮，反差减少，呈现出明快干净的高调效果，很好地表现了拍摄者的创作意图。所以，我在教学时，坚持让学生手动曝光，不许使用自动曝光功能，刚开始的时候学生很不适应，估算曝光要占去他们很长的时间，但是一学期下来，他们很快就掌握了手动曝光的技能，一看到天气、光照方向，结合自己的创作意图，马上就能估计出所需曝光的光圈、快门组合。这种训练，使新闻专业的学生区别于一般的摄影爱好者，能在清晰结像的前提下，能够利用曝光、景深、图像动感的控制，很好地表现出自己的创作意图。这种对细节的强调贯穿于我所上课程的始终，使许多学生受益匪浅。一位分配到新华社的学生后来深有感触地说："当初课堂上手动曝光的坚持，才使我现在能够迅速适应新华社的图片拍摄要求，领先于同年应聘到社里的其他同事。"

二、注意"皮格马利翁效应"，注重情感暗示性

古希腊神话故事中，有一个美丽的传说，塞浦路斯的国王皮格马利翁精于雕塑，一天，他雕刻了一位楚楚动人的美女盖拉蒂，皮格马利翁每天都看着她，渐渐地他喜欢上了他创造出来的美女，但是盖拉蒂毕竟只是一座冷冰冰的雕像，不能像真人一样地和他恋爱，无奈之下，深受爱情煎熬的皮格马利翁只好求助于女神阿弗洛狄忒（希腊神话中的爱和美之神，罗马神话中称维纳斯），阿弗洛狄忒被皮格马利翁的痴情打动，决定帮助他完成梦想。于是，雕像突然活了，从桌子上走了下来，皮格马利翁娶了美丽的少女盖拉蒂，并把她改名为伽拉忒亚。皮格马利翁的故事告诉我们：期待和鼓励，会让美梦成真。这就是"皮格马利翁效应"。

对这一效应做出经典证明并使它广泛运用的是美国心理学家罗森塔尔

和他的助手们，1968 年，罗森塔尔考查某校，随意从每班抽 3 名学生共 18 人写在一张表格上，交给校长，极为认真地说：“这 18 名学生经过科学测定全都是智商型人才。”并且叮嘱他务必要保密，以免影响实验的正确性。其实他撒了一个“权威性谎言”，因为名单上的学生根本就是随机挑选出来的。事过半年，罗森塔尔又来到该校，发现这 18 名学生的确超过一般学生，长进很大，再后来这 18 人全都在不同的岗位上干出了非凡的成绩。显然，罗森塔尔的“权威性谎言”发生了作用，因为这个谎言对教师产生了暗示，左右了教师对名单上学生的能力的评价；而教师又将自己的这一心理活动通过情绪、语言和行为传染给了学生，使他们强烈地感受到来自教师的热爱和期望，变得更加自尊、自信和自强，从而使各方面得到了异乎寻常的进步。它表明：每一个人都有可能成功，但是能不能成功，取决于周围的人能不能像对待成功人士那样爱他、期望他、教育他。①

中央民族大学新闻专业的学生大多来自民族地区，和来自大城市的学生相比，平时很少有机会接触单反相机、摄像机等专业设备，这在一定程度上造成了学生的自卑心理，并且认为和电影学院、传媒大学等专业性高校相比，他们处在劣势地位。针对这种情况，我一直注意用激励的办法，通过表扬赞赏的言语方式，重塑他们的自信。用具体事例告诉他们，现在在全国各大媒体做得最好的记者，大部分都不是专业性院校毕业的，并且请来业界名人介绍自己的成长过程，打消学生们的顾虑。在我的努力下，学生们充满了自信，学习新闻业务的热情随之高涨，充分发挥了自身的主动性、积极性和创造性，踊跃参加各种各样的全国性影视大赛，获得了优异的成绩（右为学生取得的部分奖项）。

学生覃俊波担任编导的作品《茶墨飘香——黄山屯溪老街》《文脉绵延地——北京国子监街》在 CCTV10《探索发现》栏目播出，学生于浩洋担任摄像的节目《摄影家陈海汶》、学生马文沛担任摄像的节目《冰雪皇后大杨扬》在东方卫视《星光耀东方》中播出。

① 皮格马利翁效应，360 百科 http://baike.so.com/doc/5391458.html。

三、注意“木桶效应”，避免短板破坏性

西方管理学上有一个著名的“木桶理论”：用一个木桶来盛水，如果组成木桶的木板参差不齐，那么它能盛下的水的容量，并不是由这个木桶中最长的木板来决定的，而是由这个木桶中最短的木板决定的，高于这块木板的水都会流出水桶，所以它又被称为“短板效应”。[①] 这种现象也被称为“木桶效应”，是美国管理学家彼得（Peter）提出来的，他认为要增加水桶的盛水量，必须换掉短板或者把它加长。

中央民族大学新闻专业和别的学校相比，比较突出的短板就是摄影摄像器材较少，影响了学生的实践，这个短板直接阻碍了学生对新闻业务技能的掌握，成了影响学生新闻业务水平提高的瓶颈。为此，我们制订了较为详细的实践计划，督促学生多层次、多方面地参加实践，加强课外第二课堂实践训练的开展。比如，学院组织的“现场写作大赛”“镜里镜外影视大赛”“民声新闻大赛”赛事，我们规定学生必须参加两次，通过这些比赛，学生们的知识技能得到了巩固，学习效果得到了检验。同时，鼓励学生参与校园媒体的采编播工作，目前，学校的校园电视台、广播电台、报纸的大部分工作人员都是我们文传学院的学生，让学生在进入新闻单位完成实习前，在校内实习基地进行的有效演练，这对于新闻专业学生的新闻敏感力、新闻采编能力的培养都有重要意义。2006 年正式实施的本科生研究训练计划（英文缩写为 URTP），为我院学生的实践训练又增加了一条有效的途径。这些第二课堂的开辟，极大地丰富了我院学生的实践活动。这些不同层次、呈阶梯状分布的实践方式保证了学生的实践需要，解决了我们的短板问题。

四、注意“密涅瓦的猫头鹰效应”，注重教学反思性

密涅瓦（Minerva）是罗马神话中的智慧女神，栖落在她身边的猫头鹰是思想和理性的象征。密涅瓦的猫头鹰在黄昏起飞就可以看见整个白天所发生的一切，可以追寻其他鸟儿在白天自由翱翔的足迹。黑格尔用密涅瓦的猫头鹰在黄昏中起飞来比喻哲学，意在说明哲学是一种反思活动，是一

---

① 《木桶效应》，百度百科 http：//baike. baidu. com/view/47735. htm？ fr = Aladdin。

种沉思的理性。反思是一种经历了一些事情之后才产生的思维，即跟随在事实后面对既有经验和现实对象的思考。而且，哲学的反思必须是深邃的，是在喧闹过后寂静的空间里艰苦思寻的结果。

大学的教学活动是需要经常进行反思的，教学工作只有在反思中才能得到不断的改进和完善，所谓教学反思，是指教师对教育教学实践的再认识、再思考，并以此来总结经验教训，进一步提高教育教学水平。教师既要对教学事务进行反思，也要对自身进行自我反思。

我们非常重视教学反思，通过学生对教学效果的反馈意见，有的放矢地对自己的教学方式方法、教学重点进行改进；坚持写教学日记，每个月对教学日记进行梳理，从中发现问题；提倡同事之间互相听课，他山之石，可以攻玉，取长补短，共同进步；召开教学座谈会，让老师们和学生面对面地交谈，倾听学生意见，为教师创造一个集体反思的环境，让他们对话、分享、讨论，从而获得更新、更全面的认识。通过以上方法，我们对教学实践活动、个人经验、教学关系、教学理论四个方面进行了反思，形成了系统性的认识，极大提高了我们的教学水平。

五、教学理念转变下的实践教学探索

正像清华大学教授李希光所说：“今天新闻媒体面临的许多问题是无法在抽象、空洞的某种理论中找到科学答案的。那种完全脱离新闻实践的教学无法解决中国新闻媒体面临的现实问题。新闻学院不是从概念到概念的空洞的传播学理论教育，而是传授学生们最基本的新闻学原理、基本采写技能和基本价值观，使学生们在走进复杂的社会从事新闻报道前受到过严格的专业基础训练。这种新闻学基础训练的严格性类似医学院、法学院对学生的训练。”① 在新的教学理念的启发下，笔者慢慢探索出了一些行之有效的实践教学方法。

（一）蝴蝶效应：“命题作文”式训练

在实践教学中，为了让学生掌握某一项技能，要有针对性地给学生“命题作文”，比如在新闻摄影课程中，我会布置小景深的人像、曝光过度的高调照片拍摄等作业，如果交了大景深的照片或者曝光正常的照片，即

---

① 李希光：《清华大学精品课“新闻采访与写作”介绍》，人民网，2003年6月23日。

使构图优美、主体突出，也算作不合格作业，通过这种强行的“命题作文”，让学生牢牢掌握某项拍摄技巧，而不是千篇一律地让学生拍摄曝光正常、画面清晰、构图得当的“常态照片”；在电视摄像与编辑制作课程中，也设置了很多这样的专项训练，比如要求学生拍摄剪辑三分钟的固定画面，10 个镜头以上，不能夹杂推、拉、摇、移等运动镜头，通过这样强行的规定，使学生掌握了静态构图的技巧。而在以前的教学中，大都是布置一个作业，不管学生用什么拍摄手法去完成，很多学生都用自动曝光、自动聚焦方式去拍摄，忽略了拍摄基本技能的训练。这种训练方式正是在“蝴蝶效应”在实践中的体现，让学生从小处着手，养成良好的拍摄习惯。这种训练看似枯燥，其实正是在这样的刻板训练中，学生掌握了拍摄基本功。

（二）避免“木桶效应”：实战式训练

学生掌握了一定的操作技能，不一定就能胜任新闻媒体的实际工作，因为新闻媒体的工作是要在比较短的时间内完成一篇稿子或者一个节目，而学生平时的技能训练在时间上和质量上要求显然没有这么严格，那么，模拟报社、电台、电视台的工作环境，让学生自由组成合作团体，分工明确，互相协作，在规定的时间内完成一次报道任务。以电视摄像与编辑制作课为例，我会把全班同学分为 8 个小组，每组 4 人。4 个人的分工是这样的：A 编导，B 摄像，C 记者，D 编辑。编导是小组组长，他要召集小组讨论，商定拍摄内容，制订拍摄计划，撰写解说词等工作；摄像的主要工作就是根据拍摄计划，拍摄画面；记者要在现场出镜，采访当事人，对新闻时间进行评论，在后期制作时候还要完成配音工作；编辑的工作主要在后期，要完成画面剪接、配乐、节目合成等工作。一般来说，每个小组要在一周之内完成一个十几分钟的深度报道，节目完成后在课堂上让所有的同学观看，打分，并且让大家交流实践心得，通过这种实战式训练，同学们不仅巩固了操作技能，还对电视台的工作有了切身的体会。几次训练后，4 个人的分工可以进行互换，让大家对不同的工种都有所了解，让他们在“战争”中学会“战斗”。这种训练使学生们能胜任电视节目制作的各个工种，而不是只能作某一项工作，其他工种都是“短板”，避免了某个环节的“木桶效应”。

（三）“皮格马利翁效应”：情感期待，实践保证

根据“皮格马利翁效应”，我在教学实践中，运用“情感期待”的方

式，让学生更加自信，但这种自信不是盲目的，是建立在丰富的实践基础上的。所以我们加强了课外第二课堂实践训练，鼓励学生参加“现场写作大赛”“镜里镜外影视大赛”“民声新闻大赛”等赛事，鼓励学生参与校园媒体的采编播工作，并且在课堂上表露了“希望他们能够获奖”这样一种期待，一学期下来，“皮格马利翁效应”起作用了，几乎每个学生至少在一项赛事上获奖，又得还获得了全国性的影视大奖。

学生微电影拍摄现场

（四）“密涅瓦的猫头鹰效应”：把实习基地的实践活动纳入实践教学范围

文传学院和全国各大媒体联合，建立了20多个实习基地，它们给学生提供了更宽广的实践和展示自己才能的舞台。在平时授课过程中，就要充分考虑这些实习基地能给学生提供的条件，在学生完成新闻业务技能训练后，就要重点训练他们的综合能力，教师可以有目的、有选择地把新闻实践中较为典型、系统、并具有一定程度疑难性的真实案例提供给学生，让学生思考、分析、研究，提出解决问题的方法，从而加深对理论知识的理解，培养学生发现问题、分析问题、解决问题的能力以及提高学生的新闻素质。为提高学生与人沟通，团队协作的能力，可以开展小组学习，使得每名学生能置身于讨论之中，锻炼自己的沟通表达能力。只用通过这样的训练，到了实习基地后，学生们才能在成千上万的新闻事件中，找到符合实习基地定位的事件，或者从新闻事件梳理出符合实习基地报道要求的报道角度，然后运用所学到的新闻业务技能去进行报道，为实习基地采写、制作出高质量的稿件或节目。这样，既为实习基地输送了合格的新闻人才，又扩大了学校的实践教学范围，使实习基地的实践活动不再流于形式，文传学院的学生在各实习基地都取得了丰硕的成果。实习基地的建设，不仅仅是投入经费就万事大吉了，平时的教学中还必须把实习基地的实践活动纳入整个计划之中，同时还要指派专业课教师带队，帮助学生解决实践活动中遇到的困难，这样才能达到培养学生实际动手能力的目的。而最重要的是，根据学生在实习基地反馈回来的问题，我们能够不断改进教学活动，老师们像“密涅瓦的猫头鹰”一样反思学生在实习基地遇到的问题，把它作为教学中必须攻克的难关，不断完善教学。

只有转变教学理念，在新型教学理念的统领下，加强实践教学，注重理论和实践紧密结合，强调“教、学、做”一体化，才能培养出符合社会需要的新闻人才。

（作者单位：文学与新闻传播学院）

课堂教学与音乐排练并重，教室训练与舞台实践并行

——中央民族大学音乐学院百人合唱团建设与思考[①]

陈昌宁

一、合唱课程的建设历史与回顾

中央民族大学音乐学院走过了近六十年的辉煌历程，合唱艺术的教学作为音乐学院声乐教育的重要组成部分一直伴随着音乐学院的成长发展壮大。随着社会各种合唱活动的广泛开展，合唱事业迎来了自己发展过程中的繁荣时期。合唱本身以全民参与的艺术形式、弘扬社会主旋律的宣传功能和陶冶情操、丰富文化生活的精神作用被高度强化和突出。教育工作一定要抓住这个机会，这无论对于弘扬民族音乐文化，还是为进一步推动我国合唱事业的发展，都有着现实的意义。合唱教学的科学性是最基本的教学原则之一，要求教学既要按照学生身心发展和学科知识渐进顺序进行，又要尽可能地通过科学的教学方法促进学生艺术造诣的全面发展，正确处理学生现有发展水平和潜在发展水平之间的关系，抓住关键点。音乐学院一向遵循“教学应当走在发展的前面”的理念，循序渐进与促进发展相结合体现在教学上，表现为规范的教材与科学的方法。

这些年来，我院合唱课程建设取得了长足进步，学生合唱团也先后获得过文化部、中央电视台、国家民委等相关部门的嘉奖。本人自2006年中央音乐学院硕士毕业来校工作以来，先后承担合唱课、合唱与指挥课以及指挥法的教学工作，个人获得过中国合唱协会首届“中山杯”全国指挥大赛A级组第三名，成功地指挥中国歌剧舞剧院“您喜爱的歌”合唱音乐会和大型情景合唱音乐会等一些大型演出。本人一直担任中国少年交响乐

① 本文是2014年度中央民族大学校级优秀课程“合唱”的阶段性成果。

团、中国广播合唱团、战友歌舞团交响乐队等团体的排练与指挥工作。正是这些广泛的社会演出实践为本院学生合唱团的业务提高与成绩的取得打下了坚实的基础。

中央少数民族青年合唱团暨音乐学院百人合唱团是在中央民族大学音乐学院所开设的合唱课的基础上成立起来的。合唱团现有成员由中央民族大学音乐学院声乐系声乐表演专业的本科生以及音乐教育系声乐方向主修的本科生组成。合唱团成员来自中国各个地方，包括蒙古、回、藏、维吾尔、苗、彝、壮、布依、朝鲜、满、侗、瑶、白、土家、哈尼、哈萨克、傣、黎等55个少数民族同学以及汉族同学。合唱团参与了诸多大型演出。2009年，本院百人合唱团参演音乐舞蹈史诗《复兴之路》合唱部分，在人民大会堂以及国家大剧院成功上演三十余场，获得文化部专家一致好评。2006年12月，本院蒙古族原创歌剧《木雕的传说》首演在民族宫获得巨大成功。2007年1月本院学生合唱团参加中央教育电视台举办的全国校园春晚节目评选中获得金奖。2007年9月15日，参加由北京市文联、北京音乐家协会、北京文化艺术活动中心、北京音乐广播、北京合唱协会主办的2007年“北京合唱节”开幕式，在中山公园音乐堂演出交响合唱。2007年5月，本院学生合唱团与美国杨柏翰大学夏威夷分校合唱团交流演出。2008年4月，本院学生合唱团与美国密理肯大学合唱团交流演出。2009年5月，本院百人合唱团参演中央电视台《通江同唱水立方》大型演出。2009年4月，本院学生合唱团与美国霍华德大学合唱团交流演出。2009年8月，本院百人合唱团参与排演音乐舞蹈史诗《复兴之路》，获得文化部专家好评。在人民大会堂以及国家大剧院演出四十余场，备受好评。2009年9月，参与张艺谋鸟巢版歌剧《图兰朵》合唱，获得好评。2012年，12月23、25、27日本院蒙古族原创歌剧《木雕的传说》复排并在中央民族大学音乐厅、解放军艺术学院、中国音乐学院音乐厅成功上演。2014年7月，应中日友好协会邀请，中央民族大学音乐学院合唱团出访日本东京与札幌两地，与东京艺术大学、北海道大学进行艺术交流演出，受到日本友人以及中日友协的大力赞扬。2014年12月，在北京音乐厅参与演出两场中央民族大学新年音乐会，获得业界好评。2014年12月2日，百人合唱团赴天津音乐学院交流演出获得好评。2015年5月4日，抗日战争胜利70周年，由北京市文学艺术界联合会、北京音乐家协会、北京市文化活动中心、北京音乐台共同举办的“和平颂”2015北京合唱节开幕式在北京圆明园演出。

二、合唱课程现状与思考

（一）大纲安排课时的缺乏与师生们的无私奉献

音乐学院合唱课的课时安排一直是困扰合唱教学和合唱团建设水平提高的最大瓶颈。合唱课的教学不同于其他共同课的教学，如纯理论学科和声、作品分析、乐理、视唱等。在这些基本乐科的教学工作之中，教师基本上只是负责讲授明白理论，学生能听懂理论方面。然后布置下课后作业回去完成即可。特殊性在于合唱课程是一个集体表演的项目，是集体的项目，配合的艺术，所以从这个方面来讲对于合唱团学员暨合唱课学生来讲要求极高。不仅要快速读谱识谱并且很快完成本声部的视唱，同时还得学会倾听本声部的声音，本声部与其他声部的和声配比，在此基础上才能提得到与任课教师暨指挥教师进行配合。这中间缺乏任何一个环节，都会造成各个层面的沟通问题和音乐理解的衔接问题以及更高层面与指挥老师配合领悟发挥的问题。这一点如同职业足球队在场上的比赛，队员必须对于教练的安排反应和记忆足够快。那么这个方面的基础是首先自己本声部的单行旋律和歌词的熟悉与掌握。这个方面需要学生在下面做很多练习才能够出现在排练场上。实际的问题是大多数学生的学习习惯并不好，没有提前做好预习与练习。笔者在近十年的教学工作中，一直在要求学生做好基础性的预习与练习。对比于其他纯理论学科来讲，可能做好预习就可以，但是对于合唱课的排练与讲解来讲，只是预习过并看会了还差得很。因为完成演唱的主体是每一位学生，所以必须在课前练习。合唱作品的特殊性与魅力也是在于不同的声部安排与旋律和声的走向。作为大多数声乐和音乐教育的学生来讲，如果钢琴基础比较好，那么读谱填词会比较快一些。合唱作品同时还牵扯到几种语言的学习，包括音乐的语言暨音符、文学的语言暨歌词部分、指挥的语言、无声的手势语言的理解。合唱排练是一项高度复杂的脑力劳动，要求课堂暨排练场的绝对安静以及合唱团员暨学生的足够快捷的反应和理解。

音乐学院这些年来所完成的多项排练演出任务的基础是什么呢？实质上是音乐学院任课教师以及学生们的无私奉献与投入。由于课时不够，所以每逢音乐学院需要对外演出或者公演作品，都只好安排课时以外的业余时间排练与练习。同时，软硬件的匮乏也造成了极大的困难。可以说，合唱团多年取得的骄人成绩大部分是音乐学院任课教师以及学生的艰苦奋斗和无私奉献取得的。

（二）合唱排练课的讲授与学生的个人练习

合唱排练课在讲授方面不应占据更多的时间，由于时间局限性与课程内容的安排（当然，如果没有硬性的排演任务就可以不必安排那么多的作品，还可以精雕细刻一些），但是往往排演工作与正常的教学总有冲突。在大多数情况下，老师和学生都只能自觉地加班训练以取得舞台上演出的合格与满意。在这个环节中，学生的个人练习决定了最终艺术成果的水平高低。笔者在多年的教学任务中，做过很多种尝试。相对于大学生年龄段和群体以及作为将来要踏上歌剧院或者专业合唱团、大中小学教学舞台的声乐与音乐教育的学生来讲，背唱歌曲是必备的过程。我们在观察职业合唱团演出时会看到没有背唱，但是作为歌剧演出来讲，要求每一名歌词演员包括合唱演员必须背唱，不然就不能演出。所以，如中央歌剧院、中国歌剧舞剧院等国内顶级的专业歌剧院都具有严格的考试背歌制度。有一些专业合唱团因为需要更多的社会层面上的演出，作品量会比较大，所以采取照谱子演出。在笔者近十年的教学工作中，在音乐会上也尝试过多次照谱演出，最后都会发现演出效果不能使人满意。照谱演出会有相当部分学生因为没有严格的要求而出不来声音，甚至到了演出连歌谱都没有齐备。作为大学生的年龄阶段背谱子并不是很困难的事情，只是任课教师是否严格要求与学生能否刻苦努力学习的问题。同样道理，声部练习也很重要，在笔者多年教学工作中，有一些届别的同学担任声部长可以起到良好的教唱和领背歌曲的作用，也能很快地完成老师布置的任务。有一些届别的声部长就完全不能胜任这样的任务，甚至还造成排练场秩序的混乱。多年的教学排练演出实践证明，只有指挥老师审听过每一个同学的背唱并进行充分合练以后才能在舞台上充分表演以及表达。在这方面，2009 年参加音乐舞蹈史诗《复兴之路》的排演工作获得文化部以及业界内部的赞扬与肯定就是最能体现这方面的成功范例。

三、合唱课程改进与远景

1. 合唱课课时以及人员问题。应该按照正常的教学规律相应地减少其他干扰的重复性的排课，保证合唱课暨合唱排练每周两次课，每次两课时。这样才能基本保证每学期能够拿出一整套合唱作品，中外中等难度作品十二到十四首。可以每学期举办定期合唱音乐会，使每学期期末考试音乐会化。同时院里系里应该正常支持每学期一次的合唱作品汇报会，包括合唱团服装的使用以及音乐厅的使用。四年级学生相对来说成熟得多，而且识谱填字经过三年的训练以后快得多，课堂纪律方面也好得多，成为合唱课与合唱团的主力军，应该与乐队课一样安排四年级同学仍旧上合唱课，这样基本人员以及基本人员素质才能够得以保证，完全可以避免再从其他（特指音乐教育系）系科借用人员，合唱学习能力的提高同样对于高年级学生踏上工作岗位大有益处。对于新歌谱的学习，高年级同学的传帮带作用更会体现出良好的教学效果。

2. 一到两名钢琴艺术指导的专业配备。笔者在走访欧美多所专业音乐学院以及普通高校音乐学院（school of music）都在音乐会以及排练课上看到专业钢琴艺术指导。这样的艺术指导才是指挥教师教学排演工作的得力助手，也对合唱团的发展起着巨大辅助推动作用。合唱团与合唱课的钢琴伴奏相比于独唱的伴奏更加复杂，牵扯到的因素更多，所以合适的、有丰富合唱团伴奏经验的钢琴艺术指导是合唱课以及合唱排练必要的条件与基础。

3. 硬件方面应该创造一个良好的排练教课场地。阶梯教室相对来说举架很低，声音混响的厚度不够，出来的声音比较平板。学生排练课没有合适合唱台，阶梯教室的座位安排只能给学生们上共同课的感觉，相比简易的舞台灯光设备只是打在教师的教学区域，所以没有一个排练厅的氛围和环境，同时座位的损坏也造成了学生们的躁动，很多时候教师上课需要花费时间维持秩序。

4. 音乐学院在排练演出工作安排中应该突出计划性，避免突然性以及临时性。应该考虑到教学活动的特殊性以及学生团队的接受性以及完成度。如果不得不进行大量的增加排练和教学工作，应该先采取更多分声部的办法，建立起严格的考背制度，突出学生声部长的作用，并由每名学生的主课教师在小课堂上教会背会歌谱歌词，再由指挥教师进行合唱排练，以达到作品艺术要求落实到每一个同学、每一句歌词、每一个乐句的目的。笔者与天津音乐学院、西安音乐学院、河南郑州大学音乐与舞蹈学院、江西师范大学音乐学院等院校进行的演出合作中，见到了他们采取这样事半功倍的做法。相对来说，在学生基本素质没有达到半职业水平之前，采取单个教会的做法是取得最后演出良好效果的最基本保证。在这方面，天津音乐学院、西安音乐学院及其他几所院校做出了正确的选择。合唱作品尤其是原创歌剧的排演是整个学院的事情，这个方面值得我们借鉴。

5. 关于声乐演唱种类的问题。在大多数专业院团中，民歌唱法的学生和歌者不会被安排进入合唱团。这样保证了合唱团基本唱法和声音的一致性与统一性。众所周知，合唱这门艺术来源于西方，来源于西方宗教艺术。从传统意大利美声唱法出发的中国民族唱法是不适于在合唱团中表现自己的声音，因为太尖、太亮、没有厚度。解放军艺术学院在组建红星合唱团时也从最基本要求开始就是民歌唱法不允许进入合唱团，以保证声音的统一性。笔者在参与本院原创歌剧《木雕的传说》首演的排练工作中，与中央歌剧院女高音歌唱家尤泓斐探讨过这样的问题，她也从合唱团声音上判断出不应该安排这么多民歌唱法的同学进入合唱队。从唱法改革出发，合唱课应该分为两个部分。全部美声唱法同学组建混声合唱团，作为主力合唱团。民歌唱法同学（大部分为女声）组建民歌女子合唱团，如同当年王树人老师在中央乐团组建的陕北民歌合唱队，也演出了很多经典和精彩的曲目和剧目，在中国合唱音乐发展史上留下了一大批优美而脍炙人口的作品。民族唱法的同学们本身的演唱特性以及所形成的性格特点也不适于在合唱团，在理解国外作品的语言文化上更是比较困难。

四、在优秀课程合唱课基础上组建中央少数民族青年合唱团的建设与发展

中央民族大学音乐学院百人合唱团在院领导以及系主任等的支持努力下，在这两年的教学排演工作中取得了良好的成绩，获得了首都教育界音乐界的好评。笔者作为合唱课的教师以及合唱团的指挥在此基础上提出了建设性的思考与探讨，提出了在软硬件的建设方面的建议与需求。同样提出在合唱课与百人合唱团排演工作基础上正式组建中央少数民族青年合唱团，以达到课堂教学与音乐排练并重，课室训练与舞台实践并行的建设与发展的远景与目标。

（作者单位：音乐学院）

学情调查与研究

民族高校中学生的专业选择

——以社会学与社会工作专业为例[①]

吴 莹

"创新高校人才培养机制，促进高校办出特色争创一流"，是党的十八届三中全会《决定》对高等教育改革发展提出的最直接、最明确的要求。[②] 其中，高校如何培养创新人才，如何发挥特色、因势利导培养人才，是研究者及相关部门长期以来共同关注的问题。事实上，创新人才培养离不开得当的人才选拔，也需要考虑专业与人才特点的契合性，因此，探究本科专业的人才被选拔的过程非常重要。

本研究作为"社会学系教学体制改革与评估研究"教改项目的子课题，通过调查本系学生高考志愿选择的过程，进一步了解学生专业选择的倾向与趋势以及影响因素，分析未来在专业宣传、专业建设、专业培养定位等方面的努力方向，实现培养创新人才、办出特色的专业培养目标。

另外，本研究的调查结果对民族院校的其他非民族类专业的人才培养中也具有借鉴的作用。一方面，考察民族院校的生源组成；另一方面，通过调查学生的高考志愿选择，考察非民族类专业的社会影响力。这有助于制定专业培养目标、设置培养方案、强化学科特色，进行理论培养和实践训练，从而有的放矢地进行教学培养，做到因材施教。同时，也有助于探讨民族类大学如何发展、转型成为文、理、工、医齐备的综合性大学等问题。

本研究主要介绍在校生的报考过程以及如何选择专业。在报考志愿选择专业时，考察家长、高中教师对学生影响。总的来看，可分为三大部

---

① 本文是2012—2014年度中央民族大学校级专业综合改革试点重点建设专业项目"社会学系教学体制改革与评估研究"（项目编号：104－0120030103）子课题"高考生及其家长老师对社会学专业与社会工作专业的认知与评价"的阶段性成果

② 杜玉波：《创新高校人才培养机制的基本思路和重点任务》，载《中国教育报》2014年1月13日。

分：(1) 高考生及父母的专业选择；(2) 高中教师关于志愿选择、专业偏好以及对社会学、社会工作专业的认识；(3) 我系在读学生当时的高考志愿选择及专业建设意见。

一、在校新生及父母的专业选择

本研究选择大一新生及其父母作为调查对象，让其回忆高考报考志愿的过程，通过问卷调查其在高考报志愿时的情况。选择大一新生的理由有两点：一是大一新生刚刚经历过高考并且已经完成报考志愿等过程，回望总结自己的志愿选择经历更全面、更客观；二是通过对大一新生专业选择的调查，可以了解本系学生的来源、学生的专业认同、兴趣取向以及家长在选择专业中的影响作用，能够在今后教学和专业培养过程中做到因材施教、有的放矢。

本部分调查将围绕五个问题展开：(1) 报考志愿时，是选“好专业”，还是“好学校”？(2) 什么人、哪些因素可能会影响考生的选择？(3) 我校一直致力于发展成文、理、工、医都齐全的综合性大学，然而在高考生的眼中我校属于哪个类型的学校？这也是本调查关心的问题。(4) 在探究“好专业”是什么的思路下，本调查还关注考生和家长对我系社会学和社会工作两个专业的认识和了解有多少。(5) 本研究还关注家长对社会学和社会工作专业的认知程度以及家长的受教育水平对考生职业规划的影响程度。

调查过程：本部分调查使用 20 道题目的问卷，发放给我系 2013 级社会学与社会工作班，有效问卷分别是 21 份和 20 份，通过对问卷回收清理发现，调查者对很多问题回答的选项分布基本能看出一定的趋势。

(一) 考生及家长关于高考的志愿选择

1. 专业优先，还是学校优先

通过问卷调查的结果发现，社会学和社会工作两个班级的学生选择趋势大致相同，大部分学生选择“学校优先”，这和相关研究的结果相似，也就是大学生在选择志愿时往往选择“好学校”，而不是“好专业”，如图 1。

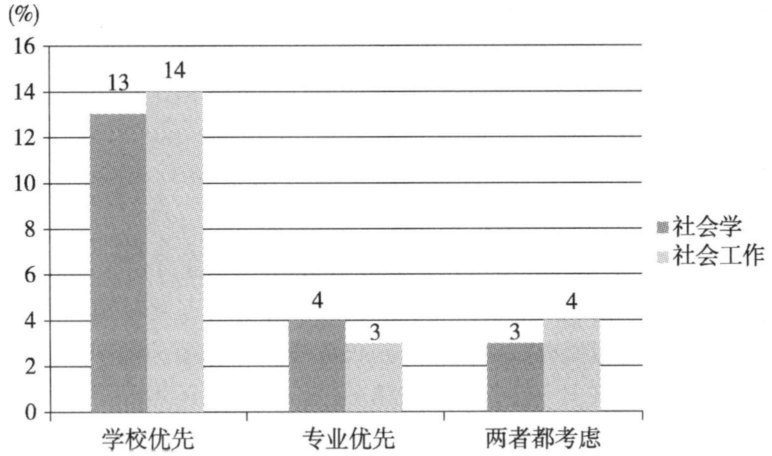

图 1　考生在不同选择意见上的人数分布

而对于“报考志愿时，父母最看重哪个因素”，家长的选择倾向和考生的志愿选择倾向很一致，更倾向于选择“好学校”。分析家长和考生这种选择倾向的原因：一方面，与考分有关系，也就是说，根据考分报考和选择学校类型；另一方面，“好学校”有助于考生今后就业、继续深造等方面，可能为今后发展提供进入门槛的机会。这部分家长和考生也是从基本的现实利益角度出发考虑的。

事实上，选择学校优先，对考生来说意味着进入好的学校，而专业入校后还可以通过“转专业”实现自己的兴趣。如在访谈中，有社会专业的学生提到：“当时分数出来之后，我就发现今年不出意外我家本地的学校都没法报了，我的分数并不很高，在本地只能上一个二本的学校。因此当时我的父母都认为首先应该选择外地的‘985’高校，保证文凭，然后第二第三志愿可以填本地的二本学校（当时报的是本市中医药大学）。我的亲戚有一个是本地高校的教授，她建议我去报中央民族大学这个学校，因为我首先户口本上是少数民族，进校会比较容易，而且这个学校在北京且是‘985’高校，可以开阔我的视野。后来我们对比了去年的录取分数线之后，还是决定冲一冲报这个学校。”

2. 对民族大学的认识

中央民族大学从 1941 年在延安作为“民族学院”被创建开始，已经有七十多年的历史，从最初单纯的培养中国共产党民族干部的学校，到“世界一流的民族大学”的期许，再到“国家重点大学”“985”和“211 工程”的国家重点建设大学，我校自身的发展还是逐渐朝着重点性的综合性大学的方向发展的。这点可以在我校诸多非民族类学科和院系建制中看到。例如，教育学院、生命与环境工程学院、信息工程学院、理学院、管理学院、法学院、经济学院、新闻与传播学院、外国语学院等。虽然我校有朝着综合性大学发展的期望，但是在社会上一般人看来，尤其是招生对象的眼里，却仍然带着“民族”院校的特点，如图2。

对我校作为“民族”类大学的强调会造成两种结果：一是使好学生流失，那些原本想报考我校一些主流专业的学生可能只看到了“民族”二字，而忽略专业本身的资源、师资以及培养力量；二是接受更多非第一志愿或被调剂的学生以及分数刚过重点线但并不具有竞争力的学生，这样一方面会使生源质量减弱，并且对于非第一志愿的学生还需要更多学科认同的培养。

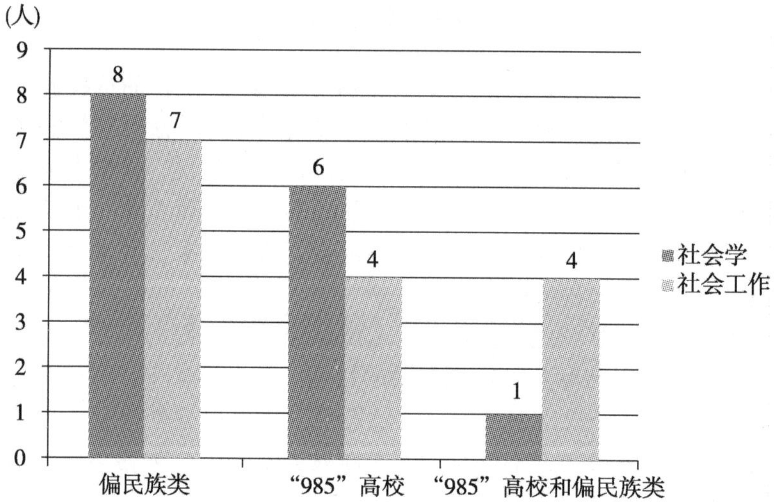

图2　将中央民族大学认知为不同类型的考生人数分布

3. 对专业的认知

本部分题目设计是“报考前，你对社会学和社会工作专业了解多少（培养目标、培养计划、学科性质、就业方向等）”。从回答情况上看，考生更多的是对本专业的性质和就业方向了解较多，对学科的培养目标和课程设置了解不太清楚。

家长对所就读专业的了解情况：有一半左右的家长对社会学和社会工作专业就业方向有所认识，35%～38%的家长对专业性质有所了解，但是仅有不到30%的家长回答了对子女所读专业的培养目标和课程设置有所了解。

调查发现，在报考志愿前考生和家长对专业认识仅仅停留在表面的一般印象的认知上。例如，对社会工作专业不少家长和考生认为是去居委会，较多家长和考生认为社会学专业毕业后是去做“公务员”、去“政府机构”等。从调查中可以看到，社会学和社会工作专业留给社会普通民众的印象具有刻板化特征。一方面，应该从提升学科知名度角度进行改善；另一方面，也应该在招生宣传中更深入地对社会学和社会工作专业进行宣传，以便可以招到真正对学科有兴趣、契合学科培养的人才。

二、高中教师关于志愿选择、专业偏好以及对社会学、社会工作专业的认识调查

（一）调查对象选择

本课题在全国范围内选择11名高中教师作为调查对象，包括河北、上海、江苏、山西、陕西、宁夏6省市。教师均有高三教学经验，所教科目包括历史、英语、政治、化学、数学和语文，所任教学校均是重点高中。

（二）调查结果

本调查将从四个方面对被调查的高中教师进行访问，包括：对考生的高考报考志愿的建议；对不同专业前景的估计；对中央民族大学学校类型的认识；对社会学和社会工作两个专业的认知。这部分提问主要从培养目标、专业包含的课程、学科性质和就业方向几个方面。以下将分项对调查结果进行报告。

1. 对考生的志愿报考的建议

在本调查中，有一半以上的人都提到自己的高考志愿选择受高中教师的影响，高中教师对考生职业报考有较大影响。本调查的11名高中教师中，有8名倾向于选择“专业优先”，这在对高考生的访谈中也得到证实。有高考生反馈说，在目前的志愿报考中，老师普遍建议学生选择好的专业，而不是学校。

2. 对不同专业就业前景的估计

为了解高中教师对不同专业就业前景的估计和判断，本调查设计题目让11名被调查教师对八个偏文科专业的就业前景好坏进行排序，其中包括经济学、管理学、法律、社会学、社会工作、文学、新闻与传播学、心理

学。结果发现，在被调查的高中教师眼中，就业前景比较好的四个专业分别是经济学、管理学、法律和新闻与传播学。其中，经济学排在第一位。对专业就业前景估计上，社会学专业通常被排在第六位甚至更靠后，社会工作在八个专业排名中普遍被排在最后一位。

3. 对中央民族大学学校类型的认识

本调查为了全面了解高考教师对我校社会学和社会工作专业的了解和认知，还调查了高中教师对我校学校类型的认知，在问卷中设计的题目是："在您的印象中，中央民族大学是什么类型的学校?"选项包括五个："偏民族类的""综合性大学""九八五大学""一般院校""没有关注过，不了解"。

结果发现，在 11 名高中教师中，有 9 名认为我校是"偏民族类的大学"，有 1 名认为我校是"偏民族类的""985"大学和"综合性大学"，有 1 名教师认为我校是"一般院校"。

4. 对社会学和社会工作两个专业的认知

这部分主要调查了高中教师对社会学和社会工作两个专业的认知，具体让高中教师从培养目标、专业包含的课程、学科性质和就业方向四个方面回答。

结果发现，11 名教师中有 2 人对社会学专业认知上回答"不了解"，有 7 人回答"不了解"社会工作专业。综合分析发现，高中教师对社会学与社会工作专业的认知有两个特点。

（1）被调查的大多数高中教师对社会学和社会工作专业的了解有片面性

这一特点具体表现在对就业方向的认知上。例如，关于社会学专业，较多调查对象回答"公务员""政府机构""政府职能部门"等。对于社会工作专业的就业，较多回答"居委会"等。对社会工作专业的培养目标的回答，较多强调社会工作专业的"服务性人才"培养，较少提到理论研究、社会管理等其他方面的培养目标。从回答内容上来看，高中教师对两个专业的了解并不太具有专业性，与社会普通人群对社会学和社会工作专业的认知程度差别不大。

（2）对社会工作专业的了解程度不如社会学深入

根据调查对象的反馈发现，高中教师对社会工作专业的了解程度不如社会学深入。在所调查的 11 名高中教师中，有 7 名对四个方面的专业认知都回答为"不清楚"；在已有的回答内容中，关于社会专业就业调查对象的回答倾向于"居委会"，缺乏对社会工作专业多元就业倾向的认知。

三、对在校大学生高考第一志愿的分析及专业建设意见

对高考生来说，第一志愿的选择往往是自己最想学习的专业或家长最期待子女就读的专业，其中也包含着考生与家长的职业期待和规划。在某种意义上，高考第一志愿可以看作是高考生和考生家长的专业认同指标。对于一个大学的系或专业来说，录取的学生中有多少人将本专业作为第一志愿报考，不仅反映学生对该专业的兴趣和职业期待，同时也是该系或专业社会知名度、被社会认同程度的指标。从发展的角度上看，专业录取中将本专业作为第一志愿选择的学生比例还会影响着系或专业的建设、发展以及专业的培养方案设定。从这几方面的意义来说，本调查设计了一部分针对在校大学生高考时专业选择及第一志愿填报的问卷。

该问卷共有五道题目："现在就读的专业是否是高考的第一志愿"；"如果不是，第一志愿是哪个学校和哪个专业"；"现在就读专业是第几志愿"；"现在就读专业是否是调剂后的专业"；"上学期在班级的成绩排名是多少"。调查对象为 2011 级社会学和 2011 级社会工作专业学生以及 2012 级社会学专业及社会工作专业学生。获得有效问卷共 119 份。

（一）学生的志愿选择分布

从第一志愿是否选择了本专业、其他志愿是否选择本专业及调剂进入本专业的人数比例来看，社会学专业学生存在的专业认同可能要强于社会工作专业，具体人数分布如下表。

各专业职业选择的人数分布表

班级名称	第一志愿人数（比例）	其他志愿人数（比例）	调剂人数（比例）	总人数
2011 社会学	36.7%	43.3%	20%	30
2012 社会学	44%	40.6%	15.6%	32
2011 社会工作	17.2%	41.4%	41.4%	29
2012 社会工作	25%	46.4%	28.6%	28

大部分社会学专业学生的报考志愿包含本校社会学专业，然而，只有不到一半的社会工作专业学生报考志愿包含本校社会工作专业。社会学专业学生通过调剂录取的只占 17.8%，通过调剂录取的社会工作专业学生却占 35%，所占本专业的比例几乎是社会学的两倍，如图 3。

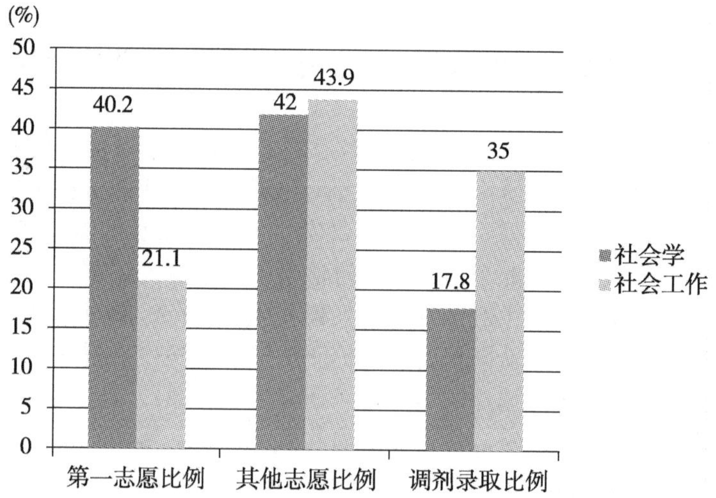

图 3　两个年级社会学与社会工作专业学生的报考志愿对比图

（二）需要强化学科认同：非第一志愿录取学生的第一志愿分析

调查发现，非第一志愿录取的社会工作专业学生的志愿多集中在金融、管理、经济、法学、新闻学、广告和中文等专业，这些专业是大多数人认为的热门专业。对其他热门专业有长远规划和期待，但进入社会工作专业的学生可能存在心理落差，需要在教学和培养中强化其学科认同。

非第一志愿录取的社会学专业学生的专业选择相对多元化，从专业角度上看，除了普通人认为的热门专业如经济学、金融、工商管理、新闻学等，还有通信工程、土木工程、外科、临床医学、机械工程、图书馆、国际政治等专业。

总的来看，对高考第一志愿的分析显示，社会工作专业学生调剂比例大、将本专业作为第一志愿的比例小。相对而言，社会学专业调剂进入本专业的比例较小，第一志愿选择比例较大。

原因可能是社会工作专业在我国起步较晚，专业发展并不充分，就业中待遇偏低，学生在高考志愿选择时较少考虑社会工作专业。另一个原因也与我校社会工作专业发展起步较晚有关系。由此可见，社会工作专业在专业培养中需要进一步强化学生的专业认同及自身的职业生涯规划，将专业、实践与就业结合起来。

五、总 结

本研究发现，考生和家长选择“好学校”胜过“好专业”，学生选择本专业的原因是因为所在学校为“985”高校，高中教师认为“好专业”胜于“好学校”。在高中教师眼中，社会学与社会工作的就业前景与其他热门专业相比，并不乐观。以上多重原因决定了学生将社会学与社会工作专业作为第一志愿的比例低于一半，较大比例的学生来自于专业调剂。

以上调查为民族大学的非民族专业人才培养提供参考，也提出未来学科建设着力培养的方向：一是需要重视并着力建设民族院校的非民族专业，从而实现民族大学由民族高校向综合类大学转型的可能，不断提升师资力量，优化学科设置，完善学生培养方案，强化招生专业宣传。二是需要教学与科研同步，以科研带动教学及学科建设，以教学促进科研，探索富有特色的学科建设及人才培养方式。

（作者单位：民族学与社会学学院）

民族院校校园群体性事件有效预防与处置研究[①]

陈　昊　田应虎　阿达来提

一、概念的界定

高校群体性事件并不是自发独立产生的，而是与外部社会发展密切相关的。它是从社会群体性事件演化出的另一种形态，其在本质上和形态上是对社会群体性事件的映射和缩影，并带有社会群体性事件的一般性特征和要素。同时又兼具自身的特殊性，是在普通高校群体性事件的基本属性上进一步嵌入了特殊因素。因此，在界定民族院校群体性事件时，必须遵循从群体性事件到高校群体性事件，然后过渡到民族院校群体性事件的逻辑线路。

关于群体性事件，国内外学者尚未有权威统一的界定。国外研究者一般用“集群行为”“集合行为”等概念来定性群体性事件，或是用集会、游行、示威、罢工活动来表述。[②] 王旭辉在梳理国内学者关于群体性事件的定义时，将其划分为四种代表性观点，即“治安事件”说、“人民内部矛盾”说、“突发事件”说和“广义群体性事件”说。[③]

本文更倾向于国内学者关于群体性事件的“人民内部矛盾”说，即“群体性事件是基于内部矛盾斗争而导致人民自身权益受到侵犯，进而通过集合、游行等方式，向相关部门和单位提出抗议和诉求的集体行为及其酝酿、形成过程中的串联、聚集等活动”。[④] 群体性事件从本质上来说是人

---

① 本文是中央民族大学 2013 年度大学生思想政治教育研究课题重点立项项目终期成果。

② 韦欣仪：《国外关于群体性事件的理论研究与处置事件述评》，载《理论探讨》2009 年第 8 期。

③ 王旭辉：《群体性事件研究的回顾与反思——概念、分析要素与价值立场》，载《云南民族大学学报》（哲学社会科学版）2012 年第 6 期。

④ 中共中央办公厅：《关于积极预防和妥善处置群体性事件的工作意见》，2004 年。

民内部矛盾激化的产物，有别于敌对活动事件，其目的并不是为了推翻或对抗政权，而是为了表达自身利益诉求而自发形成的群体性行为，并可能带有一定的消极影响，甚至会造成一定程度的危害性，成为破坏社会和谐的消极因素。因此，我们可以将高校群体性事件界定为：因受政治社会事件、文化生活习惯或校园管理问题等一系列因素影响，一定范围内的高校学生为了实现共同的权益诉求或是表达某种情绪而采取诸如静坐、游行、示威、集会、打砸、斗殴等形式，并可能带有危害高校和谐稳定性质的行为。

民族院校群体性事件具备高校群体性事件的一般内涵和属性，同时又具有一定的民族性和政治敏锐性。本文的研究对象主要是指一定数量的大学生因某种利益诉求、政治请愿、宗教信仰等因素，较为迅速地集合起来，会产生不确定性影响力的群体性突发行为，其参与主体多为少数民族大学生，包括部分汉族大学生，活动范围为校园内或者校园外。

二、民族院校群体性事件的类型与特点

1. 民族院校群体性事件的类型

在群体性事件的分类问题上，学者们各抒己见。王战军从矛盾属性、发生根源、参与主体、表现形式和处置方略五个方面分别对群体性事件作了区分。[①] 王来华、陈月生认为群体性事件可以从参与主体、事件本身是否带政治性质、事件的规模大小三个维度进行划分。[②] 于建嵘对此也做了详细的探究，通过社会纠纷、社会泄愤事件、维权行为、社会骚乱和有组织犯罪五个方面来划分中国群体性事件。[③] 为了与普通高校群体性事件区分开来，民族院校群体性事件类型的划分可从个性和共性两个方面来阐述。

在个性方面，民族院校群体性事件有政治敏感型、民族宗教型和文化冲突型三种：

（1）政治敏感型群体性事件。“该类型是民族院校比较容易发生的群

---

① 王战军：《群体性事件的界定及其多维分析》，载《政法学刊》2006 年第 5 期。

② 王来华、陈月生：《论群体性突发事件的基本含义、特征和类型》，载《理论与现代化》2006 年第 5 期。

③ 于建嵘：《当前我国群体性事件的主要类型及其基本特征》，载《中国政法大学学报》2009 年第 6 期。

体性事件，并且具有较强的影响力。各民族大学生在思想上逐渐独立，并有自己的思考，较为关注民族地区的政治形势和社会热点，一旦有敏感性或不公平事件发生，就会激发其内心的一腔民族感情和‘愤青’冲动，非理性行为就会顺其自然地产生，加上生活群居环境下从众心理的引导，突发性的群体事件由此而来。”① 此外，党和国家处理民族地区事务的政策行为，会在不同民族学生的心理上产生不同的折射作用，形成对国家民族政策认知上的差异，成为诱导该类群体性事件发生的重要因素之一。

（2）民族宗教型群体性事件。千差万别的地域生活环境和宗教信仰，造就了各少数民族大学生在思维方式和价值观念上的差异，同时在心理上更为敏感和脆弱。生活在同一个场所的各民族学生将不可避免地涉及民族习惯、宗教信仰的交融与碰撞，极易滋生矛盾或因聚居而形成的从众心理，成为该类群体性事件爆发和扩围的重要诱导因素。民族院校学生基于地域和宗教信仰的相近性，或形成各类“利益群体”，产生不同的价值标签，一旦相互之间发生碰撞，极易引发群体性事件。

（3）文化冲突型群体性事件。文化冲突是指不同文化在相互交往和互动过程中产生的竞争和对立状态。民族院校分布着众多的少数民族学生，囊括了不同类型的民族文化，也成为这些民族文化发生冲突的场所。不同民族文化，具有不同的价值取向和价值目标，通常会视自己文化具有优越性，而将其他文化视为“危险物”。各民族大学生作为自己民族文化的“传教士”，在面对“汉化”、保护与传播、冲突与融合等问题时，会产生激烈的碰撞，成为酝酿群体性事件的导火索。

从共性方面来讲，民族院校群体性事件有权益主张型和情绪宣泄型两种：

（1）权益主张型群体性事件。这类群体性事件主要是大学生表达对某些社会现象或高校教学管理的愤懑和反抗，涉及不公平待遇、就业歧视、奖学金评比、后勤管理等方方面面，通过提出权益请求来实现一定利益的群体性行为。此类群体性事件虽然更带有高校群体性事件的一般性，但不得不考虑到不同民族成分大学生在社会事件关注点和校园管理方面的不同侧重与诉求。

（2）情绪宣泄型群体性事件。该类群体性事件有两种导向，一种是正向的，一种是负面的。正向的情绪宣泄事件体现了当代大学生积极的爱国

---

① 洪惠珊：《高效群体性事件预防研究》，西南政法大学硕士论文，2008 年。

情怀和高度的社会责任感，是促进社会发展进步的助力剂。负面的情绪宣泄事件则是受一些不法分子煽动，纯粹为了破坏公共或他人财产人身安全的危害性行为，其目的是蓄意制造校园混乱，扰乱正常教学管理秩序，具有相当的负面影响。

2. 民族院校群体性事件的特点

总体来看，民族院校群体性事件主要有以下几个特点：(1) 民族院校群体性事件从本质上来说从属于人民内部矛盾，并不具有敌对性和政治对抗性。多数大学生的要求是合理的，但偶尔会出现“合理不合法”的情况，即大学生表达要求的方式十分偏激甚至违法。(2) 民族院校群体事件具有天然的敏感性。“大学素有小社会之称，民族院校不乏一大批思想活跃、关心民族团结发展的大学生，得益于现代信息技术和信息沟通方式的不断进步，他们时刻关注社会动态与民族地区发展”①，一旦事件态势发展恶劣就会引发大学生的激进情绪，极易导致群体性事件的发生。(3) 民族院校群体性事件具有复杂性与隐秘性。民族院校是一个人员比较集中的场所，各种民族的大学生汇集在一起，形成了不同民族文化与风俗习惯的碰撞，管理起来难度大而且程序复杂。(4) 民族院校群体性事件同样具有破坏性。大学生尚处于性格发育阶段，很容易产生非理性的思维和情绪化的行为，这将会使群体性事件向着更具负面性的方向发展，对校园的正常理工作造成困扰，甚至会对人身财产安全产生一定的破坏性影响。

三、从众心理对群体性事件的影响及其成因分析

深入探究高校群体性事件的形成原因可以发现，从众心理是导致群体性事件产生的“罪魁祸首”，由于其本身具有放大效应的特性，还会进一步促使事件出现逐步扩大的态势。在群体性事件的初期，基于从众心理的引导，具有相同心理诉求的大学生聚集在一起采取群体性行为。在群体性事件的过程中，会有更多的大学生受到从众心理的驱使而不断加入，并成为影响他人的群体性行为者，进而推动群体性事件向扩散的态势发展。在群体性事件的后期，由于受到管理当局的有效管制，群体性事件逐渐缓和或平息，从众心理“对于偏离的恐惧”又会加剧事件走向终结。但也必须看到，从众心理在群体性事件中扮演的不一定是“祸首”角色。这一方面

① 王鹏程：《高等学校突发事件预防与应对机制研究》，南昌大学硕士论文，2007 年。

取决于群体性事件本身的价值意义，如果群体性事件本身就是具有“正能量”的意义，从众心理必然会产生积极的作用，反之则产生消极的作用；另一方面取决于管理当局的引导，对从众心理进行正确引导和有效的利用，可对群体性事件的解决产生事半功倍的效果。凡事过犹不及，对于从众心理的引导与利用必须把握好一个度。

对于从众心理的影响机理，可以从群体和个体两个方面来阐释。一方面，大学生作为一个紧密联系的内部群体，基于共同的生活环境与交流方式，极易产生观念的认同性和吸引性，加速思想与行为的扩散。另一方面，作为一个独立的个体，大学生的自我认知能力和对事物的辨识能力较差，丧失处理问题的独立性，过度依赖于群体的决策与行动指引。正如埃里奥特·阿伦森所说的那样：“当群体具有一致的行动决议时，缺乏主见的个体极易受到从众心理的驱使而保持意见上的统一性。即使在达成这一群体决议上的人数并不多，也会在最大限度上使其中的个体产生从众行为。”① 群体生活的融合性和对群体决策的依赖性，成为大学生产生从众心理的重要因素。

四、民族院校群体性事件有效预防与处置机制的构建

1. 建立民族院校群体性事件的预防机制

不可否认，民族院校群体性事件的爆发既有内在的必然性，同时又具有相对的偶然性。从以往发生的民族院校群体性事件来看，其中多数是可以通过事前的有效预防机制而避免的。因此，我们必须把民族院校群体性事件的预防工作放在处置工作的前面。

在民族院校群体性事件的预防问题上，必须考虑到民族院校群体性事件的特殊性，其中最重要的环节就是做到意识形态安全和民族团结稳定，因此，建议把国家层面的民族政策的相关规定及文件精神融入民族院校的日常管理工作中，将其进行校园化，依此制定各项学生管理制度，进而深入有效地开展民族院校群体性事件的预防工作。具体来说，可以从以下几个方面着手：

（1）构建组织机制是预防机制建立的前提。预防和应对群体性事件的首要必备条件是组建一个群体性事件处置工作小组。“工作小组可以由民

---

① 理查德·格里格、菲利普·津巴多：《心理学与生活》，人民邮电出版社 2005 年版。

族院校学生工作主管领导牵头，同时联合与邀请分管领导、安保部门、宣传组织，以及学生管理部门、心理辅导中心、后勤集团、师生代表等共同加入”①，形成一个全校联动的局面。基于前文对从众心理的分析，心理辅导中心应充分发挥其组织功效，帮助民族院校大学生树立和形成健康的心理取向。

（2）构建制度机制是预防机制建立的基础。制度建设是民族院校群体性事件的预防管理的重要保障，通过设立一整套完善的信息监测、识别与评估以及行动预案制定等联动机制，能够对群体性事件提出更加快捷有效的处理举措。一方面，要构建民族院校群体性事件爆发前信息监测制度，充分收集信息，并对其加以评估和分析；另一方面，要设立民族院校群体性事件预防和应对预案，以便针对突发情况迅速有效地制定应对措施与决策方案。

（3）建立沟通机制是预防机制建立的根本。沟通机制的缺失会导致预防工作无的放矢，耽误预防应对群体性事件的宝贵时间。将群体性事件扼杀在最初的摇篮里，是设立预防机制的主要目的，而其中的关键环节就是做好沟通工作。预防工作小组的内部沟通顺畅是对全部预防体系的基本要求，保持与作为群体性事件行为者的民族院校大学生及其他社会群体的顺畅交流是建立沟通机制不可忽视的重要环节。

（4）加强教育培训是预防机制建立的重点。伴随近年来民族院校扩大招生规模，在学生数量增多的同时也带来了质量参差不齐的问题，增加了学生管理工作的难度。对此，我们可以通过观看宣传教育影片、组织突发性事件应急知识讲座、开展群体性事件实战演习等形式，来强化民族院校学生的教育与培训工作，提高其自我保护与辨别意识以及应对群体性事件的处置能力。

2. 建立民族院校群体性事件的处置机制

预防机制只是应对民族院校群体性事件的“第一道防线”，可谓“治本不治标”，我们还必须建立起民族院校群体性事件的有效处置机制，这样才能达到“标本兼治”的效果与目的。

在民族院校群体性事件的处置工作中，必须坚持维护各民族学生根本权益、民族团结稳定和警惕政治敏锐性的原则，积极贯彻相关民族政策的文件要旨，将“政治维稳”工作放在更加重要的位置，避免事件性质出现

① 王鹏程：《高等学校突发事件预防与应对机制研究》，南昌大学硕士论文，2007 年。

恶化。具体工作环节可以从以下几点展开：

（1）启动应急预案，建立高效行动机制。群体性事件预防和处置小组应该成为民族院校的常设组织，进而在突发事件产生时能立即成为处理群体性事件的指挥中心，及时制订和启动应对群体性事件的行动方案，并全权负责指挥民族院校群体性事件处理的整个过程。

（2）准确把握事态，建立信息发布机制。为了防止群体性事件因不良传播和散布谣言等行为造成媒体与社会公众的过度或错误反应，民族院校应积极做好群体性事件的信息收集与发布工作，同时保证信息的及时性与准确性，缓解大学生的恐慌情绪，降低群体性事件的负面影响，提升广大师生处理好群体性事件的信心，为群体性事件的处置工作创造良好的舆论环境。

（3）强化机构职能，建立矛盾化解机制。民族院校管理者要提高解决问题、防止或缓解矛盾激化的能力，完善现有处置机制的调解纠纷功能，同时将这一处置体系组织化和常态化，成为一种能满足社会、学校和学生的全方位解决矛盾、调解纠纷的综合系统。

（4）改革学生组织，建立良性对话机制。应当改革现有学生组织，逐步扩大其话语权，使其成为与民族院校管理者对话的平台，同时要优化透明学生会的选举制度，树立其在大学生中的权威，充分发挥学生会在校园管理者与大学生之间沟通桥梁的作用，代表和表达大学生的利益诉求，真正行使其组织权力。

（5）加强分析评估，建立善后恢复机制。群体性事件的事后恢复与评估工作是整个处置机制中不可或缺的部分。通过善后恢复机制，可以快速平息群体性事件产生的影响，修复其对正常学生管理秩序造成的破坏。通过事后评估环节，可以及时总结此次群体性事件的处理经验与教训，为今后的预防和处置工作提供宝贵的借鉴作用。

（作者单位：外国语学院、附中）

课程学习行为对民族院校大学生学业成绩的影响探析

——基于中央民族大学学生学习与发展追踪调查的实证研究①

王　凯　钟志勇　索　迪

一、问题的提出

当今世界的经济发展已经从依靠密集型劳动力和粗犷生产转移到主要依靠科技进步和提高劳动者的素质。经济全球化的今天，每一个国家都处于全球经济之中，都处于激烈的竞争之中。而在这竞争的背后，归根结底是人才的竞争。因此，高等教育如何培养出创新人才和高水平的人才就变得尤为重要。我国高等教育在1998年后大规模扩招，已经进入高等教育大众化阶段，但是社会发展的需要与大学人才培养的矛盾、教学质量与入学学生数量的矛盾等，已成为高等教育亟须解决的问题。中央民族大学作为民族高等教育的最高学府，肩负着为少数民族地区培养高素质的人才之重任。作为清华大学教育研究院主持的“大学生学习与发展追踪研究”课题组的成员，进行了此次中央民族大学大学生学习与发展追踪调查，以扫描学校本科教育的优势与不足，从而探寻提升本科教育质量的途径。

笔者发现，在院校教育环节诊断九项指标中，课程学习行为（SL）对大学生的学业成绩存在着某些关系，因此本文旨在探明大学生课程学习行为如何影响民族院校大学生的学业成绩。

① 本文为中央民族大学校级教育教学改革项目“中央民族大学本科生学习与发展追踪研究”的阶段性成果。

二、研究方法

（一）被　试

本次调查的被试选自中央民族大学全日制本科生，采用分年级完全随机抽样方式抽取了 1237 名被试者，最终收回有效问卷 1237 份。经过与中央民族大学学生总体的性别、年级、民族和专业对比，本次抽样具有较好的代表性。被试结构如表 1 所示。

表 1　被试构成结构表

项目		人数	百分比	总计
性别	男	320	25. 9	1237
	女	917	74. 1	
民族	汉族	549	44. 4	1237
	少数民族	688	55. 6	

（二）调查内容和工具

本次调查采用的是“中国大学生学习与发展追踪研究调查问卷”（CCSS），它是由全美大学生学习性投入调查问卷（NSSE）发展而来。2007 年清华大学教育研究院将原版 NSSE 为基础，后经过文化适应调整，完成了该问卷的汉化版，即“中国大学生学习性投入调查问卷”（NSSE - China），经过几年的研究和大量访谈结果，在该问卷的基础上进行调整和修订，并逐渐形成了本次使用的问卷。

本研究使用的题目为院校诊断九项指标中的课程学习行为（SL）维度，具体题目包括：（1）课堂上主动提问或参与讨论；（2）课堂上积极回答/思考老师没有既定答案的提问；（3）课堂上就某一研究主题做有预先准备的报告；（4）与其他同学合作完成课程任务或作业；（5）帮助其他同学理解课程内容；（6）上课前没有完成规定的阅读或作业；（7）课堂上质疑老师的观点；（8）课堂上有侧重地做笔记；（9）课堂上集中精力听老师的讲解；（10）通过与其他同学讨论或一起学习课程材料来准备考试；（11）使用网络媒介讨论或完成作业；（12）课外和任课教师讨论课程中的主题、观点或概念；（13）学习（不包括上课，但包括预习、复习、读相关文献或专业期刊、做作业/实验等）（每周小时总数）。

（三）数据的整理和分析

采用 SPSS18.0 完成数据的整理和分析工作，按照 CCSS2013 使用手册计算分数。首先，通过方差分析课程学习行为对学期平均成绩的影响。其次，分析课程学习行为的具体题项与学业成绩的相关关系，并在性别和民族差异中进行研讨，进而得出结论。

三、结果分析

（一）课程学习的主要学习方法

本文对问卷中课程学习行为的 13 个项目进行了探索性因子分析。因素分析结果 KMO = 0.793，球形检验 $X2 = 2296.38$，$P < 0.01$，因此数据适合进行因子分析。采用主成分提取公共因子，最大方差旋转法，进行因子分析的尝试，提取特征值大于 1 的因子数，共 3 个。3 个因子共解释 60.74% 的总方差。根据因子分析逐步删除载荷小 0.5 的项目、双负载或多负载情况严重的项目的原则，删除了“课堂上就某一研究主题做有预先准备的报告”“学习时间”。具体项目及其在各因素上的载荷见表 2。

表 2　课程学习行为项目及正交旋转后的因素载荷

项目	因素 1	因素 2	因素 3
课堂上主动提问或参与讨论	0.774		
课堂上积极回答/思考老师没有既定答案的提问	0.719		
帮助其他同学理解课程内容	0.567		
课堂上质疑老师的观点	0.663		
课外和任课教师讨论课程中的主题、观点或概念	0.641		
与其他同学合作完成课程任务或作业		0.644	
通过与其他同学讨论或一起学习课程材料来准备考试		0.757	
使用网络媒介讨论或完成作业		0.774	
上课前没有完成规定的阅读或作业			0.656
课堂上有侧重地做笔记			0.577
课堂上集中精力听老师的讲解			0.594

根据因子分析结果，因素 1 包含 5 个项目，主要以主动提问、课堂上积极回答问题、帮助其他同学理解课程内容、课堂上质疑老师的观点、课外讨论为主，所以定义为提问讨论学习；因素 2 包含 3 个项目，主要以合作完成任务、与同学一起准备考试、使用网络完成作业，所以将其定义为合作学习；因素 3 包含 3 个项目，主要为上课完成阅读和作业、记笔记、听老师讲解，因此命名为传统学习。这三种学习是学生课程学习的主要方式。

（二）不同课程学习方法对学生学业成绩的影响

为探究合作学习、提问讨论学习和传统学习对于学业成绩的影响，以三种学习方式为自变量，以不同性别和不同民族学生的学业成绩为因变量，进行了回归分析。

1. 三种课程学习方式对不同性别学生学业成绩的影响

以三种学习方式为自变量，分别以男生和女生学业成绩为因变量，进行回归分析发现（见表 3）：提问男生的提问讨论学习的回归系数 β = 0.286，$p<0.01$；男生的合作学习的回归系数 β = 0.046，$p>0.05$；传统学习的回归系数 β = 0.092，$p>0.05$。所以，合作学习、传统学习方法对男生的学业成绩没有影响，提问讨论学习有着极其显著的正向预测作用。对于女生来说，提问讨论学习的回归系数 β = 0.177，$p<0.01$；合作学习的回归系数 β = 0.05，$p>0.05$；传统学习的回归系数 β = 0.137，$p<0.01$。所以，合作学习对女生的学业成绩没有影响，提问讨论学习和传统学习具有显著的正向预测作用。

表 3　三种学习方式与不同性别的学生学业成绩的回归分析

组别	影响因素	β	t	Sig.
男生	提问讨论学习	0.286	4.156	0.000
	合作学习	0.046	0.664	0.507
	传统学习	0.092	1.370	0.172
女生	提问讨论学习	0.177	4.239	0.000
	合作学习	0.050	1.209	0.227
	传统学习	0.137	3.295	0.001

2. 三种课程学习方式对不同民族学生学业成绩的影响

以三种学习方式为自变量，分别以汉族和少数民族学生学业成绩为因变量，进行回归分析。结果显示：汉族学生提问讨论学习的回归系数 β =

0.272，$p<0.01$；汉族学生的的合作学习的回归系数 $\beta=0.074$，$p>0.05$；汉族学生传统学习的回归系数 $\beta=0.122$，$p<0.05$。所以，合作学习对汉族学生的学业成绩没有影响；提问讨论学习和传统学习具有显著的正向预测作用。对于少数民族学生来说，提问讨论学习的回归系数 $\beta=0.131$，$p<0.01$；合作学习的回归系数 $\beta=0.307$，$p>0.05$；传统学习的回归系数 $\beta=0.145$，$p<0.01$。所以，合作学习对少数民族学生的学业成绩没有影响；提问讨论学习和传统学习具有显著的负向预测作用。因此，三种学习方法对于不同民族的学生影响具有一致性。

表4　三种学习方式与不同民族的学生学业成绩的回归分析

组别	影响因素	β	t	Sig.
汉族	提问谈论学习	0.272	5.195	0.000
	合作学习	0.074	1.421	0.156
	传统学习	0.122	2.331	0.020
少数民族	提问谈论学习	0.131	2.723	0.007
	合作学习	0.049	1.022	0.307
	传统学习	0.145	3.015	0.003

四、结论与建议

（一）结　论

首先，我们将课程学习行为分为提问讨论学习、合作学习、传统学习。提问讨论学习主要包括主动提问、课堂上积极回答问题、帮助其他同学理解课程内容、课堂上质疑老师的观点、课外讨论；合作学习则有合作完成任务、与同学一起准备考试、使用网络完成作业；传统学习涵盖上课完成阅读和作业、记笔记、听老师讲解。这也是现在高校学生主要的三种学习方式。

其次，三种学习方法对学生的学业成绩的影响不同且与性别有关。提问讨论学习对学生的学业成绩具有正向预测作用；合作学习对于学业成绩没有显著影响；传统学习对女生的学业成绩具有正向预测作用，而对于男生则没有显著影响。

究其原因，“提问讨论学习对学生的学业成绩具有正向预测作用”。一方面，主动提问、思考与老师讨论有助于对知识的理解和深化，“给学生提供更多的参与机会”①；另一方面，帮助其他学生可以将学到的知识外化，使得真正掌握课堂内容。“合作学习对于学业成绩没有显著影响”也不无原因。第一，合作完成作业，造成一部分学生偷懒的情况；第二，准备考试的时候，一起讨论或一起学习可能反而影响了备考的效率；第三，使用网络媒介合作学习并不广泛，很容易因为网络上的其他内容而精力不集中而适得其反。因此，“合作学习并不是包治一切问题的万能药”②。“传统学习对女生的学业成绩具有正向预测作用，而对于男生则没有显著影响。”笔者认为原因可能是女生和男生的个性不同，女生更倾向于个人性、内向性的学习方式，而男生更喜欢群体性、外向性的学习方式。

（二）建 议

综上所述，本文从以下几个方面提出建议，通过改善课程学习行为从而提升大学生学业成绩。

第一，有意识地提高课程学习行为。经过上述研究，课程学习行为确实对于学业成绩有着重要的影响。比如，帮助其他同学理解课程内容，只有自己在清楚理解课程内容的情况下，才能帮助其他同学。这不仅对于自己记忆课程内容有很大帮助，而且对于学生本人思维能力的发展有着极大的帮助。又如，做笔记，虽然很多同学不再选择去记笔记，认为最后考试的时候通过打印材料也一样，但是对于课程的学习很不利。记笔记不仅是一个思考的过程，通过手脑并用，而且还可以将头脑中的知识转变为书面上的知识。人会将记住的东西遗忘，而记下来却可以不断温习，正所谓“温故而知新”是也。另外，通过集中精力听老师讲解、提问和参与讨论透视提高课程学习行为的好途径。

第二，提高合作能力，通过新的途径，来提升课程学习行为，我校学生应该增强合作能力和合作意识。现今社会对于合作的要求日益增加，无论在什么行业，都在呼吁合作。课程的合作学习，不仅有利于学习知识、掌握课程内容，更有利于学生身心的发展。合作学习可以使学生自我意识形成和发展，其过程是互帮互学，彼此交流信息，也是情感交流、心理交

---

① 罗祖兵：《小组讨论学习的误区与对策》，载《教学与管理》2004 年第 2 期，第 31—33 页。

② Slavin. R. E. Cooperative learning in middle and secondary schools ［J］. Clearing House 1996 (4): 200 - 205.

流的过程。使学生体验到一种被人接受、信任和认同的情感，也为学生社会化程度的提高、交际能力的培养提供了充分的条件。

第三，增加现代教育技术，满足学生多种途径的课程学习。可喜的是，我校在此方面已经做了很多努力，如开展的网络教育通识课程得到了学生的一致好评。互联网和计算机的迅速发展让生活在现在的人难免不受其影响，而学生更是其中最大一部分。大学生接受新事物和学习能力都比较强，因此，如何更多地利用网络媒介成为广大教育工作者研究的重点和方向。如果学生通过网络媒介学习课程得到广泛推广，教育与学习必定在时空上爆发了一场新的革命，到那时候，学习就成为一件无时不在、无处不学的事，成为生活的一部分。

（作者单位：教育学院）

中央民族大学本科生在校满意度状况探究①

吴春红　苏　德　刘　瑶

一、问题提出

随着高等教育市场化程度的不断加深，如何在教育市场中处于优势的位置，提高自己的竞争力，是每所高校要考虑的问题。学生的满意是学校长远发展的基础，高等教育的发展需要“以学生为本”。基于此，笔者展开了对中央民族大学生在校满意度状况的探究，了解其薄弱环节和发展状况，以期能为学校相关部门的管理以及决策提供必要的依据，优化学校资源，营造和谐的校园环境，促进学校更好更快的发展。

在校满意度是指“学生作为享受学校教育服务的消费者，将自己接受学校教育服务的感知结果，跟自己预期期望和付出的代价进行比较的过程中，产生的一种心理感受状况，大学生满意度源于态度观和期望观”②。国外对大学满意度的研究起步较早，在理论和实践方面都有较为丰富的成果，这对我国大学生满意度研究的开展具有重要的借鉴意义。国内对于大学生满意度的研究主要集中在对国外调查范例的分析③，对测量模型的研究④，基于调查结果的实证研究⑤以及高校特定工作满意度的研究⑥。总

---

① 本文为中央民族大学校级教育教学改革项目“中央民族大学本科生学习与发展追踪研究”阶段性成果。

② ［美］马斯洛等著：《人的潜能和价值》，华夏出版社1987年版，第267页。

③ 韩玉志：《大学生满意度调查应重视的问题——基于美国大学生满意度调查的思考》，载《教育发展研究》2008年第11期，第84—87页。

④ 韩玉志：《美国大学生满意度调查方法评介》，载《比较教育研究》2006年第6期，第60—64页。

⑤ 傅真放：《高等学校大学生满意度实证分析研究》，载《高教论坛》2004年第5期，第12—31页。

⑥ 蔡曙光：《大学生校园生活满意度调查报告》，载《中国青年政治学院学报》2006年第5期，第47—51页。

之，我国对于大学生满意度的研究已经取得了很大的成果。本文在以往研究的基础上对中央民族大学生的在校满意度进行实证研究，从性别、民族、来源、年级等角度对中央民族大学本科生的在校满意度进行比较分析。

二、研究方法

（一）测量工具

本研究采用了由清华大学教育研究院编制的《中国大学生学习与发展追踪研究调查问卷2013》，即CCSS量表。本文采用了该量表有关满意度研究的sA33与sA34题以及相关背景信息。sA33题分为10个维度，分别是整体就读经历、学术经历、社交经历、学习硬件条件、学习风气和氛围、课程质量、教师的教学水平、二次选择专业的机会、求职就业指导以及整体收获和成长。sA34题为“向他人推荐该校”。这两题均采用7点计分法，让被试根据项目的内容与他们实际情况的相符程度选择，sA33题从非常不满意到非常满意，sA34题从一定不会到一定会分别计1～7分，得分越高，说明满意度越高。此外，还采用了在校满意度（SSTF）这一变量，该变量是sA33题与sA34题的平均值，代表学生在校的整体满意度。背景信息涉及性别、民族、家庭来源和年级。

（二）被　试

研究被试从中央民族大学随机抽取，本研究回收有效问卷1237份。从性别来看，男生320人，占总人数的25.9%；女生917人，占总人数的74.1%。从民族看，汉族学生549人，占总人数45.1%；少数民族学生669人，占总人数54.9%；缺失值19。从生源看，来自城镇的学生966人，占总人数的78.8%；来自农村的学生260人，占总人数21.2%；缺失值11。从年级看，大一学生461人，占总人数的37.3%；大二学生374人，占总人数的30.2%；大三学生297人，占总人数的24.0%；大四学生105人，占总人数的8.5%。

（三）数据的整理和分析

本文通过SPSS18.0对数据进行整理，把sA33题和sA34题整合分类为五个维度，分别为整体经历（包括整体就读经历、学术经历、社交经历）、硬件条件（学习硬件条件）、软件条件（包括学习风气和氛围、课程质量、教师的教学水平、二次选择专业的机会、求职就业指导）、整体收获（整体收获和成长）以及推荐该校（向他人推荐该校）。利用描述统计、独立样本的T检验以及方差分析，探究中央民族大学不同性别、不同民族、不同家庭来源、不同年级学生的在校满意度状况。

三、研究结果

（一）中央民族大学本科生在校满意度的整体情况

表1　中央民族大学本科生在校满意度的整体情况

	整体经历	硬件条件	软件条件	整体收获	推荐该校
N	1225	1225	1225	1225	1225
M	56.077	54.381	54.533	62.082	60.749
SD	21.059	23.825	20.831	23.504	25.219

从表1可以看出，中央民族大学本科生在学校满意度的五个指标中，整体收获成长与推荐就读学校的得分较高，但其波动性也相对较大。也就是说，在整体收获成长和推荐就读学校方面，学生个体之间的差异相对较大。

（二）男女大学生在校满意度比较

经独立样本t检验，整体上男女学生的在校满意度不存在显著差异；在整体经历、硬件条件、整体收获、向他人推荐就读学校四个维度上，男女学生的满意度也不存在显著差异；但在软件条件这一维度上男女学生存在显著差异，并且女生满意度高于男生（见表2）。

表2　男女大学生在校满意度比较

	整体经历	硬件条件	软件条件	整体收获	推荐该校	在校满意度
t 值	−1.842	−1.726	−1.983*	−1.542	0.009	−1.898
p 值	0.066	0.085	0.048	0.124	0.993	0.058

（$*p<0.05$）

（三）汉族与少数民族大学生在校满意度比较

经独立样本t检验，汉族和少数民族大学生的在校满意度整体上差异不显著；在整体经历、硬件条件、软件条件和整体收获成长四个指标上，汉族与少数民族大学生没有显著性差异；在向他人推荐该校上汉族和少数民族学生存在显著差异。相比汉族学生，少数民族学生更愿意把学校推荐给他人（见表3）。

表3 汉族与少数民族大学生在校满意度比较

	整体经历	硬件条件	软件条件	整体收获	推荐该校	在校满意度
t 值	0.566	-1.294	-0.671	0.395	-2.982**	-0.625
p 值	0.572	0.196	0.503	0.693	0.003	0.532

（$^{**}p<0.01$）

（四）不同来源大学生在校满意度比较

经独立样本t检验，整体上城镇与农村学生在校满意度没有显著性差异；在具体维度上，城镇与农村学生对学校硬件的满意度有显著性差异，农村学生的满意度要高于城镇学生；在整体经历、软件条件、整体收获和推荐该校四个指标上没有显著性差异（见表4）。

表4 城镇与农村大学生在校满意度比较

	整体经历	硬件条件	软件条件	整体收获	推荐该校	在校满意度
t 值	0.156	-2.616**	-0.845	0.352	-0.815	-0.732
p 值	0.876	0.009	0.398	0.745	0.415	0.464

（$^{**}p<0.01$）

（五）不同年级大学生在校满意度比较

方差分析结果显示，不同年级大学生在校满意度存在显著差异；在整体经历、硬件条件、整体收获成长、推荐该校四个维度上，不同年级大学生满意度差异不显著；在软件条件这一维度上，不年年级大学生的满意度存在显著差异（见表5）。

表5 不同年级大学生在校满意度比较

	整体经历	硬件条件	软件条件	整体收获	推荐该校	在校满意度
F 值	0.653	1.902	6.782**	1.080	0.483	3.033**
p 值	0.581	0.127	0.000	0.356	0.694	0.028

（$^{**}p<0.01$）

均值多重比较结果表明，不同年级大学生在校满意度的显著差异主要体现在大一与大二、大一与大三之间，大一与大四、大二与大三、大二与大四、大三与大四之间的差异不显著。就在校满意度平均数而言，大一最高，大四次之，大三第三，大二最低；在整体经历、硬件条件、整体收获成长三个维度上，年级之间的差异不显著。不同年级的满意度平均数基本呈“V”字形，并且均在大二时满意度降到了最低，在大三、大四时呈上升趋势。其中，整体经历、整体收获成长的满意度，在大一时最高，对学校硬件条件的满意度在大四时达到了最高。在软件条件上，大一与大二、大三、大四都存在显著的差异，大二与大三、大二与大四、大三与大四之间差异不显著；在大二时，满意度降到了最低点，在大三时有所上升，在大四时，满意度又再次降低。在向他人推荐该校上，不同年级之间不存在显著差异，但年级与满意度平均数呈反比，年级越高，满意度越低（见表6）。

表6　不同年级大学生在校满意度平均数差异

	整体经历	硬件条件	软件条件	整体收获	推荐该校	在校满意度
大一与大二	1.939	2.651	5.829**	2.926	0.833	3.762*
大一与大三	1.516	-0.131	4.940**	1.157	1.829	2.918*
大一与大四	0.762	-3.031	5.702*	0.683	2.598	2.813
大二与大三	-0.423	-2.782	-0.890	-1.770	0.996	-0.843
大二与大四	-1.213	-5.683*	-0.127	-2.244	1.765	-0.949
大三与大四	-0.790	-2.900	0.763	-0.474	0.769	-0.106

（$^{*}p<0.05$，$^{**}p<0.01$）

四、讨　论

以上分别从性别、民族、来源、年级等维度上对中央民族大学本科生的在校满意度状况做了统计分析，并得出了相应的结论。

从性别上看，男女大学生的在校满意度不存在显著差异，但在软件条件这一维度上女生的满意度明显高于男生。软件条件涉及学习风气和氛围、课程质量、教师的教学水平、二次选择专业的机会和求职就业指导。究其原因：第一，学习成绩的影响。进入大学后大部分女生仍刻苦努力学习，而男生进入大学后则容易放松懈怠，也就是说，女生的学习投入会更多。受传统教育的影响，大学的课堂教学仍以讲授法为主，评价手段侧重于考察学生的记忆、理解能力。在这种情况下，女生在考试中更容易取得高分，这就使其在学习上自我效能感较高，从而对学校的学习风气和氛围、课程质量以及教师的教学水平更加满意。第二，师生关系的影响。认真努力学习的学生更容易得到教师的认可。如上所述，大部分女生较男生在这方面更具有优势，容易与老师建立良好的师生互动关系，从而对课程质量以及教师的教学水平给予积极的评价。

从民族上看，汉族与少数民族大学生的在校满意度整体上差异不显著；在向他人推荐该校上差异显著，少数民族学生更愿意把学校推荐给他人。原因如下：首先，学生原来所处环境不同。中央民族大学大部分汉族学生相对少数民族学生而言，由于历史、地理等原因从小所处环境更为优越，其对学校各方面的要求也就更高，从而对学校的满意度也就更低。其次，中央民族大学自身特色的影响。中央民族大学作为培育少数民族和民族地区优秀杰出人才的国家重点大学，在我国民族地区有着较高的社会认可度。也是大多数少数民族学生的理想学府，更愿意把学校推荐给他人。最后，校园氛围的影响。相对于普通高等院校而言，中央民族大学汇聚着更多的少数民族学生，校园生活有更多的民族元素，少数民族学生从家乡来到内地，在中央民族大学更容易找到归属感，适应内地的学习生活。因此，更愿意把学校推荐给他人。

从大学生家庭来源看，整体上城镇与农村大学生在校满意度没有显著性差异，在学习硬件条件上存在显著差异，农村学生的满意度要高于城镇学生。这是因为来自城镇的大学生较之来自农村的大学生接触的现代化事物可能更多一些，原来就读学校在硬件设施方面就已经很完善，来到大学后，对大学有着较高的期望值，一旦学校在有些方面没有原来就读的学校条件好，就会有较大的落差感，从而对学校产生不满；来自农村的大学生正好相反，其更容易满足。

从年级上看，不同年级大学生在校满意度存在显著差异，大一最高，大四次之，大三第三，大二最低；在软件条件这一指标上，大一与大二、大三、大四差异显著。在校满意度的年级差异主要体现在大一与大二，大一与大三之间。Oberg（1960）提出处于文化接触中的个体存在四个情感适应阶段：蜜月期（个体享受新文化带来的新奇）、危机期（个体体验到文化冲击带来的挫折和焦虑）、恢复期（个体开始试图解决新环境中的危机）和适应期（个体重新适应新环境）。[①] 大学生在校满意度存在的这种年级差异，可以用 Oberg 文化接触的阶段论来解释。大一刚从高考中解放出来，进入梦想已久的大学，对各方面充满着好奇，每天接触新鲜的事物，与大学的关系处在"蜜月期"，这时对大学的满意度最高；但随着对大学的了解，开始发现大学很多地方和自己想象中的不一样，并没有那么完美，对课程质量，老师教学水平，学习环境的不满以及对专业的不感兴趣，大一的松懈，对学业的低效能感以及学业的压力，个体更多体验到一种挫折感和焦虑感，这都使大二学生对学校的满意度降至最低，与学校的关系处在"危机期"；大三开始慢慢地适应大学生活，对一些不满也开始慢慢缓解，课业负担也没有大二重，能较为妥善地处理各方面的关系，与大学的关系处在"适应期"，对学校的满意度开始上升；大四的学生在经历了前三年的大学生活，已经很适应大学的生活节奏，也能客观正确地对待遇到的各种问题。同时，大四面临着找工作，在接触社会的过程中，更体会到学校生活的美好，对大学的满意度有了很大的提高。在软件条件这一维度上也存在显著差异，与在校满意度不同的是在大四时，学生对学校软件条件的满意度没有继续呈现上升趋势，而是再次下降，部分原因是大四学生在找工作的过程中，感受到自己所接受的课程和教学不足以支撑自己找到工作，在求职就业中体验到挫败感，而对学校的软件条件产生不满。

五、结　论

由以上数据分析可知，学生对学校的满意度，是将自己所受到的学校教育服务跟自己的预期期望进行比较的过程中，产生的一种心理感受。也就是说，学生对学校的满意度不仅与所在学校的教育服务有关，也与学生自身的预期期望有很大的关系。整体上，中央民族大学本科生在校满意度在性别、民族、来源上没有显著差异，但在具体指标上存在显著差异；不同年级学生之间存在显著差异。要营造"美美与共，知行合一"的和谐校园，一方面，学生需要调节自己的状态，更好地适应大学生活；另一方面，学校要充分考虑不同性别、不同民族、不同来源、不同年级学生的需

---

① Ward, C.. Okura, Y., Kennedy, A., Kojima, T. The U – curve on trial: a longitudinal study of psychological and sociocultural adjustment during cross – cultural transition. International journal of intercultural relations. 1998, 22 (3): 277 – 291.

要，有针对性地采取一些措施，使学校有限的资源得到最优化的配置。此外，还要向其他优秀院校学习，借鉴它们的成功经验。

本研究侧重于对中央民族大学学生在校满意度现状的分析，对其原因以及对策的探讨，有待进一步加强。

参考文献

[1] [美] 马斯洛等著、林方主编：《人的潜能和价值》，华夏出版社 1987 年版。

[2] 韩玉志：《大学生满意度调查应重视的问题——基于美国大学生满意度调查的思考》，载《教育发展研究》2008 年第 11 期，第 84—87 页。

[3] 韩玉志：《美国大学生满意度调查方法评介》，载《比较教育研究》2006 年第 6 期，第 60—64 页。

[4] 傅真放：《高等学校大学生满意度实证分析研究》，载《高教论坛》2004 年第 5 期，第 12—31 页。

[5] 蔡曙光：《大学生校园生活满意度调查报告》，载《中国青年政治学院学报》2006 年第 5 期，第 47—51 页。

[6] Ward, C.. Okura, Y. , Kennedy, A. , Kojima, T. The U - curve on trial: a longitudinal study of psychological and sociocultural adjustment during cross - cultural transition International journal of intercultural relations. 1998, 22 (3): 277 - 291.

（作者单位：教育学院）

中央民族大学本科生课外拓展性学习行为与教育收获的相关性研究①

曾 欣 刘鹏琦 胡 鑫

本研究以 CCSS2014 本科院校版问卷为工具，在中央民族大学全日制本科生中，通过分年级完全随机抽样的方式选取被试，回收有效问卷 1562 份。研究结果显示：中央民族大学本科生课外拓展性学习行为为全国中等偏上水平；自我报告的教育收获与全国平均水平基本一致；课外拓展性学习行为与教育收获呈正相关。针对我校的实际情况，本文提出鼓励学生参与学术型拓展性学习活动、加强师生互动及加强各院系学风建设等具体建议。

一、问题的提出

长期以来，应试教育占据了中国教育过程的主导地位，严重影响了学生的思维活力，压抑了学生的创新精神，使得学生普遍出现实践能力差、创新能力不足等突出问题。因此，全面推进大学生能力拓展，培养高素质的大学生已成为当代高校教育工作者研究和探讨的课题。大学教育应更加注重培养适合新时代发展的具有创新创业意识、思维、人格和能力的高素质人才，应通过学校、政府、企业和社会等多渠道指导和帮助大学生树立创新意识，形成创新思维。

中央民族大学作为“985”院校，积极尝试教育改革，不断探索学生的课外拓展性学习行为，努力为学生的课外拓展学习提供平台，创造机会。本文通过研究课外拓展性学习行为与学生教育收获的相关性，尝试找到当前我校开展课外拓展性学习活动过程中遇到的问题，并对提高学生的教育收获提出合理建议。

---

① 本文为中央民族大学校级教育教学改革项目“中央民族大学本科生学习与发展追踪研究”的阶段性成果。

二、研究方法

（一）被　试

本次调查采用分层随机抽样的方式，抽取 1581 名中央民族大学本科生作为被试，最终收回有效问卷 1562 份。所选样本综合考虑了民族、年级、专业等情况，具有较强的代表性。被试年级结构如表 1 所示。

表 1　被试年级结构

男女生合计	一年级	二年级	三年级	四年级	合计
男	153	104	112	52	421
女	416	330	263	132	1141
合计	569	434	375	184	1562

（二）调查内容和工具

本调查采用清华大学“中国大学生学习与发展追踪研究”（CCSS）本科院校版问卷，该问卷最初是由美国“大学生学习型投入调查”（NSSE）汉化形成的中文版本，2009 年进行首轮正式全国调查，之后每年课题组对问卷进行增减和修订。2014 年经课题组进一步完善形成本次 CCSS 本科院校版问卷。本研究中的课外拓展性学习行为采用问卷中直接对应的指标，教育收获采用问卷中的自我报告的教育收获，见表 2。

表 2　课外拓展性学习行为与自我报告的教育收获内容

课外拓展性学习行为	自我报告的教育收获
1. 听感兴趣的讲座或报告	1. 广泛涉猎各个知识领域
2. 非指定的书籍	2. 深厚的专业知识与技能
3. 和任课教师参与课外工作	3. 良好的口头表达能力
4. 参观展览，观看戏剧舞蹈	4. 良好的书面表达能力
5. 实习、社会实践或调查	5. 组织领导能力
6. 社区服务或志愿者	6. 熟练运用信息技术的能力
7. 向专业学术期刊/学术会议等投稿	7. 批判性思维

续表

课外拓展性学习行为	自我报告的教育收获
8. 参加学习社团	8. 与他人有效合作
9. 和任课教师一起做研究	9. 解决现实中的复杂问题
10. 课程要求以外的语言学习	10. 自主学习
11. 海外学习	11. 数字和统计信息的分析能力 12. 认识自我
12. 参加各类学术、专业、创业或设计竞赛	13. 确立、明晰个人人生观、价值观
13. 报考专业资格证书/技能等级证书	14. 明确自己未来的发展规划
14. 辅修第二学位/专业	15. 理解不同群体的文化和价值

问卷中课外拓展性学习行为与自我报告的教育收获各项指标均采取反向计分，在数据处理时已转换为正向计分。学生在课外拓展性学习行为得分越高说明对各项行为参与程度越高，但第 5 ~ 14 项得分取值仅为 100（做过）或 0（没做过）。对于自我报告的教育收获分值越高，说明各项提高程度越高。

（三）数据的整理和分析

本文采用 SPSS18.0 进行数据的整理和分析工作。

三、研究结果

（一）学生参与的课外拓展性学习行为

中央民族大学学生课外拓展性学习行为得分均值为 35.29，全国常模为 32.99，经 T 检验显著高于全国常模值，属于中等偏上水平。表 3 为课外拓展性学习行为各项指标平均得分情况与全国常模的对比。①

① 清华大学“中国大学生学习与发展追踪研究”（CCSS）课题组根据调查前的分层随即抽样设计，共调查了 76 所高校的 55529 名被试。针对该随机样本构建了推断相应总体的常模。

表3 课外拓展性学习行为平均得分与全国常模对比

指标	中央民族大学	全国常模	T	Sig.
听感兴趣的讲座或报告	40.578	38.67	2.880**	0.004
非指定的书籍	44.926	47.94	-4.608**	0.000
和任课教师参与课外工作	31.449	27.02	5.716**	0.000
参观展览，观看戏剧舞蹈	52.320	40.96	15.930**	0.000
实习、社会实践或调查	67.093	57.96	7.608**	0.000
社区服务或志愿者	72.343	62.19	8.968**	0.000
向专业学术期刊投稿	12.868	8.58	5.060**	0.000
参加学习社团	50.704	53.61	-2.296*	0.022
和任课教师一起做研究	24.072	25.09	-0.941	0.347
课程要求以外的语言学习	26.953	27.79	-0.746	0.456
海外学习（短期或长期）	5.890	6.92	-1.729	0.084
参加各类竞赛	28.361	28.88	-0.455	0.649
报考专业资格证书	30.666	35.97	-4.545**	0.000
辅修第二学位/专业	5.890	12.2	-10.589**	0.000

（$*p<0.05$，$**p<0.01$）

在各项指标中，“听感兴趣的讲座或报告”“和任课教师参与课外工作”“参观展览观看戏剧舞蹈”“实习、社会实践或调查”“社区服务或志愿者”“向专业学术期刊投稿”6项平均得分明显高于全国水平，“非指定的书籍”“参加学习社团”“报考专业资格证书”“辅修第二学位/专业”4项平均得分明显低于全国水平（我校还未设立辅修第二学位或专业的机制）。

由于不同年级学生受教育时间和专业知识水平不同，可能参与过的拓展性学习活动的种类和数量会不同，不同学科对学生能力的培养也各有侧重。因此在分析影响课外拓展性学习行为影响因素时，从年级、学科两方面进行。检验结果如表4所示。

表4 课外拓展性学习行为的统计学差异

年级与学科	自由度	F	Sig.
年级	3	93.693**	0.000
学科	9	1.749*	0.073

（$*p<0.05$，$**p<0.01$）

由方差分析的结果可以看出，不同年级学生在课外拓展性学习行为上有极其显著性差异；不同学科专业学生在课外拓展性学习行为上没有显著性差异。

（二）学生自我报告的教育收获

我校学生自我报告的教育收获得分均值为 61.66，而全国常模为 61.56，经 T 检验我校与全国常模差异并不显著，因此我校与全国平均水平基本一致。表 5 为自我报告的教育收获各项指标平均得分情况与全国常模的对比。

表 5　自我报告的教育收获平均得分与全国常模对比

自我报告的教育收获	中央民族大学	全国常模	T	Sig.
广泛涉猎各个知识领域	62.364	63.26	−1.452	0.147
深厚的专业知识与技能	60.976	61.60	−1.017	0.309
良好的口头表达能力	58.284	59.21	−1.428	0.153
良好的书面表达能力	56.406	55.53	1.309	0.191
组织领导能力	55.657	56.05	−0.563	0.573
熟练运用信息技术的能力	60.442	61.10	−1.043	0.297
批判性思维	61.317	60.16	1.849	0.065
与他人有效合作	66.079	65.03	1.729	0.084
解决现实中的复杂问题	60.975	61.11	−0.216	0.829
自主学习	64.198	64.96	−1.097	0.273
数字和统计信息的分析能力	53.714	56.47	−3.991**	0.000
认识自我	67.146	67.11	0.057	0.955
确立、明晰个人人生观、价值观	65.329	65.73	−0.604	0.546
明确自己未来的发展规划	62.341	63.06	−1.056	0.291
理解不同群体的文化和价值	69.663	63.01	10.579**	0.000

（**Sig. <0.01）

具体指标上，我校学生在理解不同群体的文化和价值方面显著高于全国水平，而在“数字和统计信息的分析能力”方面的收获程度显著低于全国水平。

在讨论自我报告的教育收获影响因素时，仍考虑年级、学科两个因素。中央民族大学学生自我报告的教育收获在年级、学科中的差异如表6所示。

表6 自我报告的教育收获的统计学差异

年级与学科	自由度	F	Sig.
年级	3	13.761**	0.000
学科	9	2.629**	0.005

（**Sig. <0.01）

结果显示，年级和学科都在0.01的显著性水平下显著，即不同年级和学科学生自我报告的教育收获有极其显著差异。由于年级和学科会对课外拓展性学习行为即自我报告的教育收获产生显著影响，下文依此分类讨论相关性。

（三）课外拓展性学习行为与自我报告的教育收获相关性

1. 总体相关性

对课外拓展性学习行为与自我报告的教育收获进行Pearson相关性分析，得到相关系数0.401（$p<0.01$），二者呈正相关，说明课外拓展性学习行为对提高学生自我报告的教育收获有一定的影响。

2. 不同年级相关性比较

不同年级学生对课外拓展性学习行为与自我报告的教育收获均有显著影响，因此，根据不同年级分析课外拓展性学习行为与自我报告的教育收获的相关性，结果如表7所示。

表7 不同年级课外拓展性学习行为与自我报告的教育收获相关性

年级	pearson 相关	显著性（双侧）	人数
一年级	0.372**	0.000	569
二年级	0.412**	0.000	434
三年级	0.386**	0.000	375
四年级	0.305**	0.000	184

（**Sig. <0.01）

本科二年级学生课外拓展性学习行为与自我报告的教育收获相关程度最大，可能是由于二年级学生时间较为充裕，毕业压力较小，参加各项拓展学习活动的积极性较高，与一年级学生相比，对社会环境更加熟悉、专业知识更加充实，所以从拓展学习活动中得到的收获更多。

3. 不同学科相关性比较

由于学科特点不同，不同学科在培养学生各方面能力时侧重不同。根据不同学科分析课外拓展性学习行为与自我报告的教育收获的相关性，结果如下：

表 8 不同学科课外拓展性学习行为与自我报告的教育收获相关性

学科	pearson 相关	显著性（双侧）	人数
文学	0. 297**	0. 000	358
历史学	0. 521**	0. 002	34
哲学	0. 645**	0. 000	35
教育学	0. 477**	0. 001	45
经济学	0. 446**	0. 000	181
法学	0. 327**	0. 000	192
理学	0. 505**	0. 000	205
工学	0. 444**	0. 000	154
管理学	0. 397**	0. 000	253
艺术学	0. 413**	0. 000	105

（**Sig. <0. 01）

中央民族大学各学科课外拓展性学习行为与自我报告的教育收获均显著正相关，其中哲学相关性最高，其次为历史学和理学，文学相关性最低。

四、结　论

通过以上分析，可以得出以下结论：

首先，我校学生课外拓展性学习行为总体情况为中等偏上。参观展览，观看戏剧舞蹈、实习、社会实践或调查与社区服务或志愿者参与情况明显高于全国平均水平，但和任课教师一起做研究、参加各类竞赛及报考专业资格证书等活动参与情况低于全国平均水平。不难发现我校高于全国平均水平的课外拓展活动多为非学术型，而与学术有关的拓展活动多低于全国平均水平。笔者认为其原因一方面是由于非学术型拓展学习行为的社会性和趣味性较强，如参观展览、参与社团工作等，尤其对于低年级学生具有吸引力，认为其对自身能力的提高很有帮助。另一方面是由于学术型拓展学习难度较非学术型高，对学生专业素养要求更高。如向专业学术期刊投稿、报考专业资格证书等要求学生有较为扎实的专业知识，而参加各类学术、专业、创业或设计竞赛需要投入大量时间和精力。

其次，我校学生自我报告的教育收获情况为中等水平。在年级和学科上存在显著差异，随着年级的增高自我报告的教育收获均值也不断增高。我校学生在理解不同群体的文化和价值能力的提高程度明显高于全国平均水平，这与我校汇聚并融合了各民族文化的特点不无关系。此外，除在良好的书面表达能力、批判性思维、与他人有效合作与认识自我方面我校学生的收获略高于全国水平外，其他各项收获情况均低于全国水平。说明不论在软实力还是硬实力方面，我校学生的能力提高并不突出，这除了需要学生自己加强学习和能力锻炼外，更需要老师加以引导，所以加强师生互动，让学生在人生观、价值观以及对自己的发展规划有明确认识十分必要。

最后，课外拓展性学习行为与自我报告的教育收获呈正相关。由一元线性回归可知课外拓展性学习行为每提高一分，自我报告的教育收获提高0.416分，这说明课外拓展性学习对学生的教育收获十分重要。不同年级的相关性存在差异，其中二年级相关性最高。不同学科相关性也不同，其原因可能与各院系学风建设有关。

五、建　议

针对以上结论，提出以下几方面的建议，以提高学生参加课外拓展性学习的积极性以及在课外拓展性学习中得到的教育收获。

首先，鼓励学生参与学术型拓展性学习活动。大学教育的目的在于培养高素质的创新型人才，其高素质不单体现在为人处事能力更在于过硬的专业素质，学生对于学习避重就轻的行为对其学术能力的提高十分不利，如果不采取相应措施任由其发展，那将会使大学教育本末倒置。所以学校可以采取一些措施，比如，定期开展学术讲座，举办各种形式的专业知识竞赛并加大对获胜者的奖励力度，为报考专业资格证书学生提供免费培训等，以调动学生学习专业知识、参与学术型拓展性学习活动的积极性。

其次，加强师生互动。根据对各项课外拓展性学习行为与自我报告的教育收获相关性的分析可知，在与学术相关的课外拓展活动中，和任课教师一起做研究与自我报告的教育收获相关性最高，说明师生互动对学生的教育收获有较大影响，因此建议学生主动增强与老师在学习和自我发展规划等方面的交流，老师也应认识到师生互动对学生发展的重要性，尽可能多参与和指导学生课题研究。

最后，加强各院系学风建设。中央民族大学作为一所综合性重点高等院校，汇集了来自全国各地的各民族学生，形成了独特的多元文化氛围。但总体来说我校学习气氛过于轻松，一些专业课程较少，学生课外时间完全自由支配，但学习性投入的比例过少，导致专业知识掌握不扎实，知识面狭窄。建议学校加强院系学风建设，深入落实大学生涯设计活动，注重实质而非形式，引导学生端正学习态度，全面发展；以班风、舍风建设为重点，大力宣传和表彰先进典型，营造积极向上的学习氛围；加强实践环节，提升学生的创新精神和实践能力。

参考文献

[1] 吴淑芳：《大学教育与人的创新素养发展基于大学生活的社会学考察》，华东师范大学博士学位论文，2013 年。

[2] 黄正军：《大学生素质拓展教育学分制研究以湖南农业大学为例》，湖南农业大学硕士学位论文，2011 年。

[3] 童晓玲：《研究型大学创新创业教育体系研究》，武汉理工大学博士学位论文，2012 年。

[4] 辛莹、王宏丽、陈风雷、陈丽、胡雪梅：《浅谈大学教育中的能力拓展教育》，载《教育与人才》2012 年第 11 期，第 73—74 页。

（作者单位：经济学院、教育学院）

专业与课程建设

浅谈如何提高视频课质量

朱　荣　张国兵

近年来，随着网络信息技术和多媒体技术的飞速发展，开放课程运动在全球兴起。我国先后启动了精品课程和视频公开课的建设项目，在教育部、财政部共建的“爱课程”网高等教育课程资源共享平台、清华大学的“学堂在线”“好大学在线”等网站推动下，开放视频课程引起了广泛关注。我校自2011年以来，根据教育部相关文件精神，结合我校教学工作实际情况，依托“985”等建设项目，开展了精品视频公开课建设。截至2015年5月，爱课程网上的视频公开课总数为806门，来自我校的视频公开课有9门；资源共享课本科课程为1701门，来自我校的有1门。[①] 随着开放教育资源的不断建设和发展，各类视频课程的数量会逐年增加，根据《教育部关于国家精品开放课程建设的实施意见》，教育部精品视频公开课项目计划在“十二五”期间建设完成1000门以上的视频公开课，5000门国家级精品资源共享课。[②] 如何在发展“量”的同时又能保证“质”，这是广大视频课程制作者非常关心的问题。

教育部制定了相关标准来保障视频质量，该标准主要包括视频公开课的音视频录制、后期制作和文件交付等基本技术规范。通常，视频课的制作是需要一个团队来完成的。为提高视频质量，需要进一步加强组织领导，相关教学管理部门、技术部门以及相关学院、老师和学生通力配合，通过采取有效激励措施及创新教育教学工作机制来完成。笔者根据近年来视频课制作的经历，主要从老师在视频课整体设计、录制前的准备工作、录制过程中的注意事项以及后期制作等方面进行了分析，以期给主讲老师以参考，对提高视频课质量起到一定的帮助作用。

---

① 爱课程网：http：//www. icourses. cn。

② 教育部关于国家精品开放课程建设的实施意见，教高〔2011〕8号。

一、课程的整体设计

对主讲老师来说，提高视频课的关键是进行周密细致的整体设计，要在满足受众需求的前提下，从内容、方法、教学资源制作及与学生的交互等方面进行精心设计。

首先，要充分考虑课程性质选择内容。比如，是资源共享课还是大学视频公开课，二者的受众定位和建设目标不同，课程的设计大相径庭。资源共享课是以高校教师和学生为服务主体，同时面向社会学习者的基础课和专业课等各类网络共享课程，同时也是为了满足其自主学习需求的一种视频教学课程，因而专业程度高、学科性强。大学视频公开课则是以高校学生为服务主体，同时面向社会公众的科学、文化素质教育网络视频课程与学术讲座，受众范围大，专业定位较低。[①] 在内容设计上要合情合理，要做到以下四点：第一，统一规划，注重整体。第二，体现科学性、规范性、特色性，知识点要系统、全面，既要注重知识原有的逻辑，又要勇于创新，还要跟得上学科发展步伐，保证所授知识的前沿性。第三，考虑受众，知识点安排有深有浅，张弛有度，充分体现其适普性的特点。第四，内容精炼，讲数不易太多，每讲时间不宜过长。[②]

其次，设计好授课方法。传统的授课方法一般是通过展示 PPT 内容，按部就班地对问题逐一讲解，模式化比较重，常常缺乏灵活性，学生的总体参与度也比较低。视频课作为一种新的教学手段，如果老师采用和平时的课堂完全一样的教学方式，势必比较僵硬，不能充分发挥视频教学的优点。纵观爱课程网上名列人气榜前列的视频课，老师讲课都各有特色，或深入浅出、层层剖析，或声情并茂、扣人心弦，或柔声细语、侃侃而谈，或机智诙谐、妙语连珠。比如，我校蒙曼老师在讲“中国古代妇女史概说”课时，提出一个个大家熟知的问题，逐一分析，层层深入，娓娓道来，受众一边思考一边聆听，如沐春风。我们也可以借鉴外国视频公开课中的老师的做法，教学形式非常灵活，在讲课中或通过最近发生的事引入课堂，或以幽默而风趣的聊天形式进行授课，或采用苏格拉底“产婆术”

---

① 教育部关于国家精品开放课程建设的实施意见，教高〔2011〕8 号。

② 范建丽：《中国大学视频公开课现状与发展探究》，载《现代教育技术》2014 年第 2 期，第 84—91 页。

的教学方式，课堂开放、自由且气氛活跃。[①] 老师也可以加入补充说明的视频、图片和声音等多媒体素材，进而扩展课堂的时空，丰富视频课程的表现形式。[②]

再次，关于视频课的教学资源的设计与制作，目前普遍使用的还是PPT。PPT内容除了文字、图片外，越来越多的老师还会引入视频、音频、动画等。虽然PPT的使用已经非常广泛，但是并不是每个老师都已掌握PPT的制作技巧，随着版本的更新和多媒体技术的发展，老师也应该与时俱进，不断学习掌握其使用方法。视频课的PPT要制作精细，内容简洁，字体、颜色搭配合理。恰当使用一些制作技巧，会给人耳目一新的感觉。另外PPT的制作上还要注意的有三点：一是版权的问题，PPT中引用的图片等内容需注明来源和出处；二是准确性的问题，要仔细检查是否有错误或用词不当；三是不要出现敏感性内容，比如不适合公开的内容或是涉密内容等都应删除。这就需要老师在前期准备工作时要仔细，并认真检查PPT内容的科学性和准确性。

最后，要设计好与学生的交互。交互在一定程度上决定了教学的质量。[③] 虽然视频课不是实时授课，老师与视频观看者很难实现交流互动，但这并不意味着视频课不需要师生互动。目前，在视频课录制现场一般都安排有学生听课，视频课应充分体现师生之间的互动，如老师提出问题、学生思考并回答，师生对问题开展讨论，老师对学生意见的讨论等。要充分发挥现场学生的互动作用，从而使老师的授课更加投入，而课堂学生的存在也给视频观看者以身临其境的感受。

二、录制前的准备工作

对主讲老师来讲，录制前的准备工作的首要任务是充分备课，尽可能脱稿讲授，这样老师的视线会面向镜头，吸引学生，提高学生听课的注意力。经过演习，对于知识点怎么讲，花费多少时间都要做到心中有数。要确保录制前好好休息，保持充沛的精力参加录制。

---

① 刘晓梓、刘晓玲：《中外名校视频公开课教师教学行为特征分析》，载《软件导刊》2014年第9期，第196—197页。

② 吴晓霞：《中国大学视频公开课编导中的问题与对策研究》，载《中国电化教育》2014年第6期，第80—84页。

③ 刘晓梓、刘晓玲：《中外名校视频公开课教师教学行为特征分析》，载《软件导刊》2014年第9期，第196—197页。

视频课录制前，主讲老师应熟悉录制场地情况，与录制人员充分沟通，了解视频课的录制程序及应注意的问题，同时也让录制人员知道自己的授课风格、过程以及自己的录制想法，以便技术人员在录制时对镜头转换等有所准备。老师还要与听课的学生提前沟通，要求学生精神面貌饱满，认真听课，积极回答老师提出的问题，录制前提醒学生关闭手机或者静音等。

此外，对主讲老师的形象进行装扮美化，能增加求学者的学习兴趣，提高学习效果，对主讲老师的形象有以下建议：（1）所选用的服装大方、得体，避免色彩过白、过亮，使人的脸部显得过暗、过黑；避免穿着条形、格形的服装，容易产生网格闪烁。要注意由于录制时一般都会给老师佩戴麦克，所以女老师要慎选裙装。（2）发型要整洁、庄重，由于需要经常低头准备讲课内容，长头发的老师要注意头发别掉落下来。（3）提倡老师化一点生活妆，能帮助美化容颜，使轮廓清晰，提神采。①

三、录制过程中的注意事项

在录制过程中，主讲老师要保持放松的状态，避免紧张情绪影响授课，讲课时声音要洪亮，吐字清楚，语速平缓，整个课程能一气呵成。值得一提的是，一些个人习惯非常影响视频效果，老师也尽量少做与教学无关的手势和动作，比如摸鼻子、挠头等，这些平时看起来的小动作在录制后非常影响效果，有的老师在录制完毕后看到视频里的这些表现后也觉得非常别扭，要求予以剪除。在录制过程中，如果主讲老师发现有讲错的地方应及时叫停，并当场进行修改，保证录制的内容无差错。另外，老师在讲课时不要俯在讲台上，身体不可左右摇动，走动不可太快，尽量不要走到教室里不在摄像范围内的死角。

虽然课堂的互动也是课前有所安排，应尽量表现自然，避免“表演”的成分使得呆板、过分形式化，甚至给观众太假的感觉。尽量保证课堂实录，还原一个真实的课堂。

我们鼓励老师培养个人的授课特色，比如将讲课的内容与社会实践相结合，把枯燥无味的知识用现实生活中的实例来讲解，运用生动幽默的语言，通过语调的抑扬顿挫、语气的变化以及丰富生动的表情和肢体语言等

---

① 陈哲：《视频课制作程序及其规范》，载《电大理工》2014 年第 3 期，第 29—30 页。

来激发学生的好奇心和求知欲，使学生有兴趣学完整个课程。

四、后期制作

视频课的后期制作以非线性编辑为主要编辑平台，技术人员会对所有录制素材进行整合，全面、真实地反映教学过程，给受众传递最真实、有效的教学信息。老师可以回看视频，检查需要修改的地方，并予以详细记录，将修改意见和材料及时反馈给工作人员进行编辑。由于个人理解的差异等因素这个过程也许是反复多次的。视频提交后，待有关部门审核后会将审片结果反馈给主讲老师和制作人员，也许还需要按照意见进行相应的修改。

参考文献

[1] 爱课程网：http：//www. icourses. cn。
[2] 陈哲：《视频课制作程序及其规范》，载《电大理工》2014 年第 3 期，第 29—30 页。
[3] 冯璐、宋萍萍：《大学视频公开课与精品课程的融合性研究》，载《河北广播电视大学学报》2014 年第 3 期，第 38—41 页。
[4] 范建丽：《中国大学视频公开课现状与发展探究》，载《现代教育技术》2014 年第 2 期，第 84—91 页。
[5] 教育部：教育部关于国家精品开放课程建设的实施意见，教高〔2011〕8 号。
[6] 教育部：精品视频公开课拍摄制作技术标准（2013 年版），http：//gkk. zlgc. edu. cn。
[7] 刘晓梓、刘晓玲：《中外名校视频公开课教师教学行为特征分析》，载《软件导刊》2014 年第 9 期，第 196—197 页。
[8] 孙梦丹：《国内外网络视频课程资源建设现状研究》，载《图书馆学研究》2012 年第 11 期，第 34—41 页。
[9] 王胡红：《中国大学视频公开课问题分析——以武汉大学视频公开课录制为例》，载《中国教育信息化》2014 年第 15 期，第 44—46 页。
[10] 魏传光：《超越与局限：MOOC 与网络视频公开课的比较研究》，载《现代远距离教育》2014 年第 4 期，第 10—17 页。
[11] 吴晓霞：《中国大学视频公开课编导中的问题与对策研究》，载《中国电化教育》2014 年第 6 期，第 80—84 页。

（作者单位：现代教育技术部）

“创意思维训练”，从专选到通识[①]

沈　虹

“创意思维训练”课程从开设到现在已经历了三个过程：（1）广告学专业选修课；（2）面向文学与新闻专业的选修课；（3）面向全校学生的通识教育课程。从专业选修课到通识基础课程的转变是一个较大的过渡，也是一个在摸索尝试中不断改进的过程。从专选到通识，即从专业到“非专业”。专业选修，从专业出发，设置专业领域氛围和案例，引导学生了解专业流程并参与其中；通识教育是“非专业、非职业性的教育”，它追求知识的广泛性和基础性，重视学生综合素质的培养。从专业到“非专业”，这是“创意思维训练”在转化过程中的难点。

如何针对不同专业背景的学生进行课程设置是非常值得深思和探索的教与学的问题。

一、针对广告专业的创意思维训练

“创意思维训练”这门课程开设伊始，是作为广告学专业选修课来设置的。主要针对广告学专业的同学，同时也面向全校其他院系的同学开放，这一做法可以说是“创意思维训练”进行通识课改革的最初入口。

对于广告学专业的同学来讲，他们已经积淀了一定的广告运作和广告创意基本知识，因此在这个阶段，整个课程的基本设想以及其中的基础思维训练、案例，都是基于他们的特点予以设置。具体表现在以下几个方面：

1. 立足广告营销传播，训练创意思维的养成

这是“创意思维训练”作为广告专业选修课最大的特色，目的就是训练广告专业的同学进行广告创意时灵活运用创意思维，使他们在接受创意思维训练的过程中，形成对广告创意流程的直观感受以及加强广告创意操

① 本文是2012—2015年中央民族大学通识课程立项项目“创意思维训练”的阶段性成果。

作层面的理解，并期待让他们将这种创意思维运用到实际的广告工作中去。其中，“创意思维训练”特别重视“训练”这个环节，重视操作性的训练，希望同学们通过这种“训练性”的课程，能够真正运用创意的思维体系来解决实际工作和生活中遇到的问题。课程最终的目标是帮助学生塑造个人独有的思维模式，一种开放的、灵活的、不断寻找不同解决方案的创造性思维模式。

2. 全面介绍创意思维的各种理论与实践

除了侧重于实际思维训练以外，“创意思维训练”还将创意思维方面的经典心理学理论以及目前世界上具有影响力的创意思维理论、人物、理论、背景比较全面地介绍给学生，讨论其理论的实践意义和运用价值。比如，沃拉斯的“四阶段模型”、韦索默的“结构说”、吉尔福特的“发散性思维”、斯滕伯格的“智力观”、若宾的最高级思维模型、刘奎林的“潜意识推论”等。此外，在教授思维理论知识的同时还重视向学生们介绍一些与广告营销传播相关的理论在实践中的应用。比如，詹姆斯·韦伯扬的创意过程理论会作为与学生分享的重点，并结合具体案例进行讲授，从而加深学生对这些思维理论在广告操作应用方面的理解和感悟。

3. 不间断的课堂思维训练游戏与个人思维特征梳理

思维训练游戏是“创意思维训练”课程的重要设置，也是最能突出“训练”环节的主要手段，“只言片语”等训练创意思维的游戏被广泛引入到“创意思维训练”的课堂上。这一设置的目的是通过思维游戏来敲打学生们的思维，从而实现对自我思维模式的梳理。思维训练游戏不仅是整个“创意思维训练”课教学过程中的重点，也是这门课程的一个难点，因为每个人的思维都有着不同程度的思维定式，如何在思维训练游戏中摆脱思维定式是每个学生都要去不断面对和调整的挑战。在教学过程中发现，游戏效果与学生个人特征有十分紧密的关系，当学生主动调整自己的思维模式，以一种开放的心态去面对自己的思维状况，主动配合和参与思维游戏，就更容易进入游戏中，获得更大的思维训练效果；反之，对于配合度低、参与度低的学生，思维训练游戏的效果就弱。

4. 从创意到创新的小组实践活动

这是整个教学活动中比较重要的实践活动，以期中作业的形式要求学生以小组为单位合作完成。该实践将学生分成几个小组，每个小组都要设定一个从创意到创新的目标。通过让学生完成这样的学习任务，旨在让他们了解创意和创新的概念以及两者的关系，并让他们体会作为一种思维理念的创意走向执行的创新成果的艰辛。让学生亲身参与将创意发展为创新成果的过程，可以更好地锻炼学生的实操能力，也正契合了我国目前创新型人才短缺以及文化创意产业飞速发展对创意人员大量需求的现状。

教学实践证明，这一课程作业设置的效果良好，学生通过完成课堂实践任务将思维层面的想法付诸具体的实践，从中发现想法到执行过程中的困难和问题、评估想法的可行性，并具体探索如何将想法变成真正任务（Real Job）的方法，从而提高学生分析和解决问题的能力，这对他们未来的职业生涯有很大帮助。鉴于其良好的效果，从创意到创新的小组实践活动将不断地进行改进和深化。

5. 创意人格与创意思维的养成

希望学生能够从自我认知的角度，去评估自己的性格和个体特征对自我思维的影响，通过认识自己的个性来帮助形成自己独特的创意思维模式。人格对于思维的影响是近代心理学领域的问题之一，并且在实证心理学研究方面取得了成果。因此，课程中特别引入了一些基于心理学原理的人格测试题目，让学生在探索自我人格特征的过程中了解适合自己的职业方向。比如，将“16 种人格与职业”引入课堂中，借助创意思维与个体人格的关联性引导学生塑造自己的创意思维方式。

6. 将创意思维工具引入日常思维过程

这是本课程基于思维训练目标进行的设置，侧重于执行层面的训练。具体来说，就是挑选了一些最常用的、经过实践证明非常有效的创意思维工具引入教学中，并期望能使学生将这种思维工具应用到日常生活的思维过程中去。比如，思维导图（Mind Map）、借物联想、脑力激荡（Brain Storming）、逆向思维、六顶思考帽、水平思考法等。广告学专业的同学可以具体运用这些创意思维工具辅助广告创作。

二、针对文学与新闻专业的创意思维训练

第一个阶段的创意思维训练主要针对广告专业的同学开设，立足于广告营销传播中的创意思维训练，但是由于课程设置的原因，也有部分名额面向全校，有近三分之一的同学来自其他院系和不同年级。本人通过对这部分同学的教学评估发现，他们认为创意思维训练大有收获，而且专业跨度越大的学生对这门课的兴趣越大、投入更高。因此，“创意思维训练”为汉语言文学与新闻学开设了专业选修课，更加注重将训练方向与其对应专业相联系。

值得注意的是，无论“创意思维训练”如何改进和完善，它整体的教

学目标是不变的：训练学生运用创意思维解决问题、运用全方位的思维把握问题的能力。针对不同的专业，课程对案例的引用和实际操作的应用必须有一定的调整。

1. 淡化广告创意的专业操作训练

针对新闻和文学专业的同学，淡化广告专业的创意训练角度，侧重于从新闻和文学的专业角度进行思维训练。比如，在进行“只言片语”思维训练游戏时，针对广告专业的同学，课程会将每张卡片当作一幅广告作品，让学生思考牌上的画面适合什么样的品牌和产品，并要求学生结合画面给出广告语，进一步思索产品推广方法；对新闻专业的同学来说，会要求他们思考画面代表的新闻事件，并要求他们用简短的新闻标题将事件揭露出来；针对文学专业的同学，课程会要求他们思考卡片上的画面能够代表哪一类文学作品，或者哪一部文学作品。如此一来就会使学生很自然地将思维训练游戏与自己的专业相关联，从而促使他们在自己熟悉的环境中进行思维训练，从而促进创意思维和专业思考的双重发展。

2. 将文学与新闻的学科特征应用到教学中

在日常课堂的讨论中鼓励学生自己给出一些与专业相关的创新事件、创新行为等实例。从而促使学生在自己的专业学习中形成关注创新、积极创意思考的好习惯。

3. 强化创意到创新的思维和执行飞跃

从创意到创新的小组实践训练依然是课程设置的重点。这一实践也实现了一个突出性转变，即打破了学科的界限，不再要求创意想法必须与学生的学科专业相契合，而是突出强调从创意到创新、从思维到执行的飞跃。

在具体的操作中，要求学生进行两次提报。第一次是小组经过讨论甄选出不同的创意想法，并选择集中的时间集体提报这些想法，同时，老师和所有同学都可以为这些创意想法提出建议；第一次提报之后，每个小组有四到六周的时间进行创意想法的修改和执行，然后再第二次提报进行最终创新成果的汇报展示。教学实践中的一些现象也引起了本人的关注，不少小组会立足于自己熟悉的生活环境和遇到的问题进行创意发想，小到帮助组员同学减肥，大到重新布置寝室、设计宿舍空间、向校园后勤部提出具体的宿舍改进意见。不少小组在完成作业的过程中已经将这些想法付诸实践、分享到互联网络中。比如，文学专业的一个DIY小组就将日常生活小物件进行改造，并对这些改造的手工制品进行品牌命名、网络推广；还有一个小组设计了一整套宿舍纪念册，并计划面向大一新生进行纪念册设计服务的业务推广；等等。

这些既有趣又有一定可行性的创意想法极大地超越了学科的界限，激发了学生的创意思维头脑，使他们将创意思维与日常生活紧密地结合在一起。另外，随着时代的发展，集体思维的重要性日益增强，团队协作成为更多企业进行事务决断的重要方式。从创意到创新成果实现的实践训练使得学生们的群体配合能力得到了极大提升。在“创意思维训练”课程中，关于群体配合能力的训练也将受到重视。

1. 开发学生自己组织集体思维训练的能力

除了让学生在小组作业中进行集体思维训练以外，集体游戏也是进行集体思维训练的一个重要的途径。在针对新闻与文学专业同学的课堂上，创意思维训练更加重视由学生自己来主导集体游戏。首先，会要求所有同学举荐一些适合在课堂上开展的思维训练游戏，并由一到两名同学在课堂上以10~20分钟的时间来主导和组织游戏，这改变了课程设置初期主要由老师主导游戏的做法。这种安排不仅解除了由老师主导游戏时学生可能产生的紧张感，也在一定程度上增强了学生对游戏的兴趣和参与度，另外，学生之间的互动性也使他们的组织能力和配合能力得到了一定程度的训练。因此，由学生主导的思维游戏成为训练集体思维的很好的平台。

2. 培养个人自觉的创意思维系统

随着课程的进展，创意思维训练培养学生个人自觉的创意思维系统的教学主旨越来越明显：培养学生形成自觉的、有特点的、有效率的、开放的思维系统，用多角度、有创意的思维方法去解决问题。其中，开放的思维特点已不仅仅停留在思维层面，而是要求学生随时准备接纳别人的意见、主动参与别人的观点，上升到学生走向社会以后如何与不同的人进行配合的层面。

因此，到此阶段为止，“创意思维训练”作为通识课程的特征越来越明显，这门课程走向面向全校不同专业学生的可能性也越来越大。

三、走向通识教育的创意思维训练

通识教育没有专业的硬性划分，提供的选择是多样化的。学生通过多样化的选择，得到了自由的、顺其自然的成长，可以说，通识教育是一种人文教育，它超越功利性与实用性。教育不应该是车间里的生产流水线，制造出来的都是同一个模式、同样的思维，而应开发、挖掘出不同个体身上的潜质与精神气质。让每一个学生拥有独立的人格与独立思考的可贵品质，正是通识教育的终极追求。

创意思维不仅是广告营销传播专业学生的必备技能，对各个专业都有不同的启示。本课程本着从认知和态度方面提高学生的基本素质，申请成为全校通识教育课程。

“创意思维训练”在迈向通识教育的过程中着重从学生个人特征出发，重视发掘学生的个人潜质，协助他们形成个人化的创意思维模式。通识教育重在“育”而非“教”，“创意思维训练”重在“训练”，也正是以“育”为重点的通识教育的体现。

“创意思维训练”从专业课到通识课的转变还是有一定难度的。拥有相同专业背景、彼此相熟的同学之间的配合相对容易，而对于多学科、彼此并不熟悉的同学，他们之间的配合难度也会相应加大。另外，从专选课到面向全校的通识课的转变，意味着课堂学生数量的增加（由 30 人左右增加到 50 人左右），这给学生集体训练的控制也增加了难度。

针对这些转变过程中的难度，“创意思维训练”主要进行了以下五个方面的改进：

1. 多学科集体学习的特殊性处理

面对多学科同学的集体学习，最关键的是相处和课堂配合，一旦把握失当、处理不好，很容易变成单纯由老师灌输的枯燥的教学模式，学生参与课堂活动的积极性也会受到打击。因此，在开学前几节课让同学们相处好，并找到学生的背景共同点，这对于未来课程效果的实现是非常重要的。首先，让学生自我介绍，了解彼此；其次，向学生传达课堂协作配合与集体精神的重要性，并通过轻松而紧张的思维训练游戏，让大家消除陌生感。

2. 激发学生创意思维主动性

由于通识课程的学生具有不同的学科背景，不少同学都很难主动参与到课程中来，也很难使用具体专业的例子将所有的同学引导到他们熟悉的环境中去。因此，要选择一些更为通用的例子来激发大多数同学的参与度，这也是“创意思维训练”向通识课转变过程中遇到的一个很大的难点。

笔者在实践中发现，尽管学生有着不同的学科背景，他们之间的共性也是很明显的。而这些共性恰恰就是激发兴趣、提高参与度的突破口。比如，几乎所有的学生都是“90 后”，他们对一些社会热点话题普遍比较敏感，因此可以通过举一些新的、学生了解和关注的热点事例引入课堂。比如，在课上跟学生讨论冰桶事件的公益传播价值，课堂气氛一下子就被调动起来，也拉近了师生之间的距离。

当学生的创意思维的主动性被激发出来以后，不论他们提出的观点是否具有学科特征，也能使讨论变得十分热烈，他们的知识背景也会被自然而然地运用到创意思维的环境中来。比如说，在一次传递纸条猜话语的小游戏中，一名理科专业的同学就借用镜子反射的原理，在不说话的情况下，将纸条中的话语传递给了队伍中的最后一个同学。像这种运用学科知识来解决问题的思维火花在相同专业同学的课堂中反而很难迸发出来，因此不同专业的同学在思维的碰撞中更能够互相激发出新的观点，带来不同的启发。

3. 思维游戏走向常规化和训练性

经过三学期的教学实践，笔者发现思维训练游戏对于通识课程的教学帮助很大，因此在“创意思维训练”进入通识课程阶段，将思维训练游戏变成这门课一项常规性和训练化的课程内容，使思维游戏在课程中的地位不断提升。另外，学生主导思维游戏训练的教学思想也得到加强。向同学们征集创意思维训练游戏，并形成游戏库，并由老师甄选适合在课堂上开展的与思维训练相关的游戏，在课堂上由同学自愿申请组织游戏，并负责准备相应道具。由学生主导的常规化的思维训练游戏，一方面，更适合学生们自身的特点和兴趣，使他们更容易投入到游戏中去；另一方面，由学生主导组织也使得他们之间的配合能力得到了很好的锻炼。

4. 创意到创新思路的拓宽与尝试

进一步强化创意到创新思路的训练。面对通识课中不同学科背景的同学，从创意到创新实践小组训练的难度更大。这种难度首先体现在小组内部甄选创意想法方面。因为在通识课中，小组内部的学生也有着不同的专业背景，他们的思路和想法也各不相同，创新“点子”生成的过程也就是组员之间相互促进、相互协同、相互博弈的过程。比如，有一位学舞蹈的同学，想让自己的小组成员去完成一个舞蹈计划，但是他的想法也容易遭到其他不同专业同学的反对。因此，如何使自己的想法在与他人博弈的过程中被接受、如何学会与组员达成共识、增强协调性，这些都是值得学生锻炼的要点。

思索创意的过程可能是一个独立思考的过程，但是从创意到创新的实现过程就不仅仅是一个脑力游戏了，它是一个群体协作和配合的过程。因此，集体配合能力是在从创意到创新的过程中实现的，其重要性也在不断得到增强。

5. 认识自己，结合各自的个性和学科特征，养成创意思维习惯

“创意思维训练”成为通识课程之后，主要由大一和大二学生为主。对于低年级的学生，重视素质教育的课程类型对他们的意义更大。因此课程自然担当起帮助低年级学生更好地认识自己的责任，并希望结合他们的个性和学科特征去养成自己独特的创意思维习惯，从而帮助他们在学习、生活、社交等方面能够运用开放的创造性思维方式去解决问题。

正是通过上述五点，使得“创意思维训练”从针对广告专业的专选课走向了针对更广泛学生群体的通识的教育课程。

笔者认为“创意思维训练”这门课程，从专选课到通识课的转变是教学的必然。学生在课程中反省思维定式给自己带来的局限，意识到创意思维正是与定式思维相对的思维方式，希望实现思维突破。“创意思维训练”课程能够为梳理学生的思维提供一点帮助，令学生的生活有一些改变，为他们带来一点有益的启发，使他们在未来人生中善于运用创意思维去解决问题，这正是此课程的价值所在。

（作者单位：文学与新闻传播学院）

试论新时期民族法律人才培养目标的定位[①]

涂 卫

当前，中国社会正处在一个新的历史变革时期，落实和全面推进依法治国方略、建设法治中国是这个时期的主旋律之一。无论是科学立法、严格执法还是公正司法，都需要专业法律人才予以付诸实施。为了深化法学高等教育教学改革，提高法律人才培养质量，2011 年由教育部、中央政法委联合颁布的《教育部中央政法委员会关于实施卓越法律人才教育培养计划的若干意见》中指出："经过 10 年左右的努力，形成科学先进、具有中国特色的法学教育理念，形成开放多样、符合中国国情的法律人才培养体制，培养造就一批信念执着、品德优良、知识丰富、本领过硬的高素质法律人才。"[②] 卓越法律人才教育培养计划的出台无疑成为新时期中国法学教育发展方向的指挥棒，将深刻影响法学教育资源的配置以及法律人才的培养模式和机制改革。担负着培养民族法律人才的民族院校法学专业则必须审慎思考在这一新的形势和要求下，如何改革和创新民族法律人才的培养模式。而培养模式的创新则应当是以明晰民族法律人才的内涵以及构建民族法律人才的培养目标为先导的。

一、民族法律人才的内涵界定

近些年来，民族法律人才的培养问题日益受到民族院校和法学教育界的关注，相关研究成果不断出现。但总体而言，目前的研究存在的一个首

① 本文是 2013 年度国家民委高等教育教学改革研究项目"新时期民族法律人才培养模式的改革与创新——以中央民族大学为例"的阶段性成果。

② 教育部：《中央政法委员会关于实施卓越法律人才教育培养计划的若干意见》，http：//www. moe. gov. cn/publicfiles/business/htmlfiles/moe/s3875/201204/xxgk_ 134451. html，2015 年 1 月 30 日访问。

要问题就是对民族法律人才没有清晰界定。民族法律人才究竟指的是以培养主体为界定标准的“由民族院校培养的法律专业人才”，还是以培养对象为界定标准的“民族类别为少数民族的法律人才”？笔者认为，上述两种标准都有失片面。

首先，“由民族院校培养的法律专业人才”来定义“民族法律人才”，不符合民族院校法学教育的现实状况。从培养方案上来看，部分民族院校进行分类化培养，如中央民族大学法学本科专业有法学专业、法学（法学与英语方向）、法学（藏语基地班），其中前两个专业培养方案并不强调人才培养的民族特性，也并未以区别于普通法律人才的培养标准来培养“民族法律人才”。其培养人才的就业区域既包括民族地区也包括非民族地区，既有从事民族法律事务的，也有从事非民族法律事务的。

其次，以“民族类别为少数民族的法律人才”来定义“民族法律人才”，狭隘限制了民族法律人才的范围，不利于民族法律事业的进步。民族类别上为少数民族的法律人才固然是民族法律人才的主体，但我们不能忽略非少数民族但有志于民族法律工作的人才的培养。因此，从培养人才的民族类别而言，民族法律人才培养的重点是少数民族，但也不仅仅局限于少数民族。

“民族法律人才”应当是面向民族地区培养，服务于民族地区法律事务的法律研究者、法官、检察官、律师、公安执法、公证员、仲裁员等参与立法、执法、司法各个环节，多层面、多方向的法律工作者。从面向区域而言，其应面向涉及我国广袤国土范围内的所有民族地区；从培养主体而言，民族院校是主力军；从面向民族类别而言，其以少数民族为主体，但不仅仅局限于少数民族。

民族法律人才这一特殊人才类型的提出，对于满足少数民族和民族地区经济社会全面稳定发展的时代需求，实现少数民族和民族地区长治久安，建设法治国家具有重要战略意义，尤其是对理应有着此等使命的民族院校而言，这类人才的培养应当引起国家和教育界的高度关注。

二、民族法律人才匮乏之怪象解读

法律，一个传统老牌专业，近年来却频频出现在十大就业难专业榜单中。很多人认为法律行业已经趋近饱和，不少学生和家长对它的发展前景逐渐丧失了信心，认为在这个行业中，毕业就等于失业。法科学生就业率低似乎已经成为公认的现象。但是在这种表面现象背后却隐藏着另外一种与之矛盾的怪象。近年来，西部少数民族地区尤其是一些老少边穷地区的法律职业人才极度短缺。西部 12 省，“2005 年，律师的总数竟不超过 30000 人，一名律师也没有的县达到了 206 个，到了 2010 年，没有律师的县已经增加到了 210 个”。同时，司法队伍人才也紧缺，甘肃省高级人民法院的调查报告显示基层法院法官队伍在不断减少①，贵州省司法厅的相关调查也表明，贵州省的基层法官、检察官和律师断层、缺编现象严重。②另有全国政协也组织了针对少数民族地区的法律人才短缺的调研。“结果表明，在少数民族地区甚至包括汉族省份中的少数民族聚集区，如四川的阿坝、甘孜、云南的德宏等地区，出现了‘法律人才少，支边法律人才少，双语法律人才更少，不服司法判决人多’的‘三少一多’现象。”③

笔者以为，民族法律人才的匮乏一方面是因为民族地区经济和教育发展的相对滞后，国家的关注度和投入不够；另一方面至关重要的则是高校对民族法律人才的定位不清晰、不到位，各自为政，一盘散沙，缺乏特色鲜明的培养目标所致，进一步导致了培养的人才规格和社会需求不对称。专业基础知识不够扎实、司法考试通不过导致没有报考公务员的资格；法律实践操作技能不足导致无法真正派上用场；民族特质的缺乏无法适应少数民族地区对法律人才的特殊需求；法律职业素养的缺乏使得法律人才难堪大任；扎根民族地区、愿意吃苦的“草根情怀”的缺乏使得优秀人才流失。正是这些状况的存在，使得当下民族法律人才的培养无法满足民族地区的社会需求。从而产生了法科学生毕业后就业率低与真正适应社会需求的民族法律人才却又极其短缺的怪象和矛盾。

---

① “调查报告显示，具有法官资格的人数从 2001 年的 979 人下降到 2005 年的 815 人，基层法院面临的法官队伍不断减少，不久以后将会出现“法官荒”的现象。”引自杨少燕：《西部地区基层法律人才培养模式研究》，贵州师范大学硕士论文，2014 年，第 23 页。

② “根据贵州省司法厅的专题调研，发现贵州省的基层法官、检察官和律师断层现象严重。全省法院系统平均缺编 30% 左右，有的县法院高达 50%；检察院平均缺编 10%。每万人只有律师 0. 39 人，明显低于全国万分之一的平均数。另外，基层法官、检察官的年龄结构不合理，队伍数量面临着继续减少的趋势。”引自刘云飞：《少数民族地区法学高等教育的挑战和改革》，载《贵州民族报》2012 年 8 月 10 日第 B03 版。

③ 汪燕：《卓越法律人才教育培养计划与民族院校法学教学改革》，载《法制与社会》2012 年第 12 期。

三、民族法律人才培养目标的重设与人才特殊素质内涵的厘清

（一）重设民族法律人才培养目标的指导理念：分类别、分层次

长久以来，法学界一直对于法学教育培养目标的定位存在着不同的声音。大众教育抑或精英教育，通识教育抑或职业教育，这样的问题一直是困扰我国法学教育的难题。因为不同的教育导向决定了不同培养目标的设定。在笔者看来，大众教育是我国当下法学教育的实然状态，而精英教育是法学教育的本质和应然目标，这两种不同的教育导向决定着法学人才培养目标的层次定位。通识教育反映了注重“法律人才培育”而忽视“法律人才养成”[①] 的现状，职业教育的提出反映了法学人才培养目标的设置应当以职业需求为导向。这两种不同的教育导向决定着法学人才培养目标的内容和实现过程。

个人以为，我们没有必要非要为法学教育选定一个大一统的培养目标和培养模式。长期以来，法学教育培养的人才为什么“文不能文”“武不能武”“千人一面”，恰恰是因为受这种单一化培养模式的影响。学生的特质、地区的差异、社会的需求这些要素没有真正能够切实纳入到法学教育培养目标的设定中来。基于学生生源的差异、地区发展水平的差异、社会需求的多元化，法学教育应为全社会各层面培养不同类别、不同层次的法律人才。因此，不是所有高校的法学专业都应整齐划一地确定同一培养目标，也不是所有高校的法学专业都要培养“卓越法律人才”。但是卓越法律人才分类培养原则的确立事实上为所有高校的法学专业在设定培养目标时提供了指导思想和方法。国家的卓越法律人才培养计划按培养目标将卓越法律人才分为“应用型、复合型法律职业人才”“涉外法律人才”“西部基层法律人才”三类，并要求参与高校根据人才培养类型和实务部门需求，研究制订本校的卓越法律人才培养标准。同理，承担民族法律人才培养任务的民族院校则应当以国家设立民族院校的初衷为出发点，立足自身情况、结合本校的条件和资源，制定分类别、分层次的民族法律人才培养目标和机制。

---

① 吴汉东：《基于培养卓越法律人才视角下的法学专业教育综合改革研究》，载《高等教育评论》（2013 年第 1 卷），社会科学文献出版社 2014 年版。

所谓分类别，指的是高校可以根据自身资源禀赋决定培养用于满足民族地区某类特定社会需求的民族法律人才。如今，在我国西藏、青海等藏区极缺藏汉双语法律人才，在新疆极缺维汉双语、哈汉双语法律人才，在内蒙古和东北一些地方极缺蒙汉双语法律人才，而在吉林延边极缺朝汉双语法律人才，这些地方的院校都可以利用自身优势因地制宜地探索各类民汉双语法律人才的培养模式。教育部和国家民委则可以在调研的基础上建立各类双语法律人才的培养基地，做到全盘规划、统一部署，在国家的政策扶持下，不同类别的双语法律人才培养基地将集合符合条件的优势生源、师资等各种资源着力打造满足不同少语需求的双语法律人才。现在，西部部分民族地区的高校如新疆大学、延边大学、青海民族大学已经进行了颇为有益的探索。

所谓分层次，指的是高校可以根据自身资源禀赋决定培养面向民族地区的卓越民族法律人才抑或基层民族法律人才。一些教育资源相对丰富、教学水平较高和科研力量较强或者是有着卓越法律人才培养基地的民族院校可以定位于培养卓越民族法律人才，主要面向民族地方较高层级的法律部门，如立法部门、政策研究部门和中高层级的司法和执法部门。而另外一些教育资源较为缺乏、教学水平和科研力量较弱的院校则可以定位于培养基层民族法律人才，如基层的执法和司法部门。这类民族法律人才恰恰是服务于民族地区一线法律事务的中坚力量，同样至关重要。

（二）民族法律人才规格素质内涵的厘清

在确立分类别、分层级设定民族法律人才培养目标的理念后，随之而来的就是要落实到民族法律人才培养目标的具体确定了。尽管不同类别、不同层次的民族法律人才在培养目标上应有所区别，但是无论何种层级、何种类别，其都属于民族法律人才这一大类。我们首先应当探讨民族法律人才培养规格所应具有的基本且必要的素质内涵，这既是培养目标亦是培养标准。在这基础上，不同类别只是在基本素质的某个方面有所侧重，不同层次只是在基本素质的各个方面要求的程度不同。各个学校可以根据自身特点灵活把握。

在探讨民族法律人才规格的素质内涵时，既要考虑到法律人才的普适性素质，又要结合民族法律人才的具有特色的特殊性素质。因为民族法律人才必须以面向民族地区和服务民族法律事务为特定语境和基石，法学教育与社会需求的互动关系同样也是分析民族法律人才教育特殊性的基本理论框架和概念工具。离开社会需求和民族地区的地域特征，我们将无法解释民族法律人才培养的状况成因和特色战略选择的现实理由。

1. 普适性素质

一名合格的法律人才应具备以下素质：一是专业知识素质。这要求具备法学学科系统的专业知识结构，对基本概念、基本理论、基本原则和基本制度这些专业基础知识扎实掌握。二是职业技能素质。结合美国律师协会与英国上议院议长法律教育与法律行为咨询委员会对法律职业技能的列举①，笔者认为法律职业技能应包括分析推理判断、沟通协商谈判、撰写法律文书、获取运用信息、开展事实调查的能力。三是职业精神素养。指的是具备对法律坚定不移地追求和恪守的法治信仰；具有良好的法律思维方式；遵循法律职业道德和操守。

这三种素质构成合格法律人才规格的有机整体。知识、技能和精神素养是素质的体现和外化，而素质则是知识、技能和精神素养的内化。这其中，专业知识强调学科基础理论，职业技能强调实践操作能力，专业知识是形成职业技能的基础，职业技能是专业知识得以运用的展现。传统法学教学重知识传递、轻职业技能培养，因此卓越法律人才培养计划尤其强调要强化法学实践教学环节，培养应用型人才。“卓越法律人才培养过程中的法学教学改革，应当重视人才培养的实践性，但是不能矫枉过正，忽略了人才培养的规范性，因为专业的学术积累对实务操作有着潜移默化的作用。”没有专业知识，职业技能就是无源之水、无本之木。这就要求高校在着重探索如何培养学生应用和实践能力的同时不能忽视专业知识的传授尤其是要在专业主干课上下功夫，让学生夯实基础。三种素质之中，职业精神素养则是前两者得以正确运用的保证，是知识和能力的精神载体，不可或缺。正如西南民族大学法学院培养的法学毕业生、全国优秀法官龙进品所说：“如果你的专业水平有限，老百姓会宽容；如果是你的职业道德有问题，则绝不会得到他们的原谅。”② 现在民族地区法律工作者，或是专

---

① 美国律师协会于1992年发表的《麦考利斯特》报告列举了十项能力，包括：“解决问题；法律分析和推理；法律研究；事实调查；沟通；咨询；协商；诉讼与非诉讼程序的能力；组织与管理法律工作的能力；解决道德困境。”英国上议院议长法律教育与法律行为咨询委员会在其首份法律教育与培训报告提出“逻辑论证，掌握复杂的想法和处理复杂的事情，对文本的批判阅读，审慎地使用英语，以清晰、一致和令人信服的方式进行口头与书面交流的能力，获取、评估和使用法律文件和信息的能力包括信息技术处理的能力”这七项技能。引自刘晓东、张涛：《法律诊所如何训练学生的职业技能》，载《改革与开放》2014年第7期，第90页。

② 徐元锋、朱红霞、周皓：《云南南涧法官龙进品：扎根深山的好法官》，人民网，2011年3月4日，http：//cpc. people. com. cn/GB/64093/64104/14057498. html。

业基础不牢，或是欠缺实践能力，或是缺乏对法律事业的信仰以及扎根基层的吃苦和风险精神，这都是缺乏法律人才普适性素质的表现。因此，三者之一都不可偏废。

2. 特殊性素质

鉴于当前民族法律人才素质的缺陷以及少数民族和民族地区法律事务处理的紧迫需求，新时期民族法律人才的特殊素质应主要包含以下几个方面：首先是对民族法律人才在职业素养方面的特殊要求。由于其身处的是少数民族地区，面向的是少数民族群众，其工作性质的“民族特性”要求其要树立正确的民族观，热爱民族事业，具有奉献精神，有志于从事民族法律事务工作。只有这样的人才真正愿意扎根民族地区的基层，意志坚定、吃苦耐劳、艰苦奋斗，成为“下得去、留得住”的人才。而且法律工作者的道德形象还会影响着少数民族群众对法律的认知，是少数民族地区社会治理的软实力。其次，要精通少数民族语言，通晓民族理论与政策，熟悉少数民族风俗，能够真正走进少数民族群体。作为面向民族地区的法律工作者，熟悉并能使用本民族语言是应当具备的基本专业能力。这既是保障少数民族使用本民族语言权利的一种体现，也是为了便于开展工作，与少数民族群众实现良好沟通。最后，还有专业素质上的特殊要求。除了掌握通识的法学基础理论，还要具备民族法律知识，通晓民族习惯法和国家法之间的关系，能够妥善处理民族法律纠纷，成为“用得上”的人才。民族习惯法对少数民族群体和生活的影响是真实和客观存在的，民族地区法律事务必然涉及对国家法与民间法、法律与习俗关系的处理。

龙进品，来自云南大理白族自治州南涧县，就读于西南民族大学法律系，是毕业后毅然回乡的少数民族“乡土法官”，2011 年获得“全国优秀法官”的荣誉称号。他的成长和成才为民族法律人才的教育培养提供了宝贵的范例。他扎实的专业知识，娴熟灵活的职业技能，扎根大山、崇尚公正、甘于奉献的职业素养以及会双语、懂习俗这类带有“民族性”的特质为我们揭示了少数民族法律人才规格的培养目标，印证了少数民族法律人才的培养标准。

四、兼论中央民族大学民族法律人才的培养目标

遵循分类别、分层次培养民族法律人才的理念，作为少数民族最高学府的中央民族大学，身处政治经济文化中心，有着绝对的地缘优势，在师资、生源和其他教育资源配备上都优于其他少数民族院校。加之中央民族

大学也是“首批应用型、复合型卓越法律职业人才教育培养基地”之一，我们培养的民族法律人才理应定位于“卓越”这一层次。这一定位既区别于普通高校又区别于地方民族院校。

我们培养的卓越民族法律人才实际上是“应用型、复合型法律职业人才”的下位概念和特殊类型，因此在培养目标上首先应当符合教育部对该人才类型的要求，这也可以视为民族法律人才的普适性素质在卓越这一层次上的具体标准。《教育部中央政法委员会关于实施卓越法律人才教育培养计划的若干意见》中指出：“培养应用型、复合型法律职业人才，是实施卓越法律人才教育培养计划的重点。适应多样化法律职业要求，坚持厚基础、宽口径，强化学生法律职业伦理教育、强化学生法律实务技能培养，提高学生运用法学与其他学科知识方法解决实际法律问题的能力，促进法学教育与法律职业的深度衔接。”① 另外如前所述，民族法律人才在普适性素质之外还应当具备满足民族地区法律实务需求的特殊性素质。正是这类特殊素质的具备使得卓越民族法律人才满足了“复合型”的目标。而基于“卓越”这一层次定位，笔者以为我校法学院的卓越民族法律人才培养目标应设定为：适应民族地区市场经济和法治建设的需要，厚基础、宽口径，扎实掌握系统的法学专业知识和法律实务基本操作技能，具有基本的人文素养和崇高的法律信仰；树立正确的民族观，热爱民族事业，具有奉献精神，有志于从事民族法律事务工作；通晓民族理论与政策，熟悉少数民族风俗习惯，熟练运用汉语和一门少数民族语言，能够真正走进少数民族群体；具备民族法律知识，能够妥善处理民族法律纠纷。目前，我校法学院通过创建法学（藏语基地班）正在开展全新的尝试，致力于培养面向藏族地区的高级法学人才，这正是我院将建设“应用型、复合型”卓越法律人才基地与民族法律人才培养相结合的重要举措，也体现了我院对卓越民族法律人才的培养目标较为准确的定位。

（作者单位：法学院）

① 教育部：《中央政法委员会关于实施卓越法律人才教育培养计划的若干意见》，http：//www. moe. gov. cn/publicfiles/business/htmlfiles/moe/s3875/201204/xxgk_ 134451. html，2015 年 1 月 30 日访问。

加强课程建设是提高教学质量的重要途径

王满特嘎

蒙古文论课程是中央民族大学蒙古语言文学系1992年开设的本科专业选修课，是本系专业课及专业基础理论课程的一门重要支撑课程，经20余年的课程建设与发展，如今已成为本系特色鲜明的优势课程。长期以来，本门课的任课教师坚持“结合教学搞科研、以科研促教学”的正确方向，坚持做到加强课程建设，不断进行教学内容的改革与创新，积累了成功经验、取得了比较好的成就。下面从资料建设、教材建设、教改项目建设、教改成果的创新点、教改成果的应用等诸方面简要阐述课程建设对提高本科教学质量的重要性。

一、加强资料建设

国内蒙古文论研究起步较晚，到20世纪90年代才初步形成独立的一门学科。开讲蒙古文论课首先遇到的难题是文论文献资料奇缺，尤其是蒙古国第一手文本资料几乎是零。所以我们的课程建设是从资料建设开始的。从1991年开始一直到今天，20多年来我们多次赴蒙古国进行田野调查，走遍蒙古国图书馆、档案馆、博物馆、资料室及老学者个人图书室等，进行查阅、搜集，整理20世纪蒙古国第一手文论文献资料和C. 宝音尼木和、X. 阿尤西、M. 伊达木苏荣、TS. 达西尼玛、TS. 达木丁苏荣、D. 其木德、B. 曹都诺木等文论家的生平与作品资料。在搜集到的大量文本文献资料的基础上，认真整理、校注、归类、前后编辑出版了《蒙古国现代文学研究与评论》（1999）、《蒙古现代文学批评》（2000）、《蒙汉两文合璧檀丁〈诗镜论〉》（2000）、《蒙古国现代文学批评》（基利尔文、2005）、《〈内蒙古国民旬刊〉影印校勘本》（合编、2007）、《曹诺木巴拉珠・宝音尼木和》（1—4卷、合编、2008—2009）、《五体合璧〈诗镜论〉》（合编、2012）、《莫・伊达木苏荣文集》（2014）等重要的文献资料，资料建设取得了引人瞩目的可喜成绩。

二、加强教材建设

在加紧资料建设的同时，我们又加强了教材建设。在搜集、整理、编辑出版的文论文献资料的基础上，利用20余年的时间先后撰写出版了《蒙古文论史》（1996）、《蒙古国现代文学理论批评研究》（2003）、《蒙古文化研究丛书·文论》（2004）、《蒙古国现代文学理论批评研究》（基利尔文、2007）、《蒙古文论发展概论》（2008）五部相关蒙古文论课程的论著与教科书。

2008年以前在国内公开出版的专题研究蒙古文论史著作只有四部，即王满特嘎著《蒙古文论史》（1996）、《蒙古文化研究丛书·文论》（2003）、《蒙古国现代文学理论批评研究》（2003）和巴·格日勒图著《蒙古文论史研究》（1998）四部著作。上述四部著作均属于文论史方面的研究专著，虽然可作为蒙古文论课教材使用，但在体例、角度、方法及侧重点都明显有别于教科书的特点，内容相当概括，丰满度不足，所涉及内容范围相对狭窄，其中《蒙古文论史》《蒙古文化研究丛书·文论》《蒙古文论史研究》三部著作只涉及中国蒙古文论，没提及蒙古国文论内容，而另一部著作《蒙古国现代文学理论批评研究》专题研究了蒙古国现代文论，未涉及中国蒙古文论内容，上述四部著作均不完全适合作为本科生和研究生的教材使用。

为此，我们2002年申报了校级精品课程建设项目“蒙古文论发展概论”并获准立项，经过6年艰苦的搜集资料、进行调研、出国访学、具体撰写等过程，于2008年顺利完成并出版了《蒙古文论发展概论》这部创新性成果，2010年获得校级优秀科研成果二等奖。该教材主要由绪论及六章内容构成，即第一章蒙古文论思维基础，第二章《诗镜论》的流传及研究概述，第三章《诗镜论》及蒙古族藏文注释著作，第四章古代汉民族文论对蒙古文论的影响，第五章民主主义思想影响及蒙古文论，第六章马克思主义文论影响及蒙古国现代文论。本书著者20余年潜心研究蒙古文论，凭借30年的教学科研实践经验，在大量翔实可靠的蒙古文论文献资料的基础上，妥善解决了蒙古文论史研究中时间跨度大、理论梳理难等问题，比较全面、系统、深入阐述了蒙古文论的纵向发展史和横向关系史。此部成果的问世结束了中外蒙古文论课程尚无一部教科书的历史。另外，当时在国内单一少数民族文论课教材出版发行并投入教学使用的仅此一部。

三、加强教学内容改革与创新

在2008年顺利完成并出版《蒙古文论发展概论》这部创新性成果的基础上，我们进行了“蒙古文论课程教学内容改革与创新”项目建设（自选），完成了完整一套本门课程多媒体课件研制工作。

成果第一章在搜集整理大量民间文学第一手文献资料的基础上，以翔实可靠、生动鲜活的民间文学资料，系统论述了蒙古族口承文学理论批评。第二、第三章专述了“诗镜论派”蒙古文论。公元7世纪古代印度文学理论家檀丁所著文学理论著作《诗镜论》译成藏文以后，藏族学者争相传习，蔚成风气。它和藏文古体诗的创作相结合，经过漫长的发展道路，已经成为藏族文学中不可分割的组成部分。传入蒙古地区以后对蒙古文论产生了巨大影响。蒙古族喇嘛学者们用藏文撰写的《诗镜论》注释著作作为迄今为止传到我们手里的蒙古古代书面文论文献的最初篇章，在蒙古文论史上占重要地位。由于多种原因在国内《诗镜论》及其注释著作的研究处于滞后状态，尚未深入，是当前蒙古文论研究领域的薄弱环节。成果作者在第二、第三章中着重论述了《诗镜论》基本内容、蒙古族学者的注释著作、它对蒙古文论的重要影响等基本问题，在时间和空间上拓宽了蒙古文论研究范围。提出了17—20世纪初在蒙古文学领域盛行且具有较大影响的罗布桑帕仍莱等喇嘛学者所撰《诗镜论》注释著作，已构成蒙古族“诗镜论派”文论，对蒙古族文论产生巨大影响。“诗镜论派”蒙古文论是迄今为止以文字资料完整流传下来的蒙古文论最早文献文本资料，在蒙古文论史上占据重要地位等创新性学术观点。第四章重点论述哈斯宝、尹湛纳希、阿日那、贡纳楚克等文论家的文学观点与美学思想。第五章主要研讨罗布桑却丹、特睦格图、布和贺希格、仁钦浩日劳、嘎拉桑等民族民主主义思想的文论家的文学观点。第六章专门论述与探讨了马列文论影响下的蒙古国现代文论。1921年蒙古人民革命胜利，1924年成立了蒙古人民共和国。随着蒙古新文学艺术的产生和发展，其文学理论、批评也逐步发展起来。在20世纪二三十年代，色·宝音尼木和等蒙古现代文学的奠基者们把蒙古传统的文学理论思维同马克思主义文学理论和批评方法相结合，撰写并发表了具有蒙古特色的、为数可观的文学评论和研究论文，成为蒙古现代文学理论批评的开创者，对马克思主义文学理论思维在蒙古的形成起到重要作用。这一时期是蒙古现代文学理论批评的产生和发展的重要时期，但我们的研究远未深入。在很长一段时期，蒙古文学研究处于蒙古国的学者只研究蒙古国文学，内蒙古学者只研究中国境内蒙古文学，这一极不正常的“隔离”局面。这种局面极大地影响了整个蒙古国文学及其文论研究的深入。由于种种原因，我国学术界多数蒙古文学研究专家尚未涉足这一领域，专题研究蒙古现代文学理论批评的学术论文几乎是凤毛麟角。第六章主要以文论家研究与文论作品研究相结合的方法，着重对20世纪20—40年代最有影响力的代表性文论家C. 宝音尼木和、X. 阿尤西、TS. 达西尼玛、M. 伊达木苏荣、TS. 达木丁苏荣、D. 齐木德、B. 曹都诺木等人的文学理论观点进行全面、系统的梳理，并进行深入细致的个案研究。以大量翔实可靠、鲜为人知的第一手资料为有力论据，公正、准确地阐述和评价他们所坚持的诗学理论、美学观点、文学主张、翻译理论、戏剧理论等，从而科学地揭示本时期蒙古文论主要思潮、基本特征及其形成发展概要。同时提出了20世纪20年代是蒙古现代文论的萌发时期，30年代是蒙古国马克思主义文论初步形成时期。在这一时期革命现实主义创作方法占主导地位，浪漫主义、自然主义、形式主义、象征主义等非现实主义创作方法仍并存。蒙古文论在继承蒙古传统文论思维的基础上吸收了苏俄马列文论方法，形成了具有蒙古特色的文论体系等创新见解。

本成果在参考大量翔实可靠的蒙古文论文献资料的基础上，科学地解决了蒙古文论史研究中时间跨度大、理论梳理难等问题，比较全面、系统、深入地阐明了蒙古文论的纵向发展史和横向关系史。紧紧抓住教学内容的改革与创新，切实提高教学效果和人才培养质量这一主题，对蒙古文论课程内容进行大胆的改革与创新，为蒙古语言文学专业本科教学提供了一部理论水平高、特色鲜明、实用性强、高度创新的精品教材和教学课件。经过几年教学实践检验证明效果明显，在提高本科教学质量和加快创新人才培养方面发挥重要作用。

第一，成果主要解决的教学问题。

1. 本部教材，在全国民族高校中国少数民族语言文学专业中率先投入教学使用，在民族文艺学学科领域起到了重要的引领作用。填补了蒙古文论没有教材的空白。

2. 研制了完整一套共有870页的多媒体教学课件，实现了运用现代科技教学手段进行教学。

3. 使蒙古文论课程内容更加系统化、科学化。以大量的翔实可靠的文本文献资料为依据，把蒙古文论的起始时间往前推移到公元13世纪。

4. 增补了蒙古族民间口承文学理论批评的内容。

5. 把中国蒙古族文论与蒙古国现代文论有机衔接起来，准确地揭示了蒙古文论的纵向发展史和横向关系史，给学生以完整的蒙古文论知识。

第二，成果解决教学问题的方法。

1. 理论联系实际，多用生动形象的典型实例，把抽象的理论课变为具有生动有趣的、有一定视频效果的课程，让学生在理论与实践的结合上牢牢把握基本理论与基本概念。

2. 及时把国内外教学成果以及学科最新发展成果引入教学，激发学生的学习兴趣，促进学生的积极思维，给学生以深刻的创新熏陶。

3. 实施启发式教学，因材施教，注重学生创新能力培养。

4. 科学、合理、有效地使用现代教育技术，充分利用自己研制的多媒体课件，形象展示所讲课程内容，着重解决重点、难点问题。

5. 不断发现和开发新的文献文本资料，给学生提供有价值的教学参考资料。近两年搜集、整理、编辑出版了合编《曹诺木巴拉珠·宝音尼木和》（第四卷、350 千字）、合编《五体合璧〈诗镜论〉》（750 千字）两部文论文献资料，这对学生的学习有极大的帮助。

四、教改成果主要创新点

第一，到目前为止，国内藏、维吾尔、哈萨克、朝鲜、彝、壮等少数民族语言文学专业均尚未出版一部本民族的文论教材。本套成果不仅是国内外第一部蒙古文论教材和教学课件，也是全国唯一一部单一少数民族的文论教材和课件，为民族文艺学学科教材建设开了先河，具有较大的开创意义。

第二，在搜集整理大量民间文学第一手文献资料的基础上，以翔实可靠、生动鲜活的民间文学资料，系统论述了蒙古族口承文学理论批评。这是对蒙古文论研究的新贡献。

第三，解放思想，开拓思路，第一次将中国蒙古文论与蒙古国文论有机衔接起来，使蒙古文论教材与课件内容趋于更加丰满，更加系统。对课程内容的改革与创新做了成功尝试。这是国际蒙古学界从未有人尝试过的一大创新，得到学界的认可。

第四，比较全面、系统地展示并论述蒙古文论纵向发展史和横向关系史，较详尽、深入地分析研究数十位蒙古文论家文论著作，总结归纳蒙古文论的基本特点，在深度和广度上明显超过国内外同类成果的水平。

五、教改成果的应用

中央民族大学精品教材建设项目研究成果《蒙古文论》，是国内外第一部蒙古文论教材。出版发行投入教学使用后引起国内外蒙古学同行专家的高度关注和认可，多所高校相关专业作为本科生或研究生蒙古文论课程的教材使用，深受师生欢迎。中央民族大学、内蒙古民族大学、西北民族大学等多所高校作为相同专业的教材或教学参考书使用，其学术价值和实用价值显而易见。该成果多媒体教学课件在本校投入使用以来一直受到学生欢迎，教学效果明显提升。通过本门课的教学和实践训练，学生文学研究、文学批评实践能力逐渐提高。实践证明，本教材和课件能够反映本学科国内外科学研究和教学研究的前沿水平，符合人才培养目标和教学要求，具有特色鲜明、高度创新、全面系统、通俗易懂等特点。本门课课堂教学质量学生网上评估结果均为优秀。

2010 年北京世纪超星信息技术发展有限责任公司借助先进的数字图书馆技术、视频形式和网络媒体将成果主持人讲的课进行录制，由编导和专业人员正在制作配有字幕和多媒体教学手段的学术视频。这些为充分发挥我系蒙古文论课程教学成果的示范辐射作用奠定了基础。

蒙古语言文学系蒙古文论课程建设经历了 20 余年的艰苦创业过程，取得了一定成绩，积累了成功经验，为提高本科教学质量起了重要作用。

参考文献

[1] 鄂义太、陈理主编：《加强教学建设提高人才培养质量》第三辑，中央民族大学出版社 2008 年版。

[2] 鄂义太、陈理主编：《加强教学建设提高人才培养质量》第十四辑，中央民族大学出版社 2013 年版。

[3] 哈森其木格：《补蒙古文论教材空白的开山之作》，内蒙古日报数字报刊网平台—北方新闻网—内蒙古，2011 年 5 月 3 日。

[4] 王满特嘎编著：《中央民族大学蒙古语言文学学科五十年历程》，民族出版社 2006 年版。

[5] 王满特嘎：《立志开拓进取培养创新人才》，载中共中央党校《理论动态》编辑部编《求实先锋——新中国六十年发展的理论与实践》，中央文献出版社 2009 年版，第 476 页。

[6] 王满特嘎：《信念灿烁事业辉煌——中央民族大学蒙古语言文学专业 60 年取得的成就》，载《内蒙古日报》（蒙文版）2012 年 10 月 12 日第 4 版。

（作者单位：蒙古语言文学系）

教育教学管理

做好实践管好钱：关于大学生创新创业训练计划经费管理问题探析

翟　慧　杨园章

在"本科生教学工程"中，大学生创新创业训练计划对"促进高等学校转变教育思想观念，改革人才培养模式，强化创新创业能力训练，增强高校学生的创新能力和在创新基础上的创业能力，培养适应创新型国家建设需要的高水平创新人才"[①] 起到了重要作用。目前，已有许多关于"大创项目"的研究，就各高校（如复旦、北理工、厦大、南大、华中科大、华中师大、北邮等）该项目的实施情况、存在的问题和改进办法做了深入的讨论，提供了经验借鉴。[②] 有研究者提出，为使该项目顺利进行，在管理过程中需"实施精细化管理，细化每一个工作环节"[③]。其中，经费报销环节是"大创项目"中的重要一环，不可或缺，对此问题的解决，全国大部分高校尚处于摸索阶段，相关文章并未就此问题展开说明。

国家高度重视大学生创新创业计划，投入大量资金和资源，保障了该计划的顺利进行。如何更好地对项目经费进行管理、为大学生提供优质服务、给予"大创项目"政策层面上的支持、落实相关细则，是经费报销环节的工作重心所在。笔者立足于本校本科生"大创项目"经费报销工作的经验，并参考若干高校的工作（详见下文），针对我校该环节存在的若干问题做了说明，结合各高校经验提出些许意见，能对我校人才培养模式的

---

① 教育部：《教育部关于做好"本科教学工程"国家级大学生创新创业训练计划实施工作的通知》，教高函〔2012〕5 号，第 1—2 页。

② 参见任良玉、张吉维：《本科创新人才培养的制度环境和文化环境——以"国家大学生创新性实验计划"实施为例》，载《清华大学教育研究》2009 年第 3 期；温喜宝：《大学生创新性实验计划的开展与研究》，载《实验室研究与探索》2009 年第 4 期；乔连全：《我国研究型大学"大学生创新性实验计划"的现状与反思》，载《高等教育研究》2011 年第 3 期；张向文：《大学生创新性实验项目的实践与创新人才培养的思考》，载《高教论坛》2012 年第 9 期；姚珂：《"大学生创新性实验计划"实施问题研究——华中师范大学的时间》，华中师范大学硕士学位论文，2012 年。

③ 魏东晓：《大学生创新性实验计划精细化管理的探索与实践》，载《北京林业大学学报》（社会科学版）2009 年增刊 1，第 36 页。

改善、人才培养质量的提高有所裨益。

一、我校大学生创新创业训练计划工作概况

众所周知，大学生创新创业训练计划对于增强学生的实践创新能力、培养创新人才具有重要意义，已成为高校间的共识。① “创新人才培养是大学的基本任务，大学生创新性实验项目是培养创新人才的有效途径”②，如何具体实施该工作成为加强本科教学建设、提高人才培养质量的一个重要方面。我校高度重视该工作，安排教务处实践教学与创新教育中心专门负责该工作的实施，笔者自2013年来接手该项工作，以下就相关工作流程做一概述。

（一）我校大学生创新创业训练计划工作流程概述

我校从2006年底开始实施国家创新创业训练计划工作，“大学生创新创业训练计划”包含了立项、中期检查和结题检查三个阶段，平均周期约为一年。为了保证大学生创新创业训练计划的顺利实施，教务处建立了一个科学且高效的监控管理体系。

第一年11月学校教务处下发立项通知，根据上年的立项工作评估和适当的倾斜政策，确定各院系的项目数量和项目金额。各院系根据分配的项目数，开始组织各院系学生立项，在第二年1月上报学校。教务处根据各院系上报的结果调整后，公布立项结果，学生项目正式立项。

第二年6月教务处发布中期检查通知，各院系自组织进行中期评审工作，在系统中按时上报中期报告成果。

第三年1月发布结题检查通知，在3月底之前完成结题检查工作。结题评审包括学术报告的成绩和项目本身的评审。各院系将评审工作的分数上报教务处，教务处发布结题结果。

---

① 赵希文、吴菊花、燕杰：《国家大学生创新性实验计划与创新教育改革》，载《哈尔滨工业大学学报》（社会科学版）2010年第4期，第105—107页。

② 张向文：《大学生创新性实验项目的实践与创新人才培养的思考》，载《高教论坛》2012年第9期，第26页。

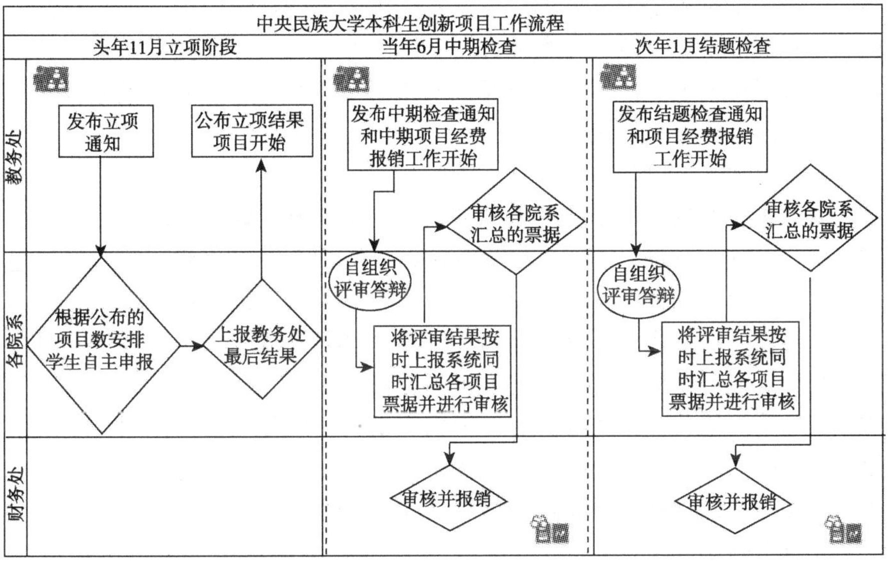

项目工作流程图

（二）我校大学生创新创业训练计划经费管理细则

经费管理环节影响着项目的整体进行，对大学生创新创业训练计划的顺利完成具有重要意义。针对我校的实际情况，有关部门制定了具体可行的经费管理细则，保障了学生经费使用的有效、安全。

1. 资金的来源

本校的大学生创新实验计划中，分为三类项目：一为国家级大学生创新创业训练计划项目，其经费 50% 来源于教育部和财政部对高校的经费支持，50% 来自学校按照教育部有关文件精神给予配套的经费资助；二为北京市大学生科学研究与创业行动计划项目，其经费来自北京市与中央高校共建项目经费；三为校级本科生研究训练计划项目，其经费来自学校对大学生创新创业训练计划设立的专项基金。以上所有项目经费均属国家拨款，接受国家审计监督，任何相关个人和单位有责任和义务了解项目经费使用规定，努力提高项目经费使用效益。

每年的大学生创新项目的经费金额和数量由学校教务处负责审核和划拨。根据各院系上年立项和结项等综合考虑因素，来确定各院系的立项数量和经费金额。确立立项数量后，各院系负责组织学生进行立项申请，每个项目的预算则由学生自主策划并根据所研究内容和进度来确定，最后由各院系把关审批后上报教务处。根据各院系上报的结果，教务处针对部分院系经费的缺少和不足进行微调，对不同的专业和具体研究方向的项目提供不同的经费资助，即体现了差异化又体现了综合化的项目资助方式，做到经费管理有的放矢，统筹兼顾。

2. 经费使用原则

大学生所有的经费采取“专款专用、自由支配、绩效管理”原则，由教务处统一分配管理。并要求专款专用，只能用于本科生的项目研究的相关支出。在遵守项目经费使用规定、严格遵守财务报账制度前提下，由项目学生自由支配；进行绩效管理，对中期检查不合格的项目做终止处理，并停止剩余经费使用权；对结题验收不合格的项目，视具体情况追回部分或全部经费。项目在正式确立后，采用实报实销的使用方式。项目组学生根据自己的项目经费使用权，先行垫付，根据自己项目的进展情况，在项目中期和结题检查两个时间点的时候进行经费的报销。

3. 报销流程

目前资金的审批管理设在教务处，由各教学单位负责收集汇总各单位学生的票据，初步审核，制作汇总单，交送于教务处。教务处根据项目资金类别、资金限额的审核，将不符合规定的票据返还各教学单位进行修改或退回；将符合规定的票据送于学校财务处，等学校财务处审核完毕后，负责将报销的经费交与各教学单位的负责人。

4. 报销辅助

为更好地使学生了解到财务报销知识并适应财务制度随时的变化，教务处编写并及时修订《经费使用指南》，以方便学生更顺利地使用经费。除此之外，教务处组织本科创新项目经费使用说明及报销培训会，联合财务处分别从不同的角度来给学生讲解经费报销使用的细则，分别在项目即将开始之前和项目报销之前举行。通过实验证明，两次的报销培训能够很好地帮助学生对财务报销知识的掌握。规范和方便了各教学单位更好地完成经费使用及相关的报账工作。

二、我校大学生创新创业训练计划经费管理环节中存在的问题

与部分高校不同的是，我校大学生创新创业训练计划在经费问题上并

不存在“有限的经费制约学生的参与需求和项目的完成效果”① 的问题，而是出现的经费管理上，这对学校从制度保障方面和个性化服务方面尽最大权益保障学生的经费使用的工作产生了影响。

（一）相关人员对高校财务制度了解不够

大学生创新性实验计划旨在提高学生的自主创新能力，在项目开展过程中，也能提高学生自主研究、田野调查的能力以及基本的财务素养。这对开拓学生研究思维和动手实践能力有着很深的影响和意义。根据现有流程，学生通过学校组织的经费报销培训和经费报销指南，根据项目进展情况进行经费的使用和报销，后上报各院系相关负责人。但实际情况中，无论是学生还是相关老师都对高校财务制度了解不多。并且认为财务报销知识应为专业人员掌握即可，主动学习财务知识的积极性不高，造成在报销中拖滞、不符合财务规则的情况比比皆是。造成票据审核过程较长，不符合财务制度的票据频频出现。工作效率不高，经费报销工作战线拖得过长。

（二）各部门资源不能有效整合

有研究指出，职权责三者应结合成一体，克服那种“有职无权”“有责无权”，或“有权无责”“有职无责”等不利于提高工作效率的状态②，虽然我校在管理体制上应不断优化创新，但仍存在若干问题。目前，很多已经申请创新项目的同学同时也进行实习或实践的活动，学校对于相关实习实践也有经费支持。如果一个同学同时得到两方面的经费资助，经费的宽裕就可以对项目更深入的研究。化零为整，能有效地整合资源，但目前各个部分所分管的经费都是各自为政。根据财务报销政策，学生同一个调研事项所产生的票据只能在一处经费出口进行报销，导致票据不能分散报销，造成票据和学生资源的浪费。

（三）项目资金与项目管理存在脱节

现有经费管理设在教务处，项目的管理下放到各个院系。造成经费和项目管理脱节。尤其是在结题报账时候，根据学校财务结算制度的要求，

---

① 蒋逸仙：《研究型大学本科生科研训练研究——基于大学生创新性实验计划项目的调查和分析》，南京大学硕士学位论文，2013 年，第 41—42 页。

② 李冀：《普通高等学校管理》，广东科技出版社 1983 年版，第 25 页。

每年的3月前必须结束上年所产生的所有票据，而各院系在3月底才能完成结题答辩的工作，往往会产生结题后不能通过的项目，需要追回已经报销的费用。这样往往会造成回找票据的麻烦，还会造成工作的不严肃性。

（四）如何有效地将行政权力下沉亟须解决

改革开放以来，特别是20世纪90年代以后，我国高校教学管理体制的改革取得了一定的进展，如初步形成了“以人为本”的教学管理思想，实行了学院制管理制度等。但是这一轮改革也还存在一些不足之处，如教学管理观念有待创新，院（系）教学管理自主权仍显不足等。① 目前我校的大学生创新训练计划工作的立项评审以及权力已经下放到各院系，但经费管理工作仍然设在教务处，院系对于学生项目的经费管理权限与实施脱节，往往是造成上述这些问题的主要原因。

北京师范大学校长钟秉林表示，如何优化大学内部的治理结构，克服当前存在的行政权力对学术权力干涉过多的现象，在学校学术事务的决策方面、教育资源配置方面能够更多地尊重专家学者的意见。钟秉林认为，协调这个关系，关键要有一个配套的制度体系。② 大学生创新训练计划旨在开拓大学生的创新意识，学生的自主研究能力，学生可以跨院系跨年级组队进行项目的开展。如何建立一套切实可行的配套管理制度，优惠的政策保证，来更好地服务大学生创新训练计划的经费工作是各高校相关管理人员亟须解决的。

三、国内高校大学生创新创业训练计划经费管理经验及建议

在我校大学生创新创业训练计划工作的基础上，笔者了解了国内部分高校开展该项工作的经验，就我校创新创业训练计划经费管理提出几点想法。

（一）国内高校大学生创新创业训练计划经费管理经验

笔者主要调研了北京周边同等院校及民委所属部分院校在大学生创新

---

① 黄春林：《基于创新人才培养的高校教学管理体制创新研究》，湖南大学硕士学位论文，2005年，第27页。

② 钟秉林：《高校要处理好学术权力和行政权力的关系》，人民网，北京3月10日电，http://edu.people.com.cn/n/2014/0310/c367001-24593733.html。

创业训练计划经费管理中的票据处理情况。调研情况如下：

北京师范大学：该校以把立项、评审和经费管理的权限均以下放到院系。每个项目的指导老师负责签字。每个项目自主送交财务处，财务处随时处理学生的报销票据。

中央财经大学：该校在2014年之前采取集中处理票据的工作方式，从2014年下半年开始着力推动权利下方到院系的方式。将于2015年正式实施。

北京理工大学：该校一直采取教务处集中处理学生票据的工作方式。每周有两天的时间有专人负责处理学生交来的报销票据，教务处领导统一签字盖章。

外交学院：各院系分别审核学生票据，交教务处专人处理签字后。财务处根据各院系上报的金额不需审核票据，直接给项目学生银行卡打钱。

西南民族大学：各院系指派专人（学生）负责审核各项目学生票据，将审核后的票据集中送至教务处，教务处工作人员签字后送交财务处进行项目报销。

调研学校样本为五所高校，其中已将经费管理的权限下放或正在下放的学校有三所。数据显示虽然关于大学生创新训练计划经费的管理，每个学校管理的模式都不一样，但是总体趋势都在于权力下放，交给院系自主管理。

（二）关于我校大学生创新创业训练计划经费管理的建议

经费管理需要做到"细化"但不"烦琐"，"自主"而不"滥用"。一方面，根据学生的研究进度灵活掌握经费报销和审批和划拨。学生项目的负责人要本着实事求是、精打细算的原则，编制切合实际的项目经费预算，项目的依托单位要按照相关规定严格审核项目资助经费的预算，签署意见后上报学校。对于不同发展方向的学生提供差异性的经费资助，体现个性化和综合化项目资助的方向。另一方面，学校在管理的角度上需要更加完善管理机制，注重项目的活力还要建构有保障的质量监控体系。

如何完善管理机制，首先最重要的一点就是要明晰校级和院系级两级管理体系职责权的划分。邓小平同志曾指出："责任到人，就要权利到人。只交责任，不交权力，责任制非落空不可。"① 校级和院系两级的管理体制

① 课题组：《对我国高等教育校院两级教学管理体制的理论思考》，载《财经论丛》2003年第9期，第52页。

要做到职责全一致，院系所拥有的职责和权利必须相称。校级的管理部门应该在大的人才培养方案、办学方向、未来的发展目标等方面进行把握自己的责任和权利，将与教学相关的管理工作责权利适度下放。大学生创新性训练计划的工作也是如此，同时也应该听取院系反馈的声音，征求老师和学生的意见。院系管理层面在扩大的管理自主权的基础上，也应该因地制宜，提高管理效率，有效整合各种资源，协调好人、财、物。这样才能更好地履行大学培养人才的职责。

（三）小　结

大学生创新训练计划旨在促进人才培养模式的改革，学生在创新性实验计划中，在学习研究兴趣的驱使下，可以跨院系跨年级进行自由组队，自由选题，自主研究，自选导师，学生在项目开展实施中，还要综合应用已学的知识，根据实际开展的项目情况发现自己知识的不足之处，这样不仅能使学生能将自己的知识融会贯通，还能增强学生实际的动手能力和创新能力。同样，经费使用的知识也是学生在创新训练计划中必不可少，或者说必须掌握的知识。学生通过自主研发，开展实践，在实践中所获取的知识通过论文的形式予以展现，那在实践过程中所经历的事情则可以通过票据展现出来。如何完整的记录自己实践的过程，如何完整的整理并追溯项目花费的票据，同样也需要学生通过创新训练计划这样的机会来锻炼自己。一句话：“做好实践，写好文，管好钱。”

四、结　语

精细化的经费管理是对学生和老师的服务质量的必然要求，而且应建立在常规管理的基础上，并将常规的经费管理引向深入。目前大学生创新性训练计划还存在一定的问题。本文通过对这些问题的分析以及对有效的人才培养模式上，提出了一些改善建议，希望能对本科教学工作有一定的参考价值。

（作者单位：教务处、历史文化学院）

加强和改进高校奖助学金发放管理的几点思考

——以中央民族大学为例

何　薇

奖助学金制度是落实和完善学生资助政策体系的重要措施，在高校学生工作中占有很重要的地位，每年都有越来越多的学生从资助中受益。近年来，国家出台了多项新的资助政策，逐步建立起以国家为主体的普通高校资助政策体系。普通高校资助体系政策内容主要包括：国家奖学金、国家励志奖学金、国家助学金、国家助学金贷款、基层就业学费代偿、入伍和退役教育资助、勤工助学、学费减免等，体现出资金规模庞大、奖助项目复杂多样、学生群体数量大等特点，以中央民族大学为例，2014 年奖助学金规模达 3500 万元，涉及学生 15000 人次。奖助学金的发放管理政策性强、工作量大、涉及面广、工作环节多，需要多部门协调配合、通力合作、共同完成。传统的发放管理方式已经不能适应当前管理工作需要，客观上要求改进发放管理模式和手段，提高工作效率，发挥奖助学金所具备的激励、帮困的积极作用。

一、高等院校奖助学金发放管理的现状和存在的问题

奖助学金发放管理的主体涉及多个责任部门，发放程序复杂。以中央民族大学为例，奖助学金管理的主要流程包括院系评审、公示确认、审核批准、汇总上报、财务发放五个环节；奖助学金发放的步骤主要包括登记信息、归集汇总、上报财务、通知银行、信息纠错、补发完成六个步骤。目前，多数高等院校形成了奖助学金发放管理系统，使用了管理信息平台，但是大多基于院系评审管理层面，而没有覆盖奖助学金评审发放的全过程。从奖助学金发放管理的流程和效率看，存在着不少弊端。

（一）缺乏统一的管理信息平台，数据共享性差，发生错误率高

普通高校奖助学金管理通常按照资金来源和学生类别，分别由几个部门共同负责组织实施申报、评定、发放等具体工作。奖助学金的申请、评定等基础工作首先是在班级、院系展开，受助学生的名单经公示确认后，由学生所在院系汇总学生姓名、银行账号和发放金额，报送给该项奖助学金的管理部门，如学生处、研究生院、教务处等，再由相应管理部门汇总后，送财务处审核后交由银行发放。由于缺乏一个数据共享的管理信息平台，需要逐级手工汇总数据信息，一旦在某环节出现错误，则需要逐一环节返回核对确认，有时甚至需返回到院系、班级进行信息核对和更正，进行再次循环，严重影响效率。在汇总学生信息过程中，学生的姓名、银行账户和发放金额等明细信息，要靠手工粘贴、转换，可能造成数据信息错误和遗漏，多环节手工操作增加了使用过程的风险。例如，银行账号通常是 19 位，填报过程出现位数不足或位数过多，甚至数字前后颠倒的输入错误；还有的不注意输入格式要求，发生数据格式错误；再有的填报学生姓名与银行开户户名不符，导致发放失败。各管理部门虽然都有各自的管理系统，但主要是针对各自工作特点单独设计的，部门之间数据没有统一、关联，如若学生银行卡号发生变动，经常要跑几个部门才能彻底更正，纠错方法繁杂笨拙，不能及时高效完成工作。

（二）多环节重复劳动，人工成本高，时效性差

因为没有统一的管理系统和兼容的数据接入模块，每一个管理环节根据各自的管理要求，将大量的奖助学金数据信息进行手工转换、粘贴，增加了不必要的工作量，还需配备必要的操作人员，多环节重复劳动，不但增加管理过程人工成本，而且使奖助学金的申报发放工作效率低下。在这种情况下，奖助学金发放的信息在各环节滞留的时间延长，不能第一时间流转到下一个工作环节，时效性差，在某些时候，可能延误发放时间，产生不良后果，造成负面影响。

（三）不便学生查询了解相关发放信息，削弱正向激励作用

学生大多对部门业务分工和业务流程不熟悉，也缺乏办事经验，到财务部门咨询奖助学金的发放情况时，无法提供完整有效的信息，财务人员要花很多时间查找、筛选有效信息才能解答同学提出的问题，咨询工作费时费力难以展开。同时，没有统一的渠道让学生了解奖助学金发放信息，

学生们在等待发放过程中易滋生不满情绪，对奖助学金管理的有关责任部门产生误解，削弱了奖助学金奖优帮困的正向激励作用，甚至产生不良影响。

（四）不易查找问题与原因，难以有效监督与区分责任

按照现有发放管理模式，各个环节的工作是相对独立的，都有可能发生信息统计汇总的错误，不利于查找和分析错误原因。没有一个统一的管理信息平台，一旦发生延误发放或有关信息错误，很难一目了然地分清责任，甚至造成互相推诿，既不利于工作监督，也不利协调配合。例如，在实际工作过程中，一旦产生因数据信息不准确或格式不匹配等问题造成银行发放失败，就需要人工逐级查找，可能不同错误发生在不同的环节，这就很难将责任全部归结到一个部门，也很难落实明确的责任，不利于改进工作。

二、加强和改进高等院校奖助学金发放管理的对策

目前，高等院校使用的奖助学金管理的信息系统版本很多，但多数是基于评审环节，即便有发放管理模块，也很少能够做到评审部门、管理部门、财务部门、银行四者之间的数据顺利衔接。因此要改变传统的奖助学金发放管理模式，必须建立健全管理信息系统，通过接口实现完全兼容的数据传递，采取多种方式促进管理部门与学生间的互动，加强队伍建设，多渠道多方位采取措施，提高奖助学金的发放管理水平。

（一）完善管理信息系统实现数据信息共享

充分利用现有的学费收费系统、网上报账系统、本科生管理系统、一卡通管理系统，建立准确的数据关联关系，建立统一的信息共享平台，规范信息渠道和来源，保证数据信息的权威性，完全实现信息共享。财务奖助学金发放管理所需要的数据从共享的管理系统中直接获取，按照财务管理的要求做必要的汇总统计后交由银行发放。目前，应以财务学费收费系统为基础，建立完整、准确的学生基础信息，在奖助学金评定和发放管理的过程中，统计汇总学生奖助学金的基础信息应该来自于同一数据库，即财务学费收费系统数据信息，各院系和财务管理部门都必须通过此权威基础信息进行关联。与此同时，统一奖助学金统计汇总数据的标准和格式，统一规定各管理部门使用数据的入口和出口，自动生成下一个流程使用的

数据信息，保持各个环节数据的权威和一致，确保财务管理所需的奖助学金数据的准确性。

（二）优化发放管理流程，提高发放效率

在财务管理系统设立奖助学金管理子系统，所有数据通过共享信息平台自动生成，通过程序形成的电子版报表数据导入，反映奖助学金的申请、评定、发放情况。首先科学规范发放流程，遵从预算分配、院系评审、部门审核、财务发放的工作程序，通过校内预算管理渠道把奖助学金使用指标下达到各管理部门，利用网上报账系统让管理部门可以清楚地了解各项奖助学金的使用、结余情况。结合当年评奖的学生学号，在网上提出使用奖助学金额度的申请及受助学生名单，以学生姓名、学号为依据，关联财务学生学费收费系统中现有的学生姓名、账号等数据库信息，形成发放文件，财务部门审核后，导出系统预先设定格式的文件，由银行代发。一部分由校内一卡通发放的助学金，也可以按照此办法发放。其次优化管理程序。通过建立权限设置，实现不同使用者能够在网上随时查询信息和及时更正信息的功能，提高信息更正的速度，减少信息在传递中的错误，减少手工录入的内容，有效地提高奖助学金发放效率。依托学生信息数据库得到学生信息的准确率比起手工录入能提高一大步，极大地降低手工录入信息带来的风险。同时，各种奖助学金无论其是否是同一资金来源和管理部门，学生都可以按照学号在系统中进行查询，能减少发放人员的工作量。

（三）建立统计分析功能，监控奖助学金的使用效果

在学生奖助学金管理系统中增设统计分析功能模块，通过采集数据，统计学生的受助情况，从全校角度整体评价学生的受助资格，合理地安排有限的资金，避免因奖助学金多渠道申领过于集中在某几个学生身上，便于奖助学金后续评价机制的建立。通过统计分析功能，分析学生奖助学金受助情况、学费缴纳和一卡通使用情况，监督奖助学金的使用，建立起学费缴纳与评奖的联系，促进学生正确使用奖助学金，避免学生因使用不当存在挥霍和浪费的现象，偏离了奖助学金设立的初衷。

（四）拓宽信息沟通渠道，加强政策宣传力度

学生奖助学金管理系统，可以汇集涉及奖助学金的法规、政策性文件，作为学生了解奖助学金政策的一个途径，通常的做法是设置一些常见

问题，以答题形式加以解答。及时发布学校奖助学金评定、发放情况，为各个环节的管理部门提供统一的信息发布平台，让学生及时了解奖助学金发放的准确信息，熟悉办事程序和管理流程。在此基础上开展以院系为单位的入学教育，安排相应时间宣讲学习有关各类奖助学金的政策，也可以印制简明扼要的宣传页随“取”学习。奖助学金管理系统同时也是校外资助企业、个人了解资助款项用途和受助者的途径，是学校作为社会公共服务机构吸收潜在捐助者的展示平台。

（五）加强队伍建设，提高发放管理水平

奖助学金发放不仅仅是为学生提供了经济利益，同时体现了社会教育公平，具有很强的育人功能。奖助学金发放工作质量高低直接关系到学生的生活和学习，关系到学校的形象问题。因此，必须从思想上给予足够的重视，建立高素质奖助学金发放管理人才队伍，培养责任心强、业务过硬的工作人员，准确把握党和国家的有关政策，熟悉各项规章制度和工作要求。同时，根据新形势下业务发展需要，更新知识结构，掌握新的业务技能，熟悉掌握信息化管理手段，提高办事效率和处理业务的能力。强化服务意识，提高职业素养和个人修养，树立为院系服务、为广大学生服务的观念，全面提高奖助学金发放管理水平。

（作者单位：财务处）

论“营改增”对横向科研经费管理的影响

陈　洁

根据《财政部国家税务总局关于在全国开展交通运输业和部分现代服务业营业税改征增值税试点税收政策的通知》（财税〔2013〕37 号）的规定，自 2013 年 8 月 1 日起，在全国开展交通运输业和部分现代服务业营业税改征增值税（简称“营改增”）试点工作。文件中规定的部分现代服务业，是指围绕制造业、文化产业、现代物流产业等提供技术性、知识性服务的业务活动，其中包括研发和技术转让服务、技术咨询服务。高校的横向科研经费是高校向政府部门或企事业单位提供研发和技术服务取得的合法收入，因此，高校的横向科研经费收入就要由以前缴纳营业税改为缴纳增值税，并由此带来一系列纳税管理和财务核算的变化。民族高校的横向科研经费管理也不例外，但其横向科研项目又有其自身的特殊性，本文将结合民族高校横向科研经费的实际情况，探讨“营改增”这一政策对于横向科研经费纳税及财务管理带来的影响。

一、横向科研经费收入缴纳营业税和增值税的税负比较

“营改增”前，高校的横向科研经费属于营业税目中的其他服务业，按照5%缴纳营业税，并按照应交营业税税额的7%缴纳城市建设税、3%缴纳教育费附加、2%缴纳地方教育费附加，总计税负为经费收入的5.6%。“营改增”后如果被认定为一般纳税人，横向科研经费按照现代服务业6%缴纳增值税。由于增值税是价外税，而且一般纳税人如果能取得进项增值税发票进行抵扣，实际税负要远低于名义税负。例如，某项横向科研经费为100万元，“营改增”前应缴纳的营业税及附加为100×5.6%＝5.6万元，“营改增”后如果被认定为一般纳税人，假设能取得可抵扣的进项税额为1万元，应缴纳的增值税及附加为［100/（1＋6%）×6%－1］×（1＋12%）＝5.22

万元。由上例可以看出，如果横向科研经费在开支时能取得一定比例的可抵扣进项增值税发票，就可以有效降低税负。通过计算可以得出，当抵扣比例低于 11.67% 时，“营改增”后税负就会增加；当抵扣比例高于 11.67%时，税负就会降低。“营改增”后如果被认定为小规模纳税人，就适用简易征收办法，税率为 3%，不得抵扣进项税额，并按照应交增值税税额的 7%缴纳城市建设税、3%缴纳教育费附加、2%缴纳地方教育费附加，名义税负为 3.36%。由于增值税为价外税，按上例应缴纳的增值税及附加为100/（1+3%）×3.36% =3.26 万元，实际税负为 3.26%。通过比较不难看出，“营改增”后对高校的横向科研经费的税负有所降低，对科研经费的管理使用是有利的，通过有效的税收筹划，可以实现降低税负，有效促进高校横向科研项目的发展。

二、“营改增”后纳税人资格不同对民族高校横向科研经费税负的影响

增值税纳税人分为一般纳税人和小规模纳税人。《交通运输业和部分现代服务业营业税改征增值税试点实施办法》规定，应税服务的年应征增值税销售额超过财政部和国家税务总局标准的纳税人为一般纳税人，未超过规定标准的纳税人为小规模纳税人，应税服务年销售额标准为500 万元。不经常提供应税服务的非企业性单位、企业和个体工商户可选择按照小规模纳税人纳税。小规模纳税人会计核算健全，能够提供准确税务资料的，可以向主管税务机关申请一般纳税人资格认定，成为一般纳税人。现代服务业一般纳税人增值税税率为 6%，并可抵扣进项税额，小规模纳税人增值税税率为 3%，不得抵扣进项税额。

民族高校的横向科研项目有其自身的特殊性，更侧重于研究少数民族特色的相关内容，如与医院合作针对少数民族医学、医药研究提供技术服务，与博物馆合作针对少数民族发展的历史、文化提供技术咨询，与科技公司合作提供少数民族语言文字方面的技术开发。这些横向科研项目虽然提供的服务千差万别，但其共同特点是在科研经费的使用方面，人力资源的支出占较大的比例，劳务费、专家咨询费、调研差旅费占用的比例较大，尤其是一些需要到少数民族边远落后地区进行实地调研的项目，而相比办公费、材料费、设备购置等支出较小，这带来的直接影响是可抵扣的进项税额小，如果高校的纳税人资格被认定为一般纳税人，那必然引起税负的增加。

例如，我校某教师与某民族与人类研究所合作的关于新世纪少数民族的横向科研项目，该项目到账经费总额为216300元，按照小规模纳税人税率缴纳增值税为6300元。科研经费收入为210000元，其中开支的项目明细为购买图书、办公用品9737元，交通费2826元，印刷费4094元，邮电费1700元，劳务费61700元，差旅调研费119443元，科研管理费10500元。由上述支出的明细可以看出，劳务费和差旅调研费两项合计金额为181143元，占到该项科研总支出金额的86%，而该两项支出又不能取得可抵扣的增值税发票，因此，如果高校按照一般纳税人6%的税率纳税，86%比例的支出不能抵扣进项税款，必然造成税负的增加。我们民族高校横向科研项目的确普遍存在差旅调研费和劳务费及专家咨询费等人力成本占较大比例的情况，而对于民族高校横向科研项目中购置的古籍图书、民间工艺品等又很难取得发票，更难以实现增值税款的抵扣。综上分析，选择小规模纳税人税率缴税更有利于降低横向科研项目的税收负担。

除此之外，高校的横向科研经费是按照项目分项管理核算的，每个项目单独核算其收支，如果高校的纳税人资格为一般纳税人，那其可抵扣的进项税额必然要求分项目核算，但是高校又很难按照科研经费项目分项申报纳税。由于核算的主体和纳税的主体不一致，必然带来实际操作中的烦琐和不尽合理。并且某些很难划分清晰的间接费用还要在项目之间进行分摊，特别是某些既有用于应税项目的科研经费支出，又有用于免税项目的科研经费支出，如果分摊的不合理还会带来少缴税款的税收风险.

综合上述原因，按照目前民族高校横向科研经费的实际情况，选择小规模纳税人资格缴纳增值税总体税负更低，更便于管理和操作，降低税收管理的风险。

三、“营改增”后税收优惠政策对民族高校横向科研经费管理的影响

《交通运输业和部分现代服务业营业税改征增值税试点过渡政策的规定》（简称《规定》）中指出，纳税人提供技术转让、技术开发和与之相关的技术咨询、技术服务可免征增值税，申请免征增值税时，须持技术转让、开发的书面合同，到纳税人所在地省级科技主管部门进行认定，并持有关的书面合同和科技主管部门审核意见证明文件报主管国家税务局备查。由于高校横向科研经费由原来缴纳营业税改为缴纳增值税，在税收优惠的审批流程和符合条件的免税项目发票开具上都发生了变化，国家税务

局要求免税审批的流程要在发票开具前完成。《规定》中还指出纳税人提供应税服务符合免税条件放弃免税、减税的，36 个月内不得再申请免税、减税。所以民族高校一定要熟悉这一优惠政策及流程，对承担科研经费项目的负责人做好宣传和辅导，更好的发挥国家税收政策的优惠，为少数民族科研的进一步发展提供支持。

此外，对于少数民族文化、医学、语言、体育、艺术等方面的横向科研经费项目，期望能得到更多税收方面国家的优惠和扶持，以促进民族事业的发展和繁荣。

四、“营改增”带来核算和发票管理方面的影响

在核算方面，由于增值税是价外税，“营改增”政策实施后，横向科研经费的收入在核算上也将发生金额上的变化，要在收到该笔科研经费总额的基础上，减去该笔经费负担的增值税额作为横向科研经费的入账金额，如某项目负责人与某公司合作收到款项 10.6 万元（以一般纳税人为例，适用税率为6%），横向科研经费的入账金额为 10 万元，而不是“营改增”前的金额 10.6 万元，应纳增值税的销项税额为 0.6 万元。

在发票开具方面，《规定》中指出，纳税义务发生的时间为纳税人提供应税服务并收讫销售款项或者取得索取销售款项凭据的当天，先开具发票的，为开具发票的当天。在民族高校横向科研项目申请资金支持的实际操作中，为更加顺畅的保证项目经费到位，协作单位往往提出要先开具发票再拨付科研经费的情况，而按照《规定》中指出的纳税义务发生时间确认的规定，就可能造成协作单位尚未拨付科研经费时，高校的纳税义务就已经形成，这也给高校带来多负担税款的风险。为此，我们可以采取允许项目负责人的不同项目资金可以调剂支配，以解决预付税款的问题。如果没有其他项目调剂，可以先交纳现金支付税款，以解决民族高校垫付科研经费税款的问题，减少整体的纳税风险，同时也促使横向科研项目经费尽快到位。

在民族高校横向科研协作的实践中，参与协作的单位如果是一般纳税人，往往会要求提供可以抵扣的增值税专用发票，以实现税款抵扣的连续，降低税负，这一情况下，如果学校为小规模纳税人资格，根据《规定》可以到主管税务机关申请代开增值税专用发票，这样就可以有效地保证协作单位抵扣进项税款，降低税收负担，以利于双方长期合作，在民族科研项目的研究中实现双赢和互惠。

总之，为顺应国家经济的发展和变革，财税必然也将带来一系列重大变化，“营改增”能有效地减少重复征税，对促进国家经济的发展起到重要作用，民族高校作为民族文化、技术等研究项目的承担者，学好政策用好政策，对横向科研经费进行有效的管理，必将在这新的税收变革中取得发展和进步。

参 考 文 献

[1]《财政部国家税务总局关于在全国开展交通运输业和部分现代服务业营业税改征增值税试点税收政策的通知》(财税〔2013〕37号)。

[2] 王红:《试析“营改增”对高校横向科研经费纳税管理的影响》，载《会计师工作研究》2014第9期。

[3] 欧阳渊、杜春光:《营改增后高校横向科研税负的实证分析》，载《会计师工作研究》2013第5期。

[4] 王郁琛、扶广元:《营改增对高校协同创新的税收影响》，载《中国高校科技》2014第9期。

（作者单位：财务处）

关于对高校教务管理队伍建设的探讨

刘 瑶

随着高等教育的不断发展，高校教务管理工作的重要性也日益突出。教学管理是落实教学任务、提高教学质量的基本要素，而教务管理队伍的建设直接影响到高校的教学管理水平。本文从主观和客观两个方面分析了当前高校教务管理队伍存在的问题及原因，并提出加强高校教务管理队伍建设的对策和方针。

教务管理在高校教学管理中有着举足轻重的地位，教务管理队伍的整体水平直接关系到高校的教学质量和人才培养质量。教学管理队伍是教学管理工作的主体和执行者，也是稳定教学秩序、规范教学管理的关键。近些年来，许多有关高等教育的问题渐渐呈现出来，而与之相关的高校教务管理队伍建设问题成为一个不可避免的新矛盾、新问题。因此，为了高等教育的更好发展，我们必须建立起一支队伍稳定、素质高、服务意识强的教务管理队伍。

一、相关概念界定

（一）教务管理

教务管理作为一种管理系统，它是指高等学校的管理人员遵循管理和教学规律，根据确定的培养目标，运用一定的管理原则、程序和方法，科学地组织、协调和使用教学系统内部的人力、物力、时间、信息等因素，建立正常的、相对稳定的教学秩序，保持教学过程的通畅，从而使教学活动达到既定目的的过程。①

① 卜新宇：《高等学校教务管理队伍人才现状及对策分析》，载《中小企业管理与科技》（下旬刊）2012 年第 3 期，第 59—60 页。

（二）教务管理队伍

教务管理队伍是指承担教学管理任务、具有教学管理能力和从事教务管理活动的人员，是高校教务管理工作的管理者、服务者、实践者和信息反馈者①，本文所探讨的教务管理队伍是指包括主管教学的副校长、教务处各管理人员和各院系从事教学管理的相关人员等组成的队伍。

二、高校教务管理队伍现状及存在的问题

（一）主观层面

1. 高校教务管理人员服务意识差，工作积极性不高

教务管理工作是典型的服务性岗位，以提供服务性的管理为主要工作方式来实现职业目的。教务人员虽然是教学管理工作的组织者和具体任务的实施者，但是由于教务工作事务烦琐复杂、牵涉面广，再加上缺乏一套科学、合理、有效的激励机制，导致工作的积极性和主动性不能充分调动起来。

2. 高校教务管理人员综合素质和业务水平较低

由于教务管理人员大多数没有接受过专业的系统的学习，缺乏相应的技能，而高校提供给他们学习的机会又很少，另外加上日常工作较为繁忙琐碎，没有精力和时间去研究教务管理方面的改革，从而致使教务管理队伍的综合素质和业务水平得不到良好的保证。②

3. 高校教务管理人员缺乏创新意识和信息化处理能力

许多高校教务管理人员不能主动适应高校改革和发展的需要，只是被动地接受和完成任务，缺乏对各种信息及时准确的收集、加工和处理，很少主动思考工作中出现的新问题，只是一味按照旧的模式、常规的套路去工作，也就更谈不上改革和创新了。

---

① 李彦红：《深入贯彻党的十七大精神加强高校教务管理队伍建设》，载《理论界》2008年第1期，第215—216页。

② 钟莉：《现代信息化模式下的高校教务管理队伍建设》，载《内蒙古教育》（职教版）2013年第12期，第1页。

（二）客观层面

1. 高校对教务管理队伍的重要性认识不足

相关领导对学校管理工作认识不足，没有深刻认识加强教务管理建设在学校改革和发展中的重要作用。另外现在的高校普遍存在重教学、重科研、轻管理的现象，更多的是强调提升师资队伍水平和加强师资队伍建设，而忽视管理队伍建设，没有把教务管理队伍作为学校重要的办学力量加以重视和培养。①

2. 高校教务管理队伍结构不合理

目前，高校教务管理队伍的专业结构、年龄结构和学历结构都表现出一种参差不齐的状态。从专业结构来看，很多管理人员不是专业出身，一般都没有系统学过高等教育理论和管理学知识，没有经过系统的管理能力培训；从年龄结构看，这些管理人员由于人员组成的复杂性导致教务管理队伍中存在各个年龄阶段的人，年龄结构不整齐；从学历结构来看，这些管理人员组成中有本科学历的，也有硕士学历的，成分复杂，知识结构不尽合理。这种队伍结构的不合理导致教务管理的业务能力相对减弱，管理效益降低，不能很好地适应现代教务管理工作的基本规律。

3. 高校教务管理制度不健全，部分工作开展无章可循

目前，很多高校仍旧缺乏一套完整的教学管理规章制度，或者虽然有详细的规章制度，但多数不能适应新形势下高校发展的要求。② 另外在执行相关规章制度时不严格，导致教学管理过程中的随意性较大，工作程序不规范，难以树立高校教务管理队伍的严肃形象。

4. 高校教务管理职业声望低，认同感低

与高校其他教学人员相比，教务管理工作人员处在基层岗位，事务琐碎复杂、工作压力大，而专任教师的职业声望无论在学校内部还是社会上都相当高，被学生尊重和崇拜，教学管理队伍职业前景暗淡，职称晋升较困难，这直接影响了教务管理队伍的稳定性，给高校教学管理工作带来了负面影响。③

---

① 梁慧：《高校教务管理队伍建设探讨》，载《时代教育》2013 年第 5 期，第 61 页。

② 王又军：《高校教学管理队伍建设探讨》，载《中国高校科技》2012 年第 12 期，第 40—41 页。

③ 徐艳：《高校教务管理队伍存在的问题及对策初探》，载《湖北函授大学学报》2013 年第 6 期，第 15—16 页。

三、高校教务管理队伍建设的对策

（一）主观层面

教务管理人员在教学管理活动中会遇到各种问题，所以要求教务管理人员需具备必要的业务技能和良好的服务意识，以提高在不同状况下所遇到的不同问题的解决能力。同时还需要不断提高自身素质，加强与他人的沟通能力，继续进行教育，全面增强自己的基本业务技能，提高基础文化素质，使实践和理论有机结合。① 另外，高校教务管理人员还应该提高自身的责任意识，培养高度的责任心来做好教务管理工作。

（二）客观层面

首先，高校需要高度重视教务管理工作，提高教务管理人员的职业声望。学校要更新观念，提高对教务管理工作重要性的认识，把教务管理工作与教学工作放到同等重要的位置，这样才能提高教务管理人员的职业认同感，激发他们的工作热情。其次，需要全面加强管理队伍的职业化、专业化建设。一方面，要鼓励教务管理人员参加更高层次的管理专业学习，并尽可能创造机会使教务管理人员获得专业进修和专业交流的机会。另一方面，需要规范高校教务管理人员的准入门槛，从专业结构、年龄结构、学历结构等各方面来进行综合考虑，从而提高整个高校教务管理队伍的综合素质。最后高校教务管理队伍要紧跟现代化潮流，推广信息化管理。计算机网络管理系统在教务管理工作中的广泛运用，节省了时间、人力和物力，使管理更加规范化和科学化。高校应不定期组织教务管理人员进行管理软件和计算机基础知识的学习和培训工作，使他们熟悉运用电脑进行网上教务管理的工作流程，能够使用现代化管理技术处理日常的教学事务，充分利用先进的教学信息平台和网络技术。②

---

① 李晓权：《浅谈高校教务管理队伍存在的问题及对策》，载《沧桑》2013 年第 6 期，第 186—188 页。

② 钟莉：《现代信息化模式下的高校教务管理队伍建设》，载《内蒙古教育》（职教版）2013 年第 12 期，第 1 页。

四、小 结

总之，高校教务管理队伍是学校发展的可靠保证，是提高教育质量的关键，高校需要高度重视教务管理队伍建设，使高校教务管理队伍更加科学化、正规化和合理化，从而使得教务管理队伍在学校人才质量的培养过程中发挥更大的作用。

参考文献

[1] 卜新宇：《高等学校教务管理队伍人才现状及对策分析》，载《中小企业管理与科技》（下旬刊）2012 年第 3 期，第 59—60 页。

[2] 李彦红：《深入贯彻党的十七大精神加强高校教务管理队伍建设》，载《理论界》2008 年第 1 期，第 215—216 页。

[3] 钟莉：《现代信息化模式下的高校教务管理队伍建设》，载《内蒙古教育》（职教版）2013 年第 12 期，第 1 页。

[4] 梁慧：《高校教务管理队伍建设探讨》，载《时代教育》2013 年第 5 期，第 61 页。

[5] 王又军：《高校教学管理队伍建设探讨》，载《中国高校科技》2012 年第 12 期，第 40—41 页。

[6] 徐艳：《高校教务管理队伍存在的问题及对策初探》，载《湖北函授大学学报》2013 年第 6 期，第 15—16 页。

[7] 李晓权：《浅谈高校教务管理队伍存在的问题及对策》，载《沧桑》2013 年第 6 期，第 186—188 页。

[8] 钟莉：《现代信息化模式下的高校教务管理队伍建设》，载《内蒙古教育》（职教版）2013 年第 12 期，第 1 页。

（作者单位：教育学院 2012 级本科生）

浅谈科研秘书在高校科研管理工作中的作用及队伍建设①

马新生　宋　伟　刘向春　张金利

一、引　言

随着社会发展，高校职能从单一向多元化，由经院性向社会化发展[1]，使得高校在培养高素质人才、发展高科技和提供高水平社会服务方面表现出越来越重要的作用。除了教学以外，科学研究也成了重要的组成部分。近年来，实现“一流大学，一流学科”，成为大学发展的目标，而这一目标的实现需要通过自身科学研究水平的进步、在国际同行中地位的提高、高级别项目数量的多少来有效衡量。同时，科研水平的高低，科研管理工作开展的好坏，一定程度上会影响到高校其他职能的发展。如何有效促进科研管理的高效发展，培养和完善高素质科研管理队伍，使之具有持续的发展，从而更进一步促进高校在知识传播、人才培养、弘扬民族优秀文化、代表先进思潮方面的重要作用，是高校管理工作中需要重点解决的问题。科研秘书作为高校科研管理队伍的重要组成部分，担负着项目申请过程的各个环节，在科研管理系统中发挥着重要作用[2]。本文详细阐述了科研秘书工作的性质、地位和作用，分析了科研秘书在现代科研管理中应具备的基本业务素质，并就加强科研秘书队伍建设等问题做了探讨。

二、科研秘书工作的性质、地位和作用

科研秘书是高校下属各院系从事科研管理工作的专、兼职人员，属于科研管理队伍的基层群体，是极其重要、不可或缺的组成部分，其工作性

① 本文是2014年度中央民族大学管理人员科研服务能力提升计划项目的阶段性成果。

质是由其在高校和学院的角色所确定。科研秘书独特的工作性质使其成为院系领导制定相关决策时的参谋、助手和实际的落实者。作为院系的科研秘书，按照一定管理原则，使用一定的管理方法从而有效地协调上级科研单位、院系领导、项目管理、研究人员及其他院校相关科研单位的协调组织关系，具体表现在如下几个方面（如下图所示）：

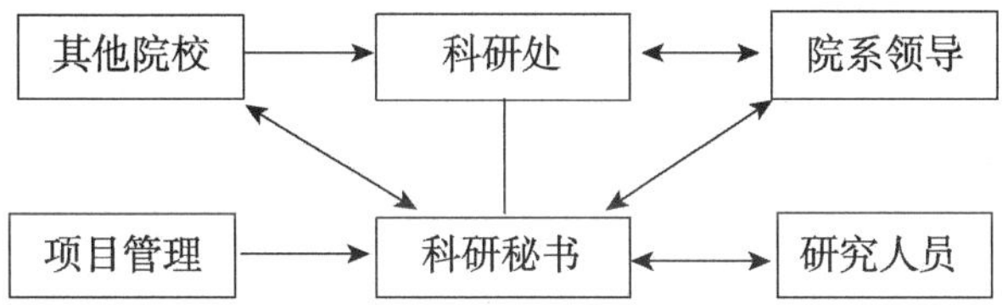

科研秘书所起的桥梁纽带作用

首先，科研秘书工作从属于学校科研管理部门，受到学校科研处和院系领导的双重领导，需要直接参与到院校两级单位有关科研政策传达、科研项目申请、科研信息管理、科研活动组织、科研计划制定等各方面的工作，同时也是学院常规科研事务的管理者，如科研系统的维护、相关信息的审核、更新等。科研日常事务的处理，如科研计划任务的下发、执行、有关科研档案的管理、归档等。各类科研项目的申报、管理、实施，科研成果的统计、转化、技术咨询，科研经费的审核、发放等也属于其管辖范围。这些工作体现了科研秘书的管理职能。其次，科研秘书面对教师，重点是从事科研的教师，将有关科研精神和相关信息进行高效、准确的传达，在必要的时候参与教师的科研项目的申请工作，为科研申请书进行把关，从而提高项目申请通过率，并在申请中期协助进行中期检查和结题报告的按时高质量完成，从而保证各项科研任务的顺利执行。这些工作体现了科研秘书的服务职能。再者，科研秘书需要及时与其他院校相关科研机构进行沟通、协调，组织有关科技活动，如讲座、展览等，并组织院校间科研人员的交流等活动，从而体现科研秘书的协调职能。

由此可见，科研秘书负责的工作内容较为繁杂、琐碎，需要一定的管理水平和专业知识，从而适应各个部门的不同工作的处理方式，灵活应对其工作。

三、科研队伍目前存在的问题及教师队伍建设

1. 科研队伍建设存在的问题

高校扩招以来，为了满足一定的师生比，教师数量日益增多，学科门类日益齐全，而科研管理人员的数量却没有应需扩充。同时，信息技术的发展，各种业务软件的应用兴起，给科研管理人员带来了新的机遇和挑战[1-4]，具体表现在：

(1) 上级单位对科研秘书的工作认知不足，一定程度上忽略了科研管理人员在学校整个科研管理体制中的重要地位。相关资料统计，科研秘书的整体学历较低，单位在进行招聘科研秘书时，对其所学专业、科研经历考虑不足，即导致其上岗初期，很多工作开展不够顺利。大部分为非管理专业出生的人员担当，或者所学专业与学院有所不同，导致教师的研究内容，最新的研究热点不够熟悉，在执行完成科研管理各方面的工作要求方面存在困难。同时，上级单位对科研秘书相关业务培训、合作交流方面重视不够，导致其成长空间有限。另外，在职称评审、工资待遇等方面给科研秘书提供的帮助不够也导致其工作动力不足。

(2) 现有大部分科研秘书对自己工作的认识不足，仅仅认为科研秘书和其他的管理工作类似，从事琐碎任务的执行。因此较少有人不断加强自我学习，对于学历相对较低的科研秘书，即使上级单位提供其进一步深造的机会，也很少有人参与进去。更有甚者认为，科研项目申请成功后都是申请人的成果，与科研秘书关系不大，也不能够享受到科研成果带来的好处，所以对于组织项目申报积极性不够。这些方面的问题对科研管理工作的顺利执行带来了较多的弊端，从而影响了单位的发展。

2. 加强队伍建设，提高管理和服务水平

针对上述存在的问题，上级单位和科研秘书个人通过采用有效手段加强科研秘书队伍建设，从而进一步有效提高管理和服务水平，具体措施如下：

(1) 高度重视，提供机会。上级单位在科研秘书招聘时，应充分听取院系单位相关人员的建议，考虑不同院系的专业上的不同，在人员选择上将招聘人员的专业考虑进来，例如工科院校科研秘书的应聘人员需要掌握相关的专业知识，这样在具体的项目申请、组织以及其他工作执行过程中，能够有效参与，真正起到管理、辅助的作用，为相关教师提供高效服务。在管理水平的提高方面，高校应加强对科研秘书的专业知识培训，让科研管理经验丰富的人员给予辅导，重点在于如何高效搜集相关科研项目

申请信息、相关科研文档的组织审核、科研经费的使用等；同时加强和科研水平很高的高校加强合作，积极吸取他们的经验教训，结合自己高校的特色，研究制订出合适的研究管理条例。工资待遇方面，让科研管理人员能够感到按劳取酬，提高工作的认同感和荣誉感。在职称评审方面，制定出适合科研管理人员的单独评价机制，鼓励他们积极工作。另外，在进修方面，积极联系进修院校，合理安排学习计划，使其专业技能得到提升，眼界得到开阔。

（2）加强学习，增强意识。科研秘书作为科研管理的直接执行人，其专业技能、服务意识直接关系到科研管理水平的高低，因此重点在于做好如下几个方面的工作[3-4]：

通过专业知识学习，提高自身管理水平。管理是一门专业，更是一门艺术，需要不断学习专业知识，将现代的管理知识、管理技巧融入科研管理中。科研工作需要探索、创新，科研管理工作同样需要独立思考、独立解决问题的能力，因此科研秘书应该顺应形势发展的需要，积极思考目前国内外研究的热点，通过大量阅读相关政策文件，研判有可能出现的大的研究趋势，从而为研究人员提供及时准确的信息和完美的服务。另外，终生学习也是每一个职业都需要的，现代的科学研究更需要不断学习。只有不断学习，紧跟时代，才能更好地为科研人员服务。

加强信息搜集能力，提高信息反应灵敏度。科研秘书应该能够使用现代的网络搜索检索技术以及相应的管理软件，及时跟踪和发现与本学院学科相关的科研项目的申请、科研活动的举办等敏感信息，快速、及时、准确地处理信息，而不是仅听取上级科研部分的信息传达，以使得相关项目申请工作刚开始之时，就能够有效地将该类重要信息发布给学院教师，让教师能够具有充分的时间来进行准备。同时，科研秘书应该根据自己的科研管理经验，在每年的年初制定相关的科研活动状况以及一些重要项目申请可能出现的时间节点，并及时提醒科研人员，共同协助完成科研申请书的撰写，提高命中率，提升学院的科研管理地位和水平。

加强业务素养，提高服务意识。高校的科研工作体现在高水平论文的发表、高级别项目的申请和项目成果转化等方面。高水平的论文是研究者长期潜心研究的成果，而高级别项目申请和项目成果转化，需要科研秘书的积极参与。科研秘书需要充分思考诸如文档写作要点、写作规范、基本要求等非常重要的细节部分，避免创新点很好却因为这些细节导致申请失败情况的发生。笔者通过调研清华大学等著名高校，发现科研水平较高的高校的科研秘书在这方面的工作做得非常到位，在项目申请书提交之前，都会交给科研秘书进行严格审核和把关。然后科研秘书会根据自己专业经验提出一些参考意见，从而有效地提高申请命中率。另外，科研成果的转化将成为未来科研工作评价的一项重要因素，科研秘书应该结合学院的已有科研状况，积极协助科研人员联系相关企业，并通过专利或者其他方式实现科研成果的转化，从而让研究的成果服务于社会，产生经济价值。科研秘书在与外校相关科研机构交流的过程中，应该经常到高水平高校取经，学习他们专业的管理技能和管理水平，并将他们的经验结合本校本院系的特点进行有效的融合，发掘出自己的科研管理模式。

四、结　论

创建世界一流大学是目前国内高校的奋斗目标，这一目标的实现需要通过强大的科研水平作为支撑。科研管理工作作为高校科研的重要组成部分，其科研管理人员的业务素质、专业知识、服务意识等方面都影响着高校科研工作的发展。作为学校上级部分科研机构和院系之间科研任务的有效协调人员，科研秘书的工作需要得到校、院两级单位的重视，要给科研秘书创建充分发挥才能的空间和环境，使他们的科研管理水平和科研服务能力有所提升，以形成优秀科研队伍的培养机制。同时，科研秘书队伍本身应该加强自身学习，提高业务水平和专业技能，以更好地服务于学校科研工作。

参考文献

[1] 顾建民：《大学职能的分析及其结构意义》，载《全球教育展望》2001 年第 8 期，第 68—72 页。

[2] 刘进军：《论新形势下高校科研秘书管理水平的提升》，载《新课程研究》（职业教育）2008 年第 5 期，第 151—154 页。

[3] 张弘：《浅谈现代高校科研秘书工作角色的转变及工作方法》，载《南方论刊》2009 年第 2 期。

[4] 刘德成：《略论新时期高校科研秘书工作》，载《长春师范学院学报》（自然科学版）2011 年第 1 期，第 140—141 页。

（作者单位：信息工程学院）

中央民族大学本科生转专业现状与思考

李　阳

2005 年 9 月 1 日起施行的中华人民共和国教育部第 21 号令《普通高等学校学生管理规定》第十八条明确指出："学生可以按学校的规定申请转专业。学生转专业由所在学校批准。"① 正是在这一规定的基础上我校颁布了《中央民族大学本科学生转专业实施办法（修订）》（民大校发〔2009〕436 号，以下简称《实施办法》）。学校进行的本科生转专业工作给本科生重新选择专业的机会，解决了很多学生专业与兴趣不符，同时也打破了高考定终身的僵化体制，圆了学生的转专业梦。

一、我校转专业工作现状

1. 完善政策

我校高度重视本科生转专业的工作，自 2009 年颁布《实施办法》以来，坚持"以人为本、以学生为主体"的教育理念，不断改革与完善人才培养模式，为学生个性发展提供条件。《实施办法》实施六年内共进行六次调整。

调整一：2010 年，为进一步满足学生选择专业的意愿和需求，经学校批准，取消原文件中第二款"转专业条件"第（一）条"具备以下条件的学生可申请转专业"第 4 点"在校期间无不及格课程者"之规定。

调整二：2012 年，为进一步满足学生选择专业的意愿和需求，经学校批准，调整《实施办法》中第二款"转专业条件"第（二）条"有下列情况之一者，不允许申请转专业"第 6 点的规定为"中国少数民族（朝鲜）语言文学专业的学生"。

① 《普通高等学校学生管理规定》（教育部令第 21 号），2005 年 9 月 1 日起实施。

调整三：2012 年，为做好中国少数民族语言文学专业（民族语零起点班）的人才培养模式改革工作，中国少数民族语言文学专业（藏语零起点班、维吾尔语零起点班、哈萨克语零起点班）的学生不允许申请转专业。

调整四：2012 年，经学校批准，决定本科生开始试行第二次转专业。考试科目原则上应为第二学期本专业开设的两门基础课程。笔试科目成绩可作为学生转入专业第一学期的两门专业课成绩，也可由学生申请自动放弃，另行补修。

调整五：2013 年，为不断改革与完善我校高水平运动员的培养模式，经学校批准，取消《实施办法》中第二条“转专业条件”第（二）条第 5 点“高水平运动员”不允许转专业的规定。

调整六：2013 年，面试按两门课程总成绩从高到低排序，确定面试名单根据各专业拟接收学生计划的 200% 下降到 150% 。

2. 转专业人数

表 1　六年转专业人数统计表①

年份	全校申请人数	年级总人数②	申请转出院系人数	申请转入院系人数	进入面试人数	转专业成功人数
2009	211	2802	14	7	62	59
2010	296	2845	14	11	75	66
2011	298	2808	13	10	90	78
2012 第一次	290	2762		12	84	73
2012 第二次	192	2762	14	10	67	59
2013 第一次	342	2795	19	10	154	101
2013 第二次	164	2795	16	数据缺失		
2014 年第一次	281	2777	18	数据缺失		

从表 1 中我们可以看到，从 2009 年实施转专业以来，申请转专业人数不断增加。从 2009 年的 211 人增长到 2013 年的 506，人数翻了一番。全校招生总人数处于下降趋势，除了 2010 年招生人数略微增长外，从 2009 年的 2802 人下降到 2014 年 2777 人。更多院系的同学申请转专业，最多的时候达到 19 个院系。进入面试的同学越来越多，成功转专业的同学也越来

① 根据中央民族大学教务处在信息门户公布的六年数据整理而成，部分数据缺失。

② 根据中央民族大学就业工作处公布数据整理而成。

越多。

二、研究方法

1. 抽样方法

本次研究是在中央民族大学全日制本科生范围内进行的研究，研究对象是中央民族大学大一至大三的全日制本科学生，考虑到大四学生可能有找工作、考研等情况，不方便调查，本次研究不包含大四学生。我们根据预设的抽样方法，在该校大一至大三三个年级中抽取了500人作为样本，抽样方法是首先把大一至大三的班级按照一定的顺序排列，制成Excel文件，然后把文件导入SPSS软件中，利用SPSS软件随机选取班级，按照每班30人计算，班级人数总和有500人。

2. 调查方法

本次研究选取定量研究方法，我们在学校中发放了500份问卷，以班级为最小单位进行抽样。我们根据课余时间联系被抽到班级的班长或者其他同学，协商班级的空余时间，然后根据协商好的时间对班级同学进行自填式问卷研究，即我们发放问卷，同学们自己填写，我们不做任何干涉，之后我们对问卷进行回收。在发放的500份问卷中剔除乱答、不答等无效问卷，共回收有效问卷395份。对问卷进行录入，把纸质版转化成电子版，然后利用SPSS软件进行分析，得出相关结论。在分析的过程中，针对不同的研究内容采取多种分析方法，并且从多角度对研究对象进行说明，来认识和了解关于我校大学生的转专业的情况。

3. 样本基本变量的描述性分析

表2　样本基本信息

指标	频数（%）	指标	频数（%）
性别	$N=392$	年级	$N=375$
男性	139（35.5）	大一	141（37.6）
指标	频数（%）	指标	频数（%）
女性	253（64.5）	大二	93（24.8）
学院分类	$N=395$	大三	141（37.6）
理工科	106（26.8）	民族分类	$N=395$

续表

艺体	77 (19.5)	汉族	181 (45.8)
文科	212 (53.7)	少数民族	214 (54.2)

从表2中我们可以看到本次样本男生139人，女生253人；理工科学生106人，文科学生212，艺体学生77人；大一学生141人，大二学生93人，大三学生141人；汉族181人，少数民族214人。从以上数字中可以知道样本中性别比，学院分类，民族都与学校整体情况相似，因此本次抽样有很高的信度。

三、本科生转专业原因分析

1. 被调剂

表3 转专业现状（录取时是否被学校调剂）

转专业情况			大一的第一个专业是否是被学校调剂的		合计
			是	否	
转专业现状	申请过转专业	计数	27	13	40
		录取时是否被学校调剂	23.7%	4.8%	10.3%
	有想法没行动	计数	69	98	167
		录取时是否被学校调剂	60.5%	35.9%	43.2%
	不想转专业	计数	18	162	180
		录取时是否被学校调剂	15.8%	59.3%	46.5%
合计		计数	114	273	387
		录取时是否被学校调剂	100.0%	100.0%	100.0%

从表3中我们可以看出被调剂的学生有114人，不想转专业的只有18人，占被调剂人数的15.8%。换句话说，被调剂的人中有将近85%的人已经申请过转专业或者有转专业的想法。没有被调剂的人有273人，不想转专业的人有162人，占没有被调剂的人数的59.3%。我们进一步做相关分析可以知道，被调剂和转专业是强相关，录取时被调剂影响大学生转专业，Kruskal tau = 0.486，sig 为 0.00。由此可以说明，我校在高考之后的录取工作中调剂人数对本科生转专业产生很大的影响。

2. 学科影响

表 4 学科影响①

年份	申请转专业人数前三名院系	该学院申请人数（该学院申请人数/全校申请人数×100%）	该学院年级总人数（该学院申请人数/该学院年级总人数×100%）
2009 年	理学院	54（25.6）	238（22.7）
	信工学院	36（17.1）	226（15.9）
	生环学院	25（11.9）	196（12.8）
2010 年	理学院	69（23.3）	218（31.7）
	信工学院	68（23.0）	253（26.9）
	生环学院	47（15.9）	233（17.6）
2011 年	理学院	84（28.2）	239（35.2）
	生环学院	53（17.8）	227（23.4）
	信工学院	24（8.1）	238（10.1）
2012 年第一次	数据缺失		
2012 年第二次	理学院	68（35.4）	227（30.0）
	生环学院	34（17.7）	231（14.7）
	信工学院	31（16.2）	228（13.6）
2013 年第一次	信工学院	70（20.5）	233（30.0）
	生环学院	63（18.4）	219（28.8）
	理学院	35（10.2）	221（15.8）
2013 年第二次	生环学院	31（18.9）	219（14.2）
	信工学院	29（17.7）	233（12.5）
	管理学院	19（11.6）	251（7.6）
2014 年	生环学院	61（21.7）	217（28.1）
	理学院	43（15.3）	203（21.2）
	信工学院	36（12.8）	201（17.9）

① 根据中央民族大学教务处在信息门户公布的六年数据整理而成，部分数据缺失。

从 2009 年到 2014 年连续六年数据中我们可以发现，理学院、信工学院、生环学院都是申请转专业人数最多的三个院系。连续六年这三个院系申请转专业的人数的总和占全校转专业人数的一半左右，也就是说这三个院系申请转专业的人数相当于其他十几个院系的申请人数。2010 年这三个院系的转专业人数甚至达到了全校转专业人数的 60.2%。这三个院系中申请转专业的人数占各自院系中的比例也很大，最大的是 2010 年的理学院申请转专业人数占全院的 35.2%。并且理学院从 2009 年到 2012 年连续四年都是申请转专业人数最多的院系。由此可见，我校转专业人数申请院系比较集中，有更多的理工科学生申请转专业。

3. 就业影响

表 5 就业影响①

年份	转入院系前两名	转入院系人数 （转入院系人数/全校转专业人数 ×100%）
2009 年	经济学院	25（42.4）
	文传学院	13（22.0）
2010 年	经济学院	22（33.3）
	管理学院	17（25.8）
2011 年	经济学院	32（41.0）
	管理学院	12（15.4）
2012 年第一次	经济学院	33（45.2）
	管理学院	9（12.3）
2012 年第二次	经济学院	18（30.5）
	文传学院	16（27.1）
2013 年第一次	经济学院	46（45.5）
	管理学院	11（10.9）

我校同学专业的选择受到市场大环境的影响。我们从 2009 年到 2013 年五年数据中可以看到经济学院和管理学院接收的转专业人数高于全校转

① 根据中央民族大学教务处在信息门户公布的六年数据整理而成，部分数据缺失。

专业成功人数的一半，同时也存在着个别年份文传学院接收学生比较多的情况。但是经济学院一直是接收转专业学生最多的院系。由此我们可以知道，考虑就业是影响本科生转专业的一个非常重要的因素。

4. 兴趣影响

表 6　对知识感兴趣与转专业的相关分析

项　目			值	渐进标准误差[a]	近似值 T^b	近似值 Sig.
按标量标定	Lambda	对称的	0.445	0.045	3.014	0.003[c]
		转专业现状因变量	0.309	0.054	3.511	0.000[c]
		对现在所学专业的知识感兴趣程度因变量	0.385	0.049	1.653	0.008[c]
a. 不假定零假设；b. 使用渐进标准误差假定零假设；c. 基于卡方近似值。						

对知识感兴趣和转专业现状的相关分析，可以看到对知识感兴趣和转专业现状相互影响，Lambda = 0.445，两者之间是强相关，Sig 值为 0.003，可以说明中央民族大学本科生转专业受到自己对知识兴趣的影响。

5. 民族影响

表 7　民族与转专业相关分析

项　目			值	渐进标准误差[a]	近似值 T^b	近似值 Sig.
按标量标定	Goodman 和 Kruskal tau	转专业现状因变量	0.38	0.008		0.003[c]
		民族分类因变量	0.145	0.019		0.000[c]
a. 不假定零假设；b. 使用渐进标准误差假定零假设；c. 基于卡方近似值。						

我们对民族与转专业做相关分析，可以知道民族影响本科生转专业，Kruskal tau = 0.38，表现为民族强烈的影响本科生转专业，Sig 值为 0.03，可以说明中央民族大学中本科生转专业受到自身的民族成分的影响。

表 8　转专业现状（民族交叉表）

转专业情况			民族分类		合计
			汉族	少数民族	
转专业现状	申请过转专业	计数	31	11	42
		转专业现状	73.8%	26.2%	100.0%
	有想法没行动	计数	64	105	169
		转专业现状	37.9%	62.1%	100.0%
	不想转专业	计数	85	96	181
		转专业现状	47.0%	53.0%	100.0%
合计		计数	180	212	392
		转专业现状	45.9%	54.1%	100.0%

我们进一步对民族与转专业现状做交叉表分析，可以清晰地看到转专业学生中汉族同学占 73.8%，少数民族同学只有 26.2%。在有转专业想法但没有具体行动中少数民族同学有 62.1%，汉族同学有 37.9%，说明少数民族同学也是有转专业的意愿的。不想转专业的同学中，少数民族与汉族相差不大。

四、结论与讨论

我校高度重视本科生转专业工作，自 2009 年颁布《实施办法》以来，给更多的学生更多选择的机会，他们经过一个学期的学习，对自己的专业有了更多的认识，同时也对自己有了更清晰的认识，如果他们发现自己的专业与自身方面不符合，此时进行转专业无疑是一个非常好的选择。由于转专业政策的不断完善，转专业的人数也不断增多。从 2009 年到 2013 年，五年内转专业人数翻了一番，成功转专业的人数越来越多，更多人实现了自己的专业梦。这也说明我校高度重视人才培养模式，转专业工作不断完善，这有利于提升我校的教学质量。

调剂学生更倾向转专业。高考招生工作中的调剂给更多人进入大学的机会，但也给高校管理工作带来一些负担。根据本次调查，被调剂的人中有将近 85% 的人已经申请过转专业或者有转专业的想法。我在学校公布的文件中没有找到每年调剂的人数有多少，但是我们可以知道，调剂的人数越多，我校转专业工作越繁重。

申请转专业的人数最多的院系比较集中。连续六年，理工科三个院系申请转专业的人数都是最多的，三个院系的申请人数达到了全校申请人数的一半，由此可见理工科院系的转专业工作比较繁重。这也带来一定的后果，如果过多的学生转出本院系，会给本院的教学工作带来困扰，容易造成教育资源的浪费，严重干扰本院系正常的工作运行。

接收院系同样比较集中。经济学院和管理学院接收的转专业学生几乎连续六年占到了成功转专业学生的一半。经济学院连续六年是接收转专业人数最多的院系，并且经济学院在2013年第一次转专业中接收46人，占全校成功转专业人数了45%，而"2013年经济学院计划接收转专业的人数只有30人"。[①] 学生可能是因为就业原因选择经济学院，但是这样过多的接收转专业学生，对本院的师资配置，教学资源的分配都是一种挑战，还可能造成专业结构发展的不平衡。

对知识兴趣影响转专业。高考报志愿时由于信息不对称，对自身兴趣和专业了解不够，经过大学的短暂学习后，很容易发现自己的兴趣与专业不对称。兴趣是学生最好的老师。学生对某个专业感兴趣，愿意学习这个专业而因此转专业，这个无疑是最好的选择。

民族影响学生转专业。汉族学生转专业的比例是少数民族学生转专业学生的近两倍。汉族学生更多的会申请转专业。少数民族学生也是有转专业意愿的，在有转专业想法但没有具体行动中少数民族同学的比例是汉族同学的一倍，他们也是需要转专业的，只是因为某种原因没有采取行动。

五、建　议

1. 加大招生宣传力度，减少高考调剂学生

高校招生部门应该多与教学老师沟通，了解各个专业的特色。在招生宣传阶段向考生和家长进行细致而明确的专业介绍，让他们更清晰地了解专业的培养目标、主要特色及发展前景、未来就业岗位等。学校通过宣传吸引更多的学生结合自身的特点和兴趣合理报考专业，减少专业调剂现象。

2. 合理安排课程，改善教师授课水平

我校理科院系连续六年申请转专业人数位居前三并不偶然。学院的课

① 详见中央民族大学2013级第一次转专业接收计划及考试科目，中央民族大学教务处发。

程设置肯定存在着不合理的地方，大一新生应该加强专业的通识课程讲授，由浅入深，一步步加深专业课程讲授。提升教师课堂组织能力，营造良好教学气氛。改善教学中传统的单一模式，运用新的教学方法，讲授专业的新观念、学科发展的新知识，提高学生对改专业的兴趣和热情。

3. 加强职业生涯规划课程

我校应该继续加强职业生涯规划课程建设。“职业生涯规划可以看作是人的一生中与工作有关的行为、态度、活动、价值观和愿望的有机整体。”① 它让学生明确自己对专业的定位，提升专业学习的目的性和计划性，进一步坚定自己的专业理想。引导学生结合自身特点，合理制定出职业生涯规划，为今后自己的职业发展奠定良好的基础，避免盲目追求社会上的热门专业。

4. 加强宣传本科生转专业工作

我校少数民族同学转专业的意向是非常强烈的，但是他们很少采取行动。我校应该加强宣传本科生转专业工作，解读学校的转专业政策，让少数民族同学更好地了解学校转专业政策，排除他们的后顾之忧，让他们在合理的条件下申请转专业。

参考文献

[1]《普通高等学校学生管理规定》(教育部令第21号)，2005年。

[2] 张再生:《职业生涯开发与管理》，天津大学出版社2003年版。

[3] 金俊：《大学生转专业动机及影响因素研究》，载《江苏科技信息》2012年第1期。

[4] 冯伟光、籍颖、朱倞：《大学生转专业动机及适应性分析》，载《高校辅导员》2013年第2期。

[5]《中央民族大学本科学生转专业实施办法（修订)》（民大校发〔2009〕第436号)。

[6] 李爱国：《大学生转专业的现状分析与思考》，载《中国成人教育》2009年第23期。

（作者单位：世界民族学与人类学研究中心2013级硕士生）

① 张再生:《职业生涯开发与管理》(第一版)，天津大学出版社2003年版。